人邮电商教育
E-Commerce

新商科跨境电子商

U0692346

跨境
电子商务支付与结算

三军海 / 编著　　沈凤池 / 主审

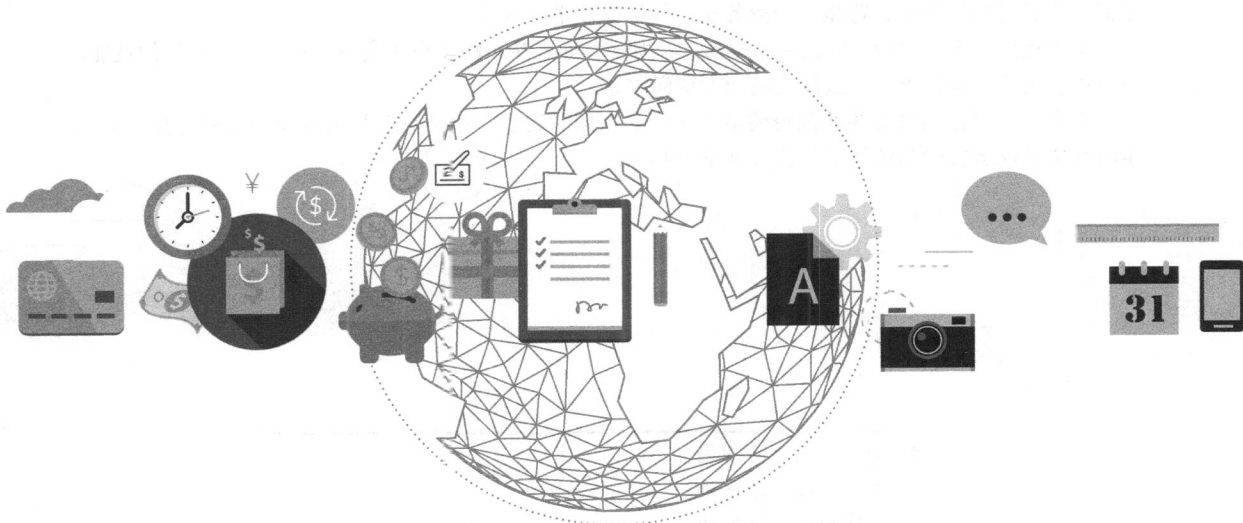

CROSS-BORDER
Electronic Commerce

人民邮电出版社
北　京

图书在版编目（ＣＩＰ）数据

跨境电子商务支付与结算 / 王军海编著. -- 北京：
人民邮电出版社，2018.12
新商科跨境电子商务"十三五"系列规划教材
ISBN 978-7-115-49489-4

Ⅰ．①跨… Ⅱ．①王… Ⅲ．①电子商务－银行业务－
高等学校－教材 Ⅳ．①F830.49

中国版本图书馆CIP数据核字(2018)第222484号

内 容 提 要

本书根据跨境电子商务支付与结算岗位的工作要求，以培养读者的跨境电子商务支付与结算业务能力为核心，详细介绍了跨境支付与结算的理论基础、传统跨境支付与结算方式、国内跨境电子商务支付与结算平台、国外跨境电子商务支付与结算平台、跨境电子商务支付与结算金融、跨境电子商务支付与结算税务、跨境电子商务支付与结算技术等内容。

本书还原了工作情境，以任务为驱动，着力培养读者从事跨境电子商务支付与结算岗位的技能。全书内容前沿、案例丰富，且配套的教学资源丰富。

本书既可以作为高等职业院校跨境电子商务、国际贸易、电子商务相关专业的教材，也可供从事跨境电子商务支付与结算工作的人员学习和参考。

◆ 编　著　王军海
　　主　审　沈凤池
　　责任编辑　朱海昀
　　责任印制　彭志环

◆ 人民邮电出版社出版发行　　北京市丰台区成寿寺路 11 号
　　邮编　100164　　电子邮件　315@ptpress.com.cn
　　网址　http://www.ptpress.com.cn
　　三河市君旺印务有限公司印刷

◆ 开本：787×1092　1/16
　　印张：13.75　　　　　　　　2018 年 12 月第 1 版
　　字数：322 千字　　　　　　 2025 年 8 月河北第12次印刷

定价：45.00 元

读者服务热线：(010)81055256　印装质量热线：(010)81055316
反盗版热线：(010)81055315

序 言

    跨境电子商务作为一种新兴的贸易模式，近年来在我国得到了迅猛的发展，同时也催生了行业对跨境电子商务专业人才的巨大需求。积极响应我国"一带一路"的倡议，培养出迁应企业需求的跨境电子商务技能型人才，是我国电子商务职业教育界应尽的责任和义务。为了给跨境电子商务职业教育提供优质的教学资源，浙江省高职教育工商管理类专业教学委员会电子商务分会联合人民邮电出版社、深圳市浩方数联科技有限公司，共同策划了这套跨境电子商务系列教材——新商科跨境电子商务"一三五"系列规划教材。

    为了保证该系列教材的质量，浙江省高职教育工商管理类专业教学委员会电子商务分会组建了由分会主任委员、人民邮电出版社编辑、深圳浩方数联科技有限公司高层管理人员等成员组成的教材编写委员会（以下简称编委会）。编委会由沈凤池教授担任主任，由嵇美华教授担任系列教材总主编。编委会尽最大努力保证本系列教材的质量。新商科跨境电子商务"十三五"系列规划教材编委会成员如下。

浙江省高职教育工商管理类专业教学委员会电子商务分会主任　　沈凤池　教授

湖州职业技术学院商贸与经济管理学院院长　　嵇美华　教授

浙江工商职业技术学院电子商务学院院长　　陈　明　教授

金华职业技术学院金义网络经济学院副院长　　胡华江　教授

嘉兴职业技术学院　　李玉清　教授

浙江经济职业技术学院商贸流通学院院长　　谈黎虹　教授

浙江经贸职业技术学院信息技术系主任　　商　玮　教授

浙江经济职业技术学院　　杨泳波　副教授

人民邮电出版社　　王　威　副编审

深圳浩方数联科技有限公司　　李维超　总经理

深圳浩方数联科技有限公司　　温开明　总监

    浙江省是电子商务大省，杭州是电子商务之都。阿里巴巴全球交易市场与全球速卖通就诞生于浙江，杭州与宁波是我国首批开展跨境电子商务试点的城市。因此，浙江省具有跨境电子商务的先发优势。从 2012 年起，浙江省各高职院校陆续开展了基于产教融合的跨境电子商务人才培养实践。经过多年的探索，积累了丰富的跨境电子商务高技能职业人才培养的经验。我们希望将多年的积累融入本系列教材之中，为广大教学工作者提供帮助和便利。

深圳浩方数联科技有限公司为本系列教材的编写提供了真实的企业运营资源，编委会在此对该公司的大力支持表示感谢！

跨境电子商务系列教材编委会

2018 年 6 月

近年来，快速崛起的跨境电子商务正逐渐改变传统外贸的模式和固有的商业格局。传统外贸"集装箱"式的大额交易日渐被小批量、多批次的"碎片化"进出口贸易取代；以在线交易为核心、便捷物流配送为优势的跨境电子商务迎来蓬勃发展期。

在跨境电子商务的理论和实战中，支付与结算是其中的重要一环。一个典型的跨境电子商务交易由 3 个阶段组成：信息搜寻阶段、跨境电子商务支付与结算阶段、物流配送阶段。从这 3 个阶段来看，跨境电子商务支付与结算是很重要的，因为支付的一刻是跨境电子商务交易真正闪光的一刻，造就了整个交易过程中质的改变。支付与结算完成后，卖方开始安排物流配送事宜。然而，当前的高职院校却难以培养出符合市场需要的高素质技能型跨境电子商务支付与结算人才，其中的主要原因之一就是相关教材极度缺乏。

正是基于企业对跨境电子商务支付与结算人才的现实需求及教学的现实需要，编者博采众长，本着抛砖引玉的思想，在借鉴中外学者的研究成果及相关企业实践经验的基础上编撰了本书。本书包括 7 个项目，其中，"项目一"可谓跨境支付与结算的统论，"项目二"主要介绍跨境支付与结算中的传统跨境支付与结算方式，"项目三"至"项目七"是本书的核心内容，是对跨境支付与结算中的跨境电子商务支付与结算进行全面、详细的介绍。这 7 个项目为第一层次，在 7 个项目下的 22 个学习任务为第二层次。全书以"任务"为基点，从提出问题到解决问题，将知识传授与能力培养融为一体，奋力体现"以市场、企业和行业的需求以及教学、课程动态为导向，以职业能力和职业道德素养培养为本位，理论知识传授与职业能力培养相互协调"的编写原则。在教学方面，建议教师安排 48 学时，通过任务学习的方式，鼓励学生进行实操。

本书的具体特色如下。

1. 定位准确、突出重点。本书定位于高等职业院校跨境电子商务类通识课程的教学，注重学生基础理论和基本技能的培养，不过分强调理论的深度，而是将理论知识与实践相结合，构成了"理实"一体化的教学内容。

2. 创新内容、注重应用。本书以跨境电子商务交易过程中的支付与结算环节为研究对象，通过对国内外买卖双方跨境电子商务支付行为的调研，提取典型的工作任务内容，从而形成本书的内容体系。

3. 体例清晰、任务导向。本书在每个项目下设计了若干任务，每个项目的开始有项目情境引入，每个项目的最后有知识拓展和同步拓展。在每个任务中，包括任务引入、相关知识、任务实施、任务评价这 4 个部分，即先向学生提出任务，让学生带着任务学习相关知识，再通过任务实施，让学生动手"做"，在做的过程中加深对理论的理解，进而能"用"于实际工作中，最后通过任务评价环节来对学生的整个学习任务过程进行评价。因此，这是一本集"做、学、用"于一体的项目式教材，符合高职的实践教学特色。

本书由浙江经济职业技术学院的王军海主编，由浙江商业职业技术学院沈凤池教授主审。本书的编写得到了浙江商业职业技术学沈凤池教授、浙江经济职业技术学院谈黎虹教授、浙江工商职业技术学院陈明教授、金华职业技术学院胡华江教授的持续关注和指导，得到了浙江经济职业技术学院纪琳、程娅老师，浙江金融职业学院肖旭老师，杭州科技职业学院郭立伟老师，台州科技职业学院沈伟玲、冯岚、毛超老师的支持和帮助。此外，宁波熙睿电子商务有限公司李志平总经理对于本书的编写也提供了大力支持，编者在此对他们一并表示感谢。由于跨境电子商务支付与结算的研究及教学在国内尚属首次，本书难免有疏漏之处，恳请广大读者不吝赐教和批评指正。

编者

2018年6月

目 录 CONTENTS

Item 1
项目一
认知跨境支付与结算

项目情境引入

全球首个无现金机场

　　2017年4月21日，杭州萧山国际机场与阿里巴巴、蚂蚁金服签订战略合作协议，将机场升级成全球首个"无现金机场"（见图1-1），即在杭州萧山国际机场，不用现金也能享受所有的服务。

图1-1　全球首个"无现金机场"

　　支付宝在2017年提出，要用5年时间推动中国进入无现金社会，"从家门到舱门"的无现金体验是其中重要的一环。不久的将来，人们出门坐飞机，只要带上身份证、手机就可以全程畅通无阻。

　　当你走出家门，不管是坐机场大巴、地铁还是出租车去杭州萧山国际机场，统统都能用支付宝付费。

　　如果是开私家车去机场，高速口可以用支付宝付款；机场停车场有支付宝专用通道，进场时摄像头能自动识别车牌，出场时停车场能自动抬杆、自动付费，快速通行（见图1-2）。

图 1-2　无现金停车场

走进机场后，手机支付更是处处可用。机场里的购物、吃饭都能用支付宝买单，只要你能想到的机场付费服务设施（见图1-3），都能用支付宝搞定，如行李打包费、机场电瓶车、贵宾厅全都可以用手机支付。万一你的手机没电了，也没关系，在杭州萧山国际机场可以用芝麻信用免押金租借充电宝。

图 1-3　无现金购物

旅客在机场往往行李多、时间紧，有时候用现金买完东西，经常会落下钱包和信用卡。"以后在杭州萧山国际机场，要捡钱可能没那么容易了。"机场一位负责人笑称。

无现金的另一个好处是可以提高效率。以前在机场购物，一边听着登机广播，一边排队等着交钱，恐怕是每个旅客都遇到过的闹心事儿，不少人为此只能放弃买单。

无现金联盟的数据显示，使用无现金支付，收银效率至少可以提高60%。使用无现金支付不仅能够节省交易成本，还能降低碳的排放，每3 580笔无现金支付，就相当于为地球种了一棵梭梭树。

承担此次杭州萧山国际机场升级任务的蚂蚁金服，是目前全球第一大金融科技公司，也是杭州的一张名片。蚂蚁金服CEO（Chief Executive Officer，首席执行官）井贤栋过去一年出入萧山国际机场的次数超过了200次。

"老客户"今天成了半个小主人，他笑称这是极大的荣幸。他还透露，未来要把杭州萧山国际机场这个模式拓展到更多机场。此前，支付宝已经跟芬兰航空、海南航空等多个航空公司合作，让乘客在飞机上也能无现金支付。

阿里巴巴在杭州萧山国际机场施展的组合拳，未来将从阿里巴巴总部所在地杭州复制到全国乃至全球的其他机场，改变更多人的出行体验。

资料来源：澎湃新闻

问题：列举你平常生活中可以用支付宝付款的场所。

项目任务书

项目任务书如表1-1所示。

表1-1　项目任务书

任务编号	分项任务	职业能力目标	知识要求	参考课时
任务一	初识支付与结算	了解支付与结算概况	1. 支付与结算的定义 2. 支付与结算的特征 3. 第三方支付 4. 传统支付方式与网络支付方式的比较	2
任务二	了解跨境支付与结算	了解跨境支付与结算概况	1. 跨境支付与结算的定义 2. 跨境支付与结算的分类 3. 跨境支付与结算的功能	2
任务三	跨境支付与结算的现状及前景分析	了解跨境支付与结算的现状及前景	1. 跨境支付与结算的现状 2. 跨境支付与结算的前景	2

任务一　初识支付与结算

一、任务引入

小高是某大学电子商务专业大二学生，目前他开了淘宝和敦煌网店铺，主要从1688网站、四季青电子商务基地等联系货源。1688上的货，他通过支付宝采购付款；四季青的货，因为要到现场拿货，所以他大部分时候现场支付现金或用微信支付给老板。

请问：小高的这些支付方式（支付宝、现金、微信支付）各自的使用范围是哪些？

（一）支付与结算的定义

支付与结算是指单位、个人在社会经济活动中使用现金、第三方支付、票据、银行卡和汇兑、托收承付、委托收款等结算方式进行货币给付及其资金清算的行为，其主要功能是完成资金从一方当事人向另一方当事人的转移。

（二）支付与结算的特征

支付与结算作为一种法律行为，具有以下法律特征。

1. 通过金融机构结算

支付与结算方式包括现金、第三方支付、票据、托收承付、委托收款、信用卡和信用证等结算行为，其中，票据包括支票、银行本票、银行汇票和商业汇票等。上述结算必须通过中国人民银行批准的金融机构或其他机构进行。《支付结算办法》第六条规定："银行是支付结算和资金清算的中介机构。未经中国人民银行批准的非银行金融机构和其他单位不得作为中介机构经营支付结算业务。但法律、行政法规另有规定的除外。"这一规定明确说明了支付结算不同于一般的货币给付及资金清算行为。

2. 要式行为

所谓要式行为，是指法律规定必须依照一定形式进行的行为。如果该行为不符合法定的形式要件，即为无效。支付结算行为必须符合中国人民银行发布的《支付结算办法》中的规定。《支付结算办法》第九条规定："票据和结算凭证是办理支付结算的工具。单位、个人和银行办理支付结算，必须使用按中国人民银行统一规定印制的票据凭证和统一规定的结算凭证。未使用按中国人民银行统一规定格式的结算凭证，银行不予受理。"中国人民银行除了对票据结算凭证的格式有统一的要求外，对票据和结算凭证的填写也提出了基本要求。例如，票据和结算凭证的金额、出票和签发日期、收款人名称不得更改，更改的票据无效，更改的结算凭证银行不予受理。

3. 管理体制

支付与结算是一项政策性强、与当事人利益息息相关的活动，因此，必须对此实行统一的管理。《支付结算办法》第二十条规定，中国人民银行总行负责制定统一的支付结算制度，组织、协调、管理、监督全国的支付结算工作，调解、处理银行之间的支付结算纠纷；中国人民银行各分行根据统一的支付结算制度制定实施细则，报总行备案，根据需要可以制定单项支付结算办法，报中国人民银行总行批准后执行；中国人民银行分行、支行负责组织、协调、管理、监督本辖区的支付结算工作，调节、处理本辖区银行之间的支付结算纠纷；政策性银行、商业银行总行可以根据统一的支付结算制度，结合本行情况，制定具体的管理实施办法，报经中国人民银行总行批准后执行，并负责组织、管理、协调本行内的支付结算工作，调解、处理本行内分支机构的支付结算纠纷。

4. 依法进行

《支付结算办法》第五条规定："银行、城市信用合作社、农村信用合作社（以下简称银行）以及单位和个人（含个体工商户），办理支付结算必须遵守国家的法律，行政法规和本办法的各项规定，不得损坏社会公共利益。"支付结算的当事人必须严格依法进行支付结算活动。

（三）第三方支付

1. 第三方支付的定义

当前第三方支付异军突起。第三方支付是指具备一定实力和信誉保障的独立机构，采用与各大银行签约的方式，通过与银行支付结算系统接口对接而促成交易双方进行交易的网络支付模式。

第三方支付模式：买方选购商品后，使用第三方平台提供的账户进行货款支付（支付给第三方），并由第三方通知卖家货款到账、要求发货；买方收到货物，检验货物，并且进行确认后，再通知第三方付款；第三方再将款项转至卖家账户。

2. 第三方支付的交易流程

此处以 B2C 第三方交易为例讲解第三方支付流程，如图 1-4 所示。

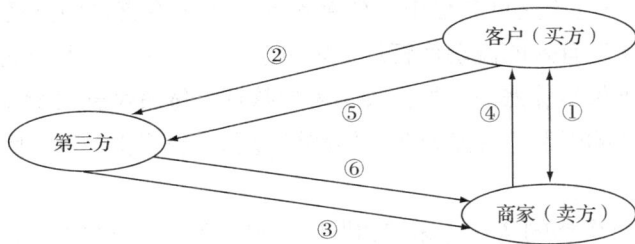

图 1-4　第三方支付交易流程

① 客户在电子商务网站上选购商品，最后决定购买，买卖双方在网上达成交易意向。

② 客户选择利用第三方作为交易中介，客户将货款划到第三方账户。

③ 第三方将客户已经付款的消息通知商家，并要求商家在规定时间内发货。

④ 商家收到通知后按照订单发货。

⑤ 客户收到货物并验证后通知第三方。

⑥ 第三方将其账户上的货款划入商家账户，交易完成。

3. 第三方支付的优缺点

（1）优点

在缺乏有效信用体系的网络交易环境中，第三方支付模式的推出，在一定程度上解决了网上银行支付方式不能对交易双方进行约束和监督，支付方式比较单一，以及在整个交易过程中，货物质量、交易诚信、退换要求等方面无法得到可靠的保证，交易欺诈广泛存在等问题。具体而言，第三方支付的优势体现在以下几方面。

首先，对商家而言，通过第三方支付平台可以规避无法收到客户货款的风险，同时能够为客户提供多样化的支付工具。它为无法与银行网关建立接口的中小企业提供了便捷的支付平台。

其次，对客户而言，不但可以规避无法收到货物的风险，而且货物质量在一定程度上也有了保障，增强了客户网上交易的信心。

最后，对银行而言，通过第三方平台，扩展业务范畴，同时也节省了为大量中小企业提供网关接口的开发和维护费用。

可见，第三方支付模式有效保障了交易各方的利益，为整个交易的顺利进行提供支持。综合而言，第三方支付的特点如下。

① 比较安全，账户信息仅需要告知支付中介，而不必告诉每一个收款人，大大减少了账户信息失密的风险。

② 支付成本较低，支付中介集中了大量的电子小额交易，形成规模效应，因而支付成本较低。

③ 使用方便。对支付者而言，他所面对的是友好的界面，不必考虑背后复杂的技术操作过程。

④ 支付担保业务可以在很大程度上保障付款人的利益。

（2）缺点

① 风险问题。在电子支付流程中，资金都会在第三方支付服务商处滞留，即出现所谓的资金沉淀，如缺乏有效的流动性管理，则可能存在资金安全和支付的风险。同时，第三方支付机构开立支付结算账户，先代收买家的款项，然后付款给卖家，这实际已突破了现有的诸多特许经营的限制，可能为非法转移资金和套现提供便利，因此形成潜在的金融风险。

② 电子支付经营资格的认知、保护和发展问题。第三方支付结算属于支付清算组织提供的非银行类金融业务，政府以发放牌照的形式提高门槛。因此，对于那些从事金融业务的第三方支付公司来说，面临的挑战不仅仅是如何赢利，更重要的是能否拿到第三方支付业务牌照。

③ 业务革新问题。因为支付服务客观上提供了金融业务扩展和金融增值服务，其业务范围必须明确并且要大胆推行革新。到目前为止，全球拥有手机的人多于拥有计算机的人，相对于单纯的网上支付，移动支付领域将有更大的作为。所以第三方支付能否趁此机遇改进自己的业务模式，将决定第三方支付是否能够获得更多的发展。

④ 恶性竞争问题。电子支付行业存在损害支付服务甚至给电子商务行业的发展带来负面冲击的恶意竞争的问题。国内的专业电子支付公司已经超过40家，而且多数支付公司与银行之间采用纯技术网关接入服务。这种支付网关模式容易造成市场严重同质化，也挑起了支付公司之间激烈的价格战，直接导致了这一行业"利润削减快过市场增长"问题的出现。价格营销策略让电子支付行业吞下了利润被摊薄的苦果。

⑤ 法律、法规支持问题。《电子支付指引（第二号）》和《支付机构互联网支付业务管理办法》等法规的颁布，将一定程度上解决这个问题。

（四）传统支付方式与电子支付方式的比较

现金结算是一种历史悠久的结算方式，从很早以前的以兽骨、贝壳及后来的以贵金属为媒介的现金结算，再到一直沿用至今的以纸质货币为媒介的支付形式，现金结算在社会经济中一直扮演着不可或缺的角色。在现金交易中，买卖双方处于同一位置，而且交易是匿名进行的，卖方不用了解买方的身份。这时，现金就是身份证明，因为现金本身是有效的，其价值是由发行机构加以保证的，加之现金所具有使用方便和灵活的特点，所以在电子支付出现前，日常生活中的多数交易是由现金来结算完成的。

当然，现金结算也有不足：受时间和空间的限制，不在同一时间、同一地点交易就不便于用现金交易；当涉及大宗买卖时，不适宜用现金支付，因为现金的面额都比较小，所以在携带大量现金时会产生不便与安全问题。

电子支付包括网络支付、电话支付、移动支付，接下来以网络支付为例进行比较。

网络支付顾名思义，是一种依托互联网的支付方式，属于电子支付的一种，是新式支付方式的代表之一。如今，网络支付已经成为快速、便捷、安全支付的代名词。目前网络支付通过网银、支付宝、微信支付、连连支付等形式存在。网络支付省去了中间的人工环节，更快捷、更方便，也可以减少买卖双方的损失，同时也是电子时代的特征。另外，也有研究称网络支付更能促进消费，因为电子支付是转账，在消费者眼中只是账户数据的变化，从心理学角度又讲不会有消费时的"疼痛感"，所以理论上也可以增加消费额。

当然，这种支付方式也有弊端。首先是安全性。网络支付使用情况的调查显示，目前有些网民不使用网络支付的原因，主要是担心安全，然后是个人隐私及注册麻烦等问题。频频出现的网络密码泄露等问题也是网络支付安全备受关注的焦点之一。其次是金融监管问题。网络支付虽然给网民带来很多方便，解决了电子商务的支付瓶颈，但由于目前我国关于网络支付的法律法规并不完善，网络支付的无序发展存在一定金融安全隐患。

归结起来，电子支付与传统支付的区别如下。

① 电子支付是采用先进的技术、通过数字流转来完成信息传输的，是通过数字化的方式进行款项支付的；而传统的支付方式则是通过现金的流转、票据的转让及银行的汇兑等物理实体来完成款项支付的。

② 电子支付的工作环境基于一个开放的系统平台（即互联网）；而传统支付则是在较为封闭的系统中运作的。

③ 电子支付使用的是先进的通信手段，如 Internet、Extranet，而传统支付使用的则是传统的通信媒介；电子支付对软、硬件设施有一定的要求，一般要求有联网的计算机或手机、相关的软件及其他一些配套设施，而传统支付则没有这些要求。

④ 电子支付具有方便、快捷、高效、经济的优势。用户只要拥有一台联网的计算机或手机，便可足不出户，在很短的时间内完成整个支付过程。电子支付费用仅相当于传统支付的几十分之一，甚至几百分之一。

三、任务实施

阅读以下材料，回答文后问题。

银行 ATM 大撤退调查：移动支付冲击，部分已"不可能回本"

曾是日常生活中不可或缺的银行自动取款机（Automatic Teller Machine，ATM），如今遭遇到生存危机。2018年1月底，光大银行撤走了放置于北京西单的一台ATM，外界关于银行ATM将被大范围裁撤的舆论再起。地铁站内的银行ATM如图1-5所示。

20世纪90年代开始，国内银行引进ATM，方便、快捷的使用体验让ATM深受用户青睐。ATM总保有量在20年间高速增长，截至2016年年底，全国ATM总量为92.42万台。

图1-5　地铁站内的银行 ATM

但在微信、支付宝等第三方支付手段井喷式发展的情况下，越来越多的人成了"无现金者"，现金使用需求逐渐下降，对ATM的依赖也不断降低。调查显示，自2016年起，ATM的整体布局已呈现停滞状态，保有量增幅仅为2.5%，远低于往年年均20%以上的增速。

在ATM需求不断减少的情况下，生产厂商也面临业务危机，营收大幅下降。而银行则"进退维谷"，一方面要承受每台ATM七八万元的成本负担，另一方面须应对单机运营收入下降3成的现状。

需求减少，ATM遭大面积裁撤

2018年1月底，光大银行撤走了放置于北京西单的一台ATM，外界关于银行的ATM将被大范围裁撤的舆论再起。2018年2月5日，光大银行表示，西单的机器到了报废年限，所以裁撤。有接近光大银行的人士表示："现在银行大力发展线上业务，ATM减少很正常。"

银行会在何种情况下考虑裁撤ATM呢？一股份制银行某省分行的相关负责人表示，每家银行都有自己的判定标准，比如，有些银行会把日均交易量低于20笔的ATM判定为裁撤对象，这台ATM就面临裁撤，或被放到交易量更大的地方去。

曾任某国有银行渠道运营部负责人的李女士表示，ATM大规模抢占市场的时代已经过去，"经济发达地区的安装量已基本饱和，农村等欠发达地区可能还有部署的必要。"

而邮政储蓄银行渠道部的一位职员对裁撤ATM背后的逻辑总结道："降本增效"，"电子业务取代了物理网点，传统意义上的损耗没有意义。"

以往生活中不可或缺的ATM，如今显得没那么必要了。

地铁站内的ATM，在人流量大时也少有人使用，如图1-6所示。

保有量增速遇"滑铁卢"，生产商业务收入腰斩

数据显示，ATM市场近两年来进入平缓停滞期。

中国人民银行公布的数据显示，从2008年至2013年，国内在运行的ATM数量从16.75万台增长到52万台，每年呈现25%左右的增幅，2014年增幅稍有回落，2015年增幅则达到了40%，至当年年末共有86.67万台ATM。

图 1-6　地铁站里的 ATM，在人流量最大时也少有人使用

但自2016年起，ATM保有量增幅大幅回落，仅为6.6%，总量为92.42万台。而截至2017年第三季度，ATM的增幅仅为2.5%。

ATM的发展停滞，生产厂家的效益体现明显

在国内连续9年保持ATM销量第一的广电运通，在2017年半年报中表示，上半年受ATM装机量同比减少及产品价格下滑的影响，ATM的利润贡献同比下降。2017年1—6月，广电运通ATM业务营收4.79亿元，较往年同期下降了47.18%。

另一家在国内位居前列的ATM制造厂商御银股份，则更早受到了非现金业务对ATM冲击的影响。2016年，御银股份总营收为7.71亿元，比上年同期减少了29.72%。2017年国内ATM市场的销售份额如图1-7所示。

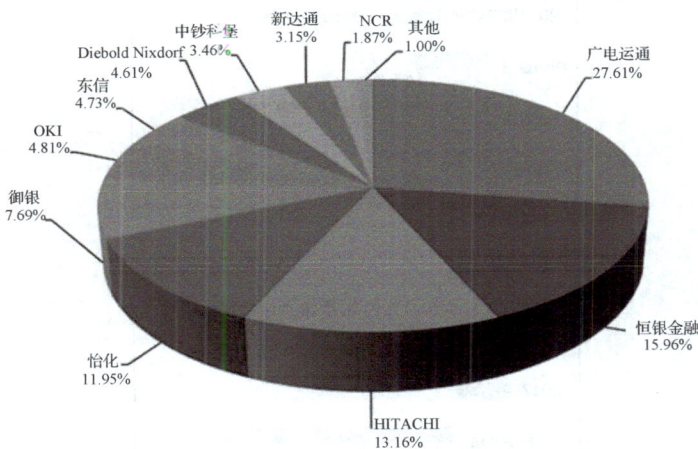

图 1-7　2017 年国内 ATM 市场销售份额

移动支付井喷式发展，无现金成潮流

对ATM的停滞增长，现代生活中的每个人都"功不可没"。

在互联网公司工作的"90后"于磊是无现金生活的忠实拥趸，吃住行一切生活所需都通过网络支付解决。"方便，轻装上阵，出门只要带一部手机就可以解决所有问题了。"他说。

在微信支付、支付宝等第三方支付的推广下，如今无论是超市大卖场，还是街头巷尾的小摊小贩，无现金支付都成了主流。国内移动支付消费数据调查如图1-8所示。

我国移动支付交易规模持续扩大

2013—2017年
我国第三方支付综合支付
交易规模（万亿元）

154.9

107.3

52.3

32.2

16.9

2013 2014 2015 2016 2017

线下消费移动支付比例提升

网民在线下消费使用移动支付比例

50.3%

65.5%

2016年年底

2017年年底

农村地区网民在线下消费使用移动支付比例

31.7%

47.1%

2016年年底

2017年年底

移动消费和移动金融占比提升

2016第三季度与2017第三季度
第三方移动支付交易规模结构对比

2017第三季度　　2016第三季度

移动金融　18.7%
14.7%

个人应用　67.7%
74.5%

移动消费　11.7%
8.6%

其他　2.0%
2.8%

用户移动支付习惯逐渐养成

2016年和2017年移动支付用户使用频次比例

2017　　2016

每天使用　78.7%
22.3%

一周两到三次　17.0%
26.7%

一周一次　1.8%
10.9%

半个月一次　1.0%
13.0%

一个月一次　0.8%
14.2%

更久　0.8%
12.9%

图 1-8　国内移动支付消费数据调查

支付宝和微信是现在国内第三方支付业务的两大巨头。支付宝成立于2003年，2010年开始与银行合作推出快捷支付，2013年推出余额宝，之后移动支付愈加兴盛。

2014年3月，腾讯旗下的微信正式开通支付接口，加入了抢夺第三方支付蓝海的大战中。随着支付宝和微信不断争夺用户和资金的竞争，移动支付呈现井喷式增长。

数据也可以印证这一切。2013年至2016年，我国移动支付的金额从9万亿元增长到了157万亿元。

与此同时，各大银行也加大布局线上业务，手机银行、网上银行发展迅猛。

比如，建设银行规定：人民币转账业务，若使用柜台和自助设备，跨行转账每笔将收取2～50元不等的手续费；若使用网银等方式，跨行转账按柜台标准的5折执行，单笔5 000元人民币以下的转账免收手续费；而若使用移动支付的方式，跨行转账免收手续费。

在各大银行的政策优惠推动下，电子银行业务也得到大范围应用。中国金融认证中心发布的《2017中国电子银行调查报告》显示，2017年，在地级以上城市13岁及以上常住人口中，网上银行用户比例和手机银行用户比例均为50%。

单机收益下降三成，运营成本增大

ATM等自助现金类设备的减少，还与成本压力有关。

某国有银行的中层人士表示，"ATM的收入来源就是跨行转账或取钱，以前移动支付不发达的时候，ATM还有些收入来源，但是现在类似业务减少了，并且本行的异地转账很多都免费，也就靠收单获得些收入，但是现在现金交易量下滑，使ATM的使用量明显下滑，成本压力就大了。"

运营一台ATM，银行需要付出的成本不菲。一位股份制银行某省分行的相关负责人称，放在商场、地铁的单台ATM的成本主要包含占地租赁费、电费、清机费、监控费及线路费等，而银行自助区的ATM成本就更高，包含房租、装修费，还涉及物业等费用。

"一台ATM单价一般在六七万元。按照3年折旧来算，每年的折旧费约2万元，线路费一年2 000元左右，设备维护费在5 000元左右。另外包含房租、人工、清装钞票等方方面面的成本，还是挺多的。"该负责人表示。

而银行能够从ATM中获得的业务收入并不多。有研究数据称：自助银行（一台存取款机、一台取款机）的日均交易量需在167笔以上，存取款机需在122笔以上；离行式ATM日均交易量需在59笔以上、附行式ATM日均交易量需44笔以上，才能保本盈利。

对于ATM能否回本，上述股份制银行人士表示："在我们这样的中部城市，按照现在的行情来说是不可能回本的。在北京、上海等寸土寸金的地方，成本压力应该更大。"

该人士同时表示，ATM根本不存在回本一说，银行设立离行自助的初衷有两个：一是为了弥补社区网点的不足，二是为了方便本行客户用卡。

资料来源：网易财经

【思考】

结合本案例，你觉得传统支付与结算方式在移动支付浪潮的冲击下，是否已经完全失去意义，能否继续走下去？

四、任务评价

项目评价表如表1-2所示。

表1-2 项目评价表

项目	学习态度 （20%）	团队合作情况 （20%）	步骤完成情况 （50%）	其他表现 （10%）	小计 （100%）	综合评价
小组评分 （30%）						
个人评分 （30%）						
老师评分 （40%）						
综合得分 （100%）						

五、知识拓展

杭州绕城高速全线收费站可用支付宝

拿出手机，对准扫码器，不到5秒就能通过高速收费站。怎么样？这种贴合当下移动生活的出行方式是不是很让人心动？杭州绕城高速可用支付宝扫码支付，如图1-9所示。

图1-9　杭州绕城高速用支付宝扫码支付

自2018年1月12日起，杭州绕城高速所有收费站的人工车道，都能享受到这样方便快捷的驾驶体验了。经过收费站时，车主只要掏出手机，用支付宝的付款码扫一扫收费亭上的车道智能支付终端，就能完成通行费支付，通过收费站。

2018年1月初，杭州绕城高速转塘、下沙南收费站开始试点高速公路通行费支付宝支付业务，几天时间里已有近2 000辆车尝鲜支付宝移动付费。

据了解，绕城高速上的扫码终端设备能够感应1.5米内的支付信息。这就意味着即使在副驾驶也能够完成移动支付，大大改善了驾驶人员的支付体验。同时，移动支付还能够将原本平均30秒的付款时间缩短至七八秒，减少了司乘人员的等待时间。杭州绕城高速支付宝自助扫码付款如图1-10所示。

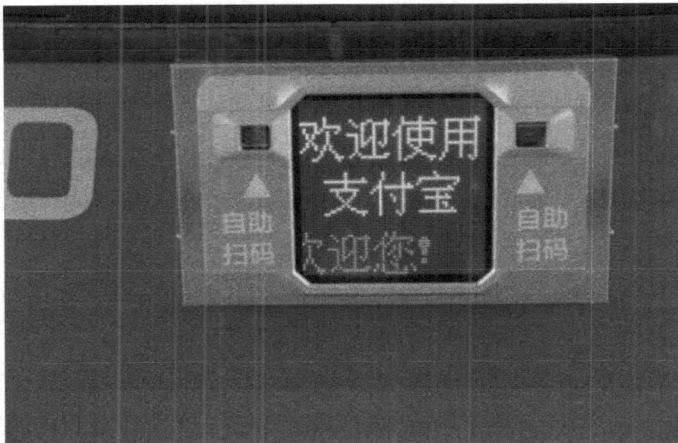

图1-10　杭州绕城高速支付宝自助扫码付款

六、同步拓展

① 列举你所知道的传统支付与结算方式。

② 列举你所知道的新型支付与结算方式。

任务二　了解跨境支付与结算

一、任务引入

李刚经营着一个锯链工厂，去年销售额约为 7 000 万元人民币，客户主要分布在欧洲、南美、中东等地区。目前，客户主要是通过传统的电汇方式付款采购，他最近在阿里巴巴国际站上开店后，有些客户表示想通过线下 PayPal 付款采购。李刚经同学介绍，找到小高，说自己对新的跨境支付与结算方式不太了解，想让小高介绍一下。

二、相关知识

（一）跨境支付与结算的定义

跨境支付与结算是指在国际经济活动中的当事人以一定的支付工具和方式，清偿因各种经济活动而产生的国际债权债务，并产生资金转移兑换的行为。它通常是国际贸易中所发生的、由履行金钱给付义务当事人履行义务的一种行为。

（二）跨境支付与结算的特征

跨境支付与结算伴随着商品进出口而发生，它有以下特点。

① 跨境支付与结算产生的原因是国际经济活动而引起的债权债务关系。

② 跨境支付与结算的主体是国际经济活动中的当事人。国际经济活动中的当事人含义依据不同的活动而定。如在货物买卖中，当事人是指双方营业地处在不同国家（或地区）的人，且有银行参与。

③ 跨境支付与结算是以一定的工具进行支付的。跨境支付与结算的工具一般为货币与票据。一方面，由于国际支付当事人一般是跨国（或地区）之间的自然人、法人，而各国（或地区）所使用的货币不同，这就涉及货币的选择、外汇的使用，以及与此有关的外汇汇率变动带来的风险问题；另一方面，为了避免直接运送大量货币所引起的各种风险和不便，就涉及票据或凭证的使用问题，与此相关的是各国（或地区）有关票据或凭证流转的一系列复杂的法律问题。

④ 跨境支付与结算是以一定的支付方式来保障交易的安全。在国际贸易中，买卖双方通常从自身利益考虑，总是力求在货款收付方面能得到较大的安全保障，尽量避免遭受钱货两空的损失，并想在资金周转方面得到某种融通。这就涉及如何根据不同情况，采用国际上长期形成的汇付、托收、信用证、PayPal 等不同的支付方式，以处理好货款收付中的安全保障和资金融通问题。

⑤ 跨境支付与结算的收付双方通常处在不同的货币圈，是异地结算中的特殊情况。

⑥ 由于收付双方处在不同的法律制度下，受到相关法律的限制，不能把一方的通行情况施之于对方，而只能采用国际结算的统一惯例为准则，协调双方之间的关系，并相互约束。

⑦ 国际支付与结算必须以收付双方都能接受的货币为支付结算货币，为了支付方便和安全，一般采用国际通行的结算货币，如美元、欧元、英镑等，特殊情况也有例外。

⑧ 跨境支付与结算主要通过银行为中间人进行支付结算，以确保支付过程安全、快捷、准确、保险及便利。

⑨ 由于跨境支付与结算一般以不同于支付双方本国（或本地区）的货币为支付结算货币，所以结算过程有一定的汇兑风险。

（三）跨境支付与结算的方式

跨境支付与结算方式可以分成传统跨境支付与结算方式，以及跨境电子商务支付与结算方式这两大类。

1. 传统跨境支付与结算方式

B2B 跨境贸易中常采用的传统跨境支付与结算方式，主要有以下几种。

（1）汇付

汇付（Remittance）又称汇款，即付款人主动通过银行或其他途径将款项汇给收款人，是最简单的支付方式。

汇付的种类如下。

① 信汇（M/T）：指汇出行应汇款人的申请，将信汇委托书寄给境外汇入行，授权解付一定金额给收款人的一种汇款方式。

② 电汇（T/T）：汇出行应汇款人的申请，拍发加压电报、电传给境外的分行或代理人解付一定金额给收款人的一种汇款方式。

③ 票汇（D/D）：汇款人使用汇票、本票或支票等支付工具，将货款主动支付给收款人。

汇付的性质如下。

① 汇付属于顺汇，因为使用的结算工具的传递方向从买方流向卖方，与资金的流向一致。

② 汇付属于商业信用，因为采用汇付方式，是否按照合同的规定履行付款义务和何时履行付款义务，完全依靠买方的信用，银行在它们之间完全是付款人的代理，只提供服务，不承担付款的责任。

汇付方式通常用于预付货款、货到付款。此外，汇付方式还用于订金、货款尾数、佣金等小金额的支付。

（2）托收

托收是指在进出口贸易中，出口方开具以进口方为付款人的汇票，委托出口方银行通过其在进口方的分行或代理行向进口方收款的一种结算方式。

托收属于逆汇，因为在托收中，作为结算工具的单据和单据的传送与资金的流动呈相反的方向。另外，托收也属于商业信用。银行完全根据卖方的指示来处理，到底银行是否能收到货款，依靠买方的信用。

最常用的托收类型是光票托收和跟单托收。

① 光票托收：指金融票据不附寄商业票据的托收。光票托收主要用于小额交易、预付货款、分期付款以及收取贸易的从属费用等。

② 跟单托收：跟单托收是指金融单据附有商业单据或不用金融单据的商业单据的托收。

托收方式对买方比较有利，费用低，风险小，资金负担小，甚至可以取得卖方的资金融通。

（3）信用证

信用证（Letter of Credit，L/C）是指由银行（开证行）依照（申请人的）要求和指示或自己主动，在符合信用证条款的条件下，凭规定单据向第三者（受益人）或其指定方进行付款的书面文件，即信用证是一种银行开立的有条件的承诺付款的书面文件。

信用证的种类如下。

① 按有没有另一银行加以保兑，信用证可分为保兑信用证和不保兑信用证。

• 保兑信用证：由开证行以外的另一家银行（保兑行）应开证行的请求，对信用证加以保兑的信用证。

• 不保兑信用证：指开证银行开出的信用证没有经另一家银行保兑。

② 按付款方式不同，信用证可分为即期信用证、延期付款信用证、承兑信用证和议付信用证。

• 即期信用证：指付款行收到符合信用证条款的跟单汇票及装运单据后，立即履行付款义务的信用证。

• 延期付款信用证：指开证行承诺在收益人交单一定时期后付款的信用证。

• 承兑信用证：开证行或付款行在收到符合信用证规定的远期汇票和单据时，先在汇票上履行承兑手续，于汇票到期日再付款。

- 议付信用证：即开证行在信用证中，邀请其他银行买入汇票和（或）单据的信用证。

③ 按受益人对信用证的权利可否转让，信用证可分为可转让信用证和不可转让信用证。

- 可转让信用证（Transferable L/C）：指信用证特别规定它是可转让的。可转让信用证可按受益人（第一受益人）的请求，使其全部或部分供另一受益人兑付。可转让信用证只能转让一次，即只能由第一受益人转让给第二受益人，第二受益人不能要求将信用证转让给其后的第三受益人。如果信用证允许分批装运，在总和不超过信用证金额的前提下，可分别按若干部分办理转让，即同时转让给几个受益人，该项转让的总和，将被认为只构成信用证的一次转让。

- 不可转让信用证（Non-transferable L/C）：指受益人不能将信用证的权利转让给他人的信用证。凡是信用证中未注明"可转让"字样的就是不可转让信用证。

④ 按信用证下的汇票是否附有货运单据，信用证可分为跟单信用证和光票信用证。

- 跟单信用证：指凭跟单汇票或仅凭单据付款的信用证。

- 光票信用证：指凭不随货运单据的光票付款的信用证。

不管怎么划分种类，信用证都有如下特点。

① 信用证是一项自足文件（self-sufficient instrument）。信用证不依附于买卖合同，银行在审单时强调的是信用证与基础贸易相分离的书面形式上的认证。

② 信用证方式是纯单据业务（pure documentary transaction）。信用证是凭单付款，不以货物为准。只要单据相符，开证行就应无条件付款。

③ 开证银行负首要付款责任（primary liabilities for payment）。信用证是一种银行信用，是银行的一种担保文件，开证银行对支付有首要付款的责任。

在以上特点的基础上，信用证拥有图 1-11 所示的业务流程。

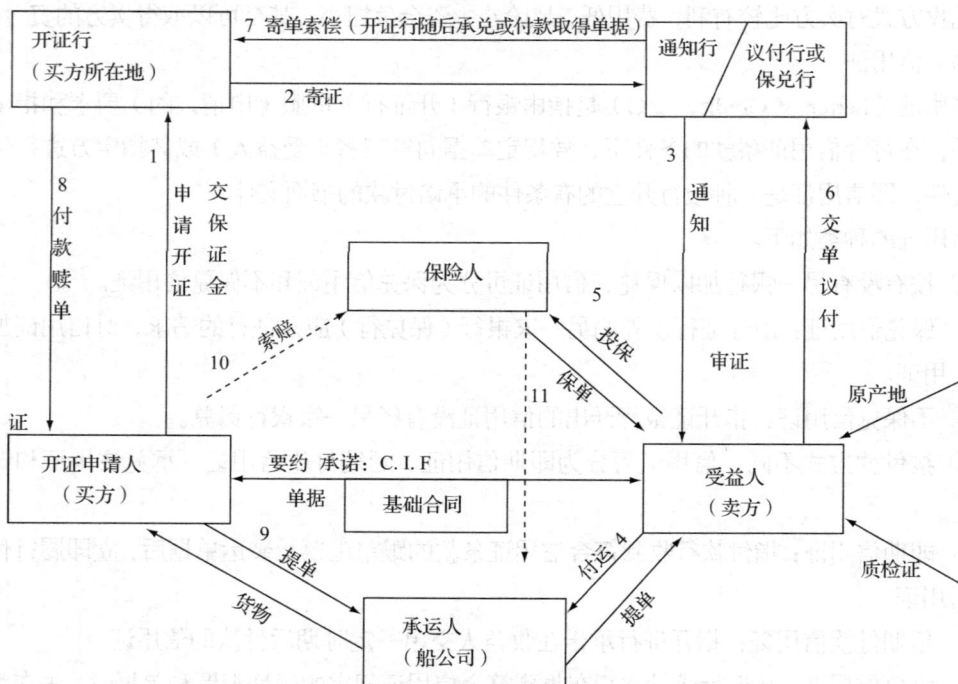

图 1-11　信用证的业务流程

2. 跨境电子商务支付与结算方式

在跨境电子商务交易中，主要有以下跨境电子商务支付与结算方式。

（1）PayPal

PayPal 中文名为贝宝，是全球知名的跨境电子商务支付与结算工具。1998 年 12 月由 Peter Thiel 及 Max Levchin 建立，总部位于美国加利福尼亚州圣荷西市。

它在使用电子邮件标识身份的用户之间转移资金，避免了传统的邮寄支票或者汇款的方法。PayPal 和各大知名跨境电子商务网站合作，成为它们的货款支付方式之一，使用这种支付方式转账时，PayPal 收取一定数额的手续费。

（2）Western Union

Western Union 中文名为西联汇款，是世界上领先的特快汇款公司，迄今已有 150 年的历史。它拥有全球最大、最先进的电子汇兑金融网络之一，代理网点遍布全球近 200 个国家和地区。西联公司是美国《财富》五百强之一的第一数据公司（FDC）的子公司。中国光大银行、中国邮政储蓄银行、中国建设银行、浙江稠州商业银行、吉林银行、哈尔滨银行、福建海峡银行、烟台银行、龙江银行、温州银行、徽商银行、浦发银行等多家银行是西联汇款的中国合作伙伴。

（3）WebMoney

WebMoney（简称 WM）是由成立于 1998 年的 WebMoney Transfer Techology 公司开发的一种在线电子商务支付系统，截至 2018 年 4 月，其注册用户已接近 3 000 万人，其支付系统可以在包括中国在内的全球 70 个国家和地区使用，在俄语系国家、日本、欧美国家都有相当的使用人群，尤其在俄语系国家，它是三大在线支付工具之一（另外两个是 Yandex Wallet 和 QIWI Wallet）。

（4）跨境电子商务平台自营的跨境电子商务支付与结算方式

如亚马逊的亚马逊钱包、阿里巴巴国际站和速卖通的国际版"支付宝"（Escrow）、谷歌钱包等。

（5）支付宝

无论是境内消费者在境外消费，还是境内消费者在境外跨境电子商务平台上购物，都可以通过支付宝付款。即便是境内用户跨境付款给境外商家、朋友或境外用户跨境支付给境内商家、朋友，也可以通过支付宝国际汇款实现，非常方便快捷。

（6）微信

微信支付也早已开放了跨境电子商务支付功能。经过几年的发展，目前，微信电子商务支付业务已经覆盖东南亚、欧美、西亚、大洋洲的 20 多个国家和地区。

（7）连连支付

连连支付是专业的跨境第三方电子商务支付与结算机构，是中国领先的行业支付解决方案提供商，也是目前浙江省内最大的跨境电子商务支付与结算机构，目前在亚马逊等平台份额较大。

（8）PingPong

杭州呼嘭智能技术有限公司（简称 PingPong）是一家主体位于杭州的国内知名的全球收款

公司，为境内跨境电子商务卖家提供低成本的境外收款服务。PingPong帮助中国企业获得公平的境外贸易保护，最近几年在跨境电子商务支付与结算领域份额也增长明显。

3. 传统跨境支付与结算方式和跨境电子商务支付与结算方式的联系

传统的跨境支付与结算方式由来已久，比如信用证等方式到目前仍然被广泛采用，事实证明，在大宗国际贸易活动中，传统跨境支付与结算方式仍然是主流，虽然其流程相对烦琐，但在可靠性上值得肯定。

近年来，随着各国互联网的普及以及人们对于跨境网络购物的不断认同，跨境电子商务日渐兴起，跨境电子商务支付与结算应运而生。跨境电子商务相对于传统的国际贸易来讲，体量相对较小，但是交易频次却比传统的国际贸易多出几何级别，交易信息也都是以无纸化形式为主。为了服务蓬勃发展的跨境电子商务业务，跨境电子商务支付与结算方式相对于传统的跨境支付与结算方式，在技术上不断摸索和创新。

在市场中，传统跨境支付与结算方式和跨境电子商务支付与结算方式将互补共存。

三、任务实施

阅读以下材料，回答文后问题。

热门跨境支付方式优劣解析

如果是做国内电子商务业务的，收款方式不外乎支付宝、微信支付等，而且不用担心手续费、安全性、即时性等也有保证。但是把国内电子商务范围扩大至传统国际贸易和跨境电子商务，收汇款方式一下就变得不那么简单了。这时，需要考虑很多问题，不同收汇款方式差别还很大，它们都有各自的优缺点、适用范围。下面整理了各种跨境支付方式的优缺点，读者可进行相应比较。

1. 电汇

* 费用：各自承担所在地的银行费用。买家银行会收取一道手续费，由买家承担；有的卖家公司的银行也会收取一道手续费，就由卖家来承担。根据银行的实际费率计算。
* 优点：收款迅速，几分钟到账；先付款后发货，保证商家利益不受损失。
* 缺点：先付款后发货，境外客户容易产生不信任；客户群体小，限制商家的交易量；数额比较大的，手续费高。
* 适用范围：电汇是传统的B2B付款模式，适合大额的交易付款。

2. Western Union

Western Union是西联国际汇款公司的简称，是世界上领先的特快汇款公司，可以在全球大多数国家的西联代理所在地汇出和提款。西联手续费由买家承担。需要买卖双方到当地银行实地操作。运用该方式，在卖家未领取款项前，买家随时可以将支付出来的资金撤销回去。

* 费用：手续费由买家承担；买卖双方需要到当地银行实地操作；在卖家未领取钱款前，买家可以将支付的资金撤销回去。
* 优点：手续费由买家承担；对于卖家来说最划算，可先提钱再发货，安全性好；到账速度快。

- 缺点：由于对买家来说风险极高，买家不易接受；买家和卖家需要去西联线下柜台操作；手续费较高。
- 适用范围：1万美元以下的小额支付。

3. Money Gram

Money Gram公司推出了的一种快捷、简单、可靠及方便的国际汇款方式——速汇金汇款。目前该公司在全球150个国家和地区拥有总数超过50 000个代理网点。该方式下，收款人凭汇款人提供的编号即可收款。

单笔速汇金最高汇款金额不得超过10 000美元（不含），每个汇款人每天的速汇金累计汇出最高限额为20 000美元（不含）。

- 优势：速汇金汇款在汇出后十几分钟即可到达收款人手中；在一定的汇款金额内，汇款的费用相对较低，无中间行费，无电报费；手续简单，汇款人不必选择复杂的汇款路径，收款人不必预先开立银行账户，即可实现资金划转。
- 缺点：汇款人及收款人均必须为个人；必须为境外汇款；须符合国家外汇管理局对于个人外汇汇款的相关规定；客户如持现钞账户汇款，还需交纳一定的钞变汇的手续费，速汇金国内的合作伙伴有中国银行、工商银行、交通银行、中信银行。

4. PayPal

- 费率：2.9%～3.9%。
- 费用：无开户费及使用费；每笔收取0.3美元的银行系统占用费；提现每笔收取35美元；如果跨境，则每笔收取0.5%的跨境费。
- 优点：国际付款通道满足了部分地区客户的付款习惯；账户与账户之间产生交易，可以买，也可以卖；美国eBay旗下，国际知名度较高，尤其受美国用户信赖。
- 缺点：PayPal用户消费者（买家）利益大于PayPal用户卖家（商户）的利益，双方权利不平衡；电汇费用，每笔交易除手续费外还需要支付交易处理费；账户容易被冻结，商家利益受损失，很多做外贸的朋友都遇到过。
- 适用范围：跨境电子商务零售行业，几十到几百美元的小额交易更划算。

5. Payoneer

Payoneer是一家总部位于纽约的在线支付公司，其主要业务是帮助其合作伙伴将资金下发到全球，同时也为全球客户提供美国银行/欧洲银行收款账户，用于接收欧美电子商务平台和企业的贸易款项。

- 优点：便捷，中国身份证即可完成Payoneer账户在线注册，并自动绑定美国银行账户和欧洲银行账户；合规，像欧美企业一样接收欧美公司的汇款，并通过Payoneer和中国支付公司的合作完成线上的外汇申报和结汇；便宜，电汇设置单笔封顶价，人民币结汇最多不超过2%。
- 适用人群：单笔资金额度小，但是客户群分布广的跨境电子商务网站或卖家。

6. 信用卡收款

跨境电子商务网站可通过与Visa、MasterCard等国际信用卡组织合作，或直接与境外银行合作，开通接收境外银行信用卡支付的端口。

- 优点：欧美最流行的支付方式，信用卡的用户人群非常庞大。
- 缺点：接入方式麻烦、需预存保证金、收费高昂、付款额度偏小；"黑卡"泛滥，存在拒付风险。

- 适用范围：从事跨境电子商务零售的平台和独立B2C。目前国际上五大信用卡品牌Visa、MasterCard、America Express、JCB、Diners club中，前两个为大家广泛使用。

7. 中国香港离岸公司银行账户

卖家通过在中国香港地区开设离岸银行账户，接收海外买家的汇款，再从中国香港地区账户汇往中国内地账户。

- 优点：接收电汇无额度限制，不需要像中国内地银行一样受5万美元的年汇额度限制；不同货币之间可随意自由兑换。
- 缺点：中国香港地区的银行账户的钱还需要转到中国内地账户，较为麻烦。
- 适用范围：传统外贸及跨境电子商务都适用，适合已有一定交易规模的卖家。

8. WebMoney

WebMoney是由成立于1998年的WebMoney Transfer Techology公司开发的一种在线电子商务支付系统，是俄罗斯最主流的电子支付方式，用户在俄罗斯各大银行均可自主充值取款。

9. QIWI Wallet

QIWI Wallet是俄罗斯最大的第三方支付工具之一，其服务类似于支付宝。QIWI Wallet电子支付系统于2007年年底在俄罗斯推出。该系统使客户能够快速、方便地在线支付水电费、手机话费，还能进行购物和银行贷款。

【思考】

结合本案例，谈谈还有哪些跨境支付与结算方式，各自的优缺点是哪些。

四、任务评价

项目评价表如表1-3所示。

表1-3　项目评价表

项目	学习态度（20%）	团队合作情况（20%）	步骤完成情况（50%）	其他表现（10%）	小计（100%）	综合评价
小组评分（30%）						
个人评分（30%）						
老师评分（40%）						
综合得分（100%）						

五、知识拓展

亚马逊收款方式选择分析

目前市面最重要的5种亚马逊收款方式是美国银行账户、中国香港银行账户、World First、

Payoneer和PingPong卡。亚马逊收款方式的对比如表1-4所示。

表 1-4　亚马逊收款方式的对比

名称	Payoneer	World First	PingPong 金融	美国银行账户	中国香港银行账户
提现人民币	√	√	√	×	×
注册费	免费	免费	免费	1 万元～3 万元注册美国公司的费用	500～5 000 元注册中国香港公司的费用
入账费	无（累积入账 20 万元以下的，只有美元入账收 1%）	无	无	无	3%～5%×兑换成港币的费用（亚马逊资金需要强制换成港币）
提现费用	最高 2%，根据累计入账量可调低至 1%	1%～2.5%	最高 1%，提现越多越便宜	45 美元/每笔	与具体银行有关
年费	无,有实体卡才有年费	无	无	有	有
直接收取	是	是	是	否	否
美元、欧元、英镑、加元、日元	美元、欧元、英镑、日元	美元、欧元、英镑、日元	仅支持美元	仅支持美元	均需要先兑换成港币
提现速度	1～3 个工作日	1～3 个工作日	1 个工作日，最快可当天到账	7 个工作日内	7 个工作日内
备注	总费用最低 1%	最低费用仅 2.5%	最高费率 1%，无任何汇损	需要注册美国公司	强制换成港币，有美元账户也需先换成港币

注：

（1）美国银行账户的开户需要自己本人到美国开通；或个人找中介公司代理注册美国公司，然后开通美国银行账户，整个周期需要 1 个月以上，且费用在 1～3 万元。

（2）中国香港银行账户目前个人开户已经比较难。由于中国内地很多人希望开通中国香港银行账户用于接收国外的商业款项，导致中国香港各银行严控、严查中国内地个人开户。公司开户需要先注册中国香港公司，费用一般在几千元左右，周期在 1 个月以上。

（3）WorldFirst 目前开户非常灵活，账户分为个人账户和公司账户两种。个人账户持个人身份证即可开通，公司账户需提交公司营业执照。开通时间一般在 1～3 天。WorldFirst 支持开通美元、英镑、欧元、加元、日元这 5 个币种发账户。开户过程全免费。

（4）Payoneer 目前开户也比较灵活，可开通个人账户和企业账户。Payoneer 提供美元账户、欧元账户、英镑账户、日元账户这 4 个收款账户账号。一般来说，开通 Payoneer 账户时就默认开通美元、英镑、欧元、日元这 4 个币种的账户。

（5）PingPong 金融目前仅开通美元账户。亚马逊现在暂时只能注册企业账户，Wish 可开个人账户和企业账户。

六、同步拓展

① 列举你所知道的传统跨境支付与结算方式。

② 列举你所知道的新型跨境支付与结算方式。

一、任务引入

上次小高把一些跨境支付与结算的新工具介绍给李刚后，李刚感觉确实很方便快捷，手续费也低。李刚心里有一种预感，似乎新的跨境支付与结算方式会慢慢占领一部分跨境支付与结算市场份额，但是传统的电汇、信用证等跨境支付与结算方式仍然有广大的使用者，未来新的跨境支付与结算方式会不断出现，就像传统国际贸易和跨境电子商务一样，最后可能是互补共存。

你觉得李刚的分析对吗？为什么？

二、相关知识

（一）跨境支付与结算的现状

1. 传统国际贸易和跨境电子商务发展现状

我国传统外贸行业增速下行。2016 年和 2017 年，我国传统进出口贸易总额分别为 24.6 万亿元和 24.3 万亿元，同比下降 6.99% 和 1.02%。在传统的国际贸易模式下，一国（或地区）的产品从售出到另一国（或地区）的消费者手中需要经过多个环节，复杂的中间环节大幅增加了贸易的时间成本与财务费用。跨境电子商务通过互联网技术将这一过程简化，从而使传统国际商业活动的便利性大幅提高，显著减少了交易的中间环节，并实现了商业利益的最大化。伴随着互联网技术的发展与成熟，国内网民规模及渗透率稳步上升；在全球各个产业互联网化不断加深及普及率提高的同时，海外消费者与中国消费者对在线消费的需求也不断上升，从而进一步稳固了跨国（或地区）消费的客户基础。

跨境电子商务近年来取得了快速增长。2008 年到 2017 年，跨境电子商务交易规模年复合增速达到 25.7%，大大高于同期进出口贸易增速。虽然 2017 年增速有所放缓，但仍有 24% 的增长率。我国跨境电子商务主要以出口为主，2017 年出口占比达到 82.08%，进口占比为 17.92%。

虽然 B2C（Business to Coustomer）占比不断提升，但 B2B（Business to Business）传统国际贸易仍然占据主导地位。按业务模式划分，我国跨境电子商务主要以 B2B 为主，占比达到 80% 以上。但随着智能手机、网购消费的兴起，以及物流、支付系统的完善，跨境电子商务零售[包括 B2C 和 C2C（Customer to Customer）]增长势头强劲，预计在 2020 年跨境电子商务零售业务占比将超过 30%。

2. 跨境支付与结算发展现状

（1）传统跨境贸易更多选用直接支付方式

传统跨境贸易更多选用直接支付方式，如汇付、托收、信用证、国际保理等。常用的汇付一般用于金额较小的场合，而信用证方式由于对买卖双方都有可靠保证，所以在大额支付场景中被使用较多。

直接支付方式之一的汇款主要由银行完成。银行收到汇款人申请后，以 SWIFT（Society for Worldwide Interbank Financial Telecommunications，环球银行金融电信协会）等多种形式将钱由国外汇入行解付给收款人。

在国际贸易活动中，买卖双方可能互不信任：买方担心预付款后，买方不按合同要求发货；卖方也担心发货或提交货运单据后，买方不付款。因此，需要两家银行作为买卖双方的保证人。由于信用证模式对买卖双方都有保护，使得信用证成为传统国际贸易中最主要、最常用的支付方式。

（2）第三方支付机构众多

在综合型跨境 B2C 贸易中，由于参与者众多、单价较小且数量众多，所以直接支付模式已经不适用于此种跨境贸易模式。目前，国内持有跨境支付牌照的第三方机构和跨境收款企业，以及国外持牌支付机构，已经建立稳定且有效的渠道并形成稳定模式。关键的换汇环节，国内持牌第三方支付机构可根据跨境电子商务平台数据对单换汇。

（3）自营 B2C 跨境电子商务平台的支付方式主要采用国内持牌第三方支付机构为平台换汇

自营 B2C 跨境电子商务平台一般拥有境外账户，方便国外第三方支付等金融机构为其办理收单业务。国内持牌第三方支付机构主要为此类平台办理换汇转账等业务，将平台的资金从境外账户转入电子商务平台境内银行账户。跨境收款企业也可以通过连接各方通道完成此过程。最后电子商务平台再通过国内第三方支付机构将账款分发给制造企业。

（4）小额跨境 B2B 贸易直面众多海外小商家，跨境支付与结算成本大大节约

近年来，小额跨境 B2B 贸易发展迅速，海外小商家众多。相对传统大商家来说，小商家客单价较低，多直接通过分销商采购物品。此种模式下，人力和贸易成本均可大大节约。

（5）第三方跨境支付机构普遍持有外汇和人民币支付牌照

国内公司要想开展跨境支付业务，首先必须是支付机构，并须持有央行颁发的"支付业务许可证"，其次需要外汇管理局准许开展跨境电子商务外汇支付业务试点的批复文件。如果不涉及换汇，则支付机构持有各地央行分支机构颁发的人民币跨境支付牌照即可，跨境人民币支付业务不需要国家外汇管理局的批复。

（6）第三方支付机构更加适应新兴跨境电子商务小额、高频的需求

传统跨境贸易以大额、低频为主，对支付安全性要求较高，同时也损失了时效性，因此传统 B 端（企业）大额跨境贸易更愿意选择银行汇款和信用证等方式作为支付手段，但随着跨境贸易的发展，特别是跨境电子商务平台的兴起，对支付的便捷性和及时性都要求更高，监管部门也在此时放开了第三方支付机构的准入。

（7）手续费和支付解决方案是第三方跨境支付的主要收入来源

通道手续费主要包括按照交易规模流水收费和按照支付笔数收费，或者两种兼有。B 端支付解决方案是支付机构对每个不同行业不同需求所提供的的一体化产品支持，随着跨境电子商务支付与结算的发展，B 端支付解决方案进入"蓝海"。最后，还有汇率差等非常规性收入。

3. 第三方跨境支付与结算典型企业（见图1-12）

支付宝持续拓展海外支付场景 产品满足更多B端需求

支付宝 ALIPAY

从2014年开始，支付宝面向B端推动差异化服务，例如，和全球最大的出口退税服务机构环球蓝联合作，推出覆盖多个国家和地区的出口退税业务。从2015年开始，支付宝大规模拓展海外支付场景，布局满足中国消费者的跨境需求。2016年以来，支付宝正在覆盖更多的进出口跨境电商平台，并与海关完成对接，加之自有跨境平台交易规模的持续增长，支付宝跨境支付业务覆盖层次逐渐加深。

2016年
支付宝覆盖更多跨境电商平台，与跨境电商的七大试点海关均完成对接

2015年
支付宝开启大规模海外O2O（国内用户海外线下消费，线上支付和退税）

2014年
与环球蓝联推出海外退税业务，已覆盖法国、德国、英国、韩国等国家和地区

2013年
首批获得国家外汇管理局《跨境电子商务外汇支付业务试点资格》许可

跨境支付主要业务

01 出口业务依托连连支通等规模化平台，同时和更多境外金融机构达成合作，力求覆盖多国境外本地化支付方式

02 与机构合作开展国际汇兑业务，对应B端需求开展出口退税、国际航空支付等业务

03 拓展更多海外支付场景，覆盖机场便利店、旅游景点等国人旅游购物主要聚集区域

04 向海外输出先进的移动支付模式和技术，通过入股等手段投资多家海外支付、汇款等金融机构

2018/1/9　数据分析驱动变革　34

支付宝持续拓展境外合作机构 向全球输出资金+技术

支付宝境外合作机构

国际银行卡组织
VISA　MasterCard　JCB　AMERICAN EXPRESS

对接境外银行
中信银行　citibank　Standard Chartered　永亨银行
上海商业银行　BEA东亚银行　ICBC　工银亚洲
......

境外第三方支付公司
Easywayto pay　POS　EBANX　WebMoney

数据显示，支付宝境外合作机构有利于支付宝从多种渠道走通跨境支付业务。同时，支付宝正凭借强大的阿里系背后支持，在全球拓展合作伙伴，通过入股、并购等多种措施，持续输出资金和技术能力。

跨境支付业务优势

用户基数庞大 业务种类丰富

资金+技术能力 全球电商输出（电商平台+支付汇款机构）

自有跨境贸易平台支持

2018/1/9　数据分析驱动变革　35

连连跨境业务资质齐全 面向全球电商提供资金解决方案

LianLian Pay 连连

连连银通电子支付有限公司（以下简称"连连支付"）是浙江省最大的支付企业，公司致力于通过互联网和移动手机等渠道为广大用户和商户提供第三方支付和结算服务。从2013年，连连开始布局跨境支付行业，先后获得跨境人民币和跨境外汇支付业务许可，并从2016年开始，面向全球布局跨境汇兑业务，并为亚马逊等知名跨境电商平台提供人民币收付款服务。

2016年
连连支付全球布局跨境汇兑业务以及面向跨境电商平台的收付款业务

2015年
2015年2月13日，获得国家外汇管理局浙江省分局许可开展跨境外汇业务许可

2013年
连连支付与中国银行义乌分行合作开展跨境人民币收支业务，获得跨境人民币业务许可

2011年
2011年8月连连获得人民银行颁发的支付许可证，为浙江省第二家获得该许可的企业

准入行业
国际贸易　留学支付　航空机票　酒店住宿　旅游服务

业务介绍
出口业务依托国际知名电商平台及第三方支付机构/金融机构，力求为更多的出口跨境电商提供方便快捷的跨境资金解决方案。
通过与国际顶级金融公司合作，为亚马逊、eBay、Newegg、Shopee、Alibris、Cdiscount、Allegro、Etsy、Akademos等众多平台的出口商家提供国际收款及人民币分发服务

合作商户
连连支付合作客户覆盖全球顶级银行、汇款公司、金融支付机构（如PayPal）及电商平台（如Amazon）等，为超过20万家中国跨境卖家提供支付服务

2018/1/9　数据分析驱动变革　36

图 1-12　第三方跨境电子商务支付与结算典型企业

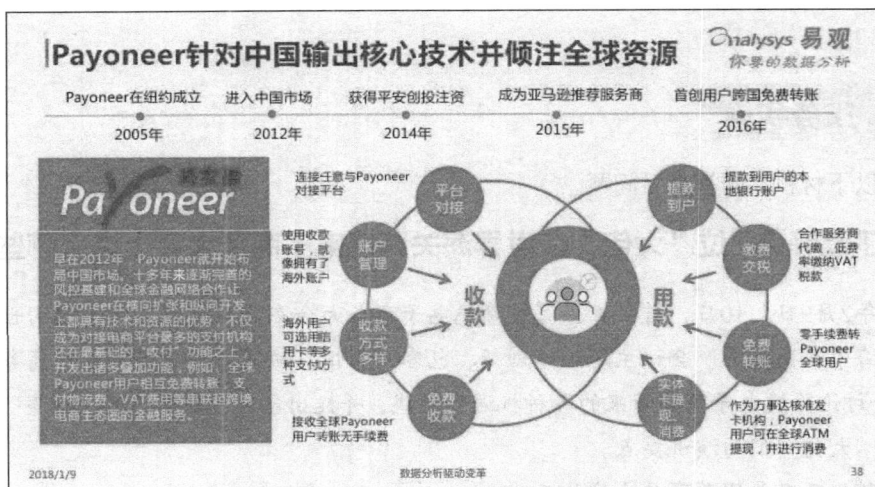

图 1-12　第三方跨境电子商务支付与结算典型企业（续）

（二）跨境支付与结算的前景

1. 第三方跨境支付结算服务将逐渐摆脱单一通道模式

第三方跨境支付经过近年来的发展，特别是国家外汇管理局和中国人民银行发牌以后，正在逐步打通市场渠道，从单一的基础通道服务，逐渐满足跨境贸易平台中更多的需求，部分厂家开始和跨境产业链中的服务机构合作，从出口退税，到报关的三单合一，再到跨境仓储物流解决方案，争取解决跨境贸易中存在的普遍性难题。

2. 小额 B2B 跨境支付结算或将成为下一个行业"蓝海"

传统集装箱跨境贸易由于积压资金多、风控压力大，正在被以在线交易为核心，便捷、及时的跨境电子商务小额批发及零售业务取代。第三方支付基于大数据云计算，更加适应小额 B2B 贸易要求的小额、快捷、灵活的支付模式和风控需求。

3. 行业规范化加速，第三方跨境支付结算行业发展潜力巨大

平台层：经过多年的发展，跨境电子商务平台逐渐朝着正规化发展，交易规模不断扩大，在培养起稳定消费群体的同时，平台运营日趋成熟。

政策层：监管部门不间断地对国内跨境贸易进行调研，其中，最关键的支付和物流更加细致合理的支持政策或将在近期密集出台，行业规范化将会继续加速。

消费层：在消费升级的带动下，国内消费者对跨境商品需求日渐增加，海淘规模、跨境旅游/购物规模、出国留学人数连创新高。

机构层：第三方支付机构经过前期的市场培育阶段，正在逐渐摆脱仅作为支付通道的行业价格战阶段，各家开始打造专属的行业解决方案，在逐渐掌握更多客户的基础上，进行差异化运营。

4. 传统跨境支付与结算方式和跨境电子商务支付与结算方式互补共存

传统国际贸易 B2B 的市场主导地位暂时不会改变，同样，传统跨境支付与结算方式仍会在市场中占据重要地位。新的跨境电子商务模式和平台的出现，会促使传统跨境电子商务支付与结算方式进行改革。市场中，传统跨境支付与结算方式和跨境电子商务支付与结算方式将互补

共存。

阅读以下材料，回答文后问题。

马云、丁磊等20位"大佬"在世界海关跨境电子商务大会上讲了哪些干货？

2018年2月9日、10日，首届世界海关跨境电子商务大会在北京开幕。该会议由世界海关组织与中国海关共同举办。会议主题为"创新、包容、审慎、协同，推动跨境电子商务可持续发展"，大会讨论跨境电子商务带来的各种机遇和挑战，并提出包容、创新的解决方案。以下为本次大会上"大佬"们的演讲要点。

一、阿里巴巴集团董事局主席马云

① 不要让"贸易保护主义"的手伸到跨境电子商务领域。

② 过去的全球贸易由几家大公司把控，而未来的是全球买、全球卖、全球邮、全球支付。

③ 过去的贸易是集装箱，未来是小件货运；过去的贸易是B2C，未来的贸易是C2B。

④ 未来的贸易应该足够简单，但还需要更加普惠便利的通关政策。

⑤ 为跨境电子商务建立全球统一的免税制度，鼓励中小企业、年轻人和妇女，融入全球化和新技术的浪潮。

二、网易公司创始人兼首席执行官丁磊

① 中国人的消费趋势正向需求升值发展，这个现象叫新消费。这是一个万亿级的市场。

② 中国政府通过简化通关等方式积极融入全球化。

③ 保税备货模式让效率大大提升。

④ 提升全球效率，尤其需要政府创新监管方式，需要企业创新商业模式。

⑤ 支持中国海关牵头制定跨境电子商务标准框架，推动全球建立一个国际规则体系。

三、海关总署署长于广洲

① 顺应时代潮流，走包容审慎之路。跨境电子商务是时代的产物，是广大消费者和企业的选择。

② 促进安全便利，走改革创新之路。新时代呼唤新经济，新经济需要新变革。

③ 倡导多方共赢，走协同共管之路。推进跨境电子商务可持续发展是政府、商界和消费者的共同愿望。

④ 共同加快规则制定，促进贸易便利。让全球商品更加安全、便利、高效地走进千家万户，更好地满足世界人民对美好生活的向往。

⑤ 共同推进科技应用，提高监管效能运用云计算、大数据、物联网、人工智能，提升海关监管水平，联手打击跨境电子商务领域的违法行为，保护知识产权，共同维护世界安全，防范恐怖主义。

⑥ 共同构建诚信体系，深化伙伴关系推动跨境电子商务世界海关"信息互换、监管互认、执法互助"。

⑦ 共同建设发展平台，推动普惠共享积极参与区域合作，结合自身需要和条件，推动有助于跨境电子商务发展的接触设施建设，促进互联互通。

四、世界贸易组织副总干事易小准

① 中国在很多方面是电子商务的领先者，特别是在电子支付领域。

② 中国有很大的潜力成为电子商务方面的全球领导者。

③ 新兴的数字经济带来的新模式和挑战需要通过多边的方式来加以解决。

④ 数字连接仍然是电子商务发展的另一个主要的挑战。

五、网易考拉海购首席执行官张蕾

① 新的消费时代应该给予消费者新的体验。

② 中国的跨境电子商务以及考拉创造的自营直采和保姆式的服务都是非常先进的方式。

③ 跨境WCO（World Customs Organization，世界海关组织）体系是值得很多国家来共同尝试的一种新的创新，是具有包容性、国际协作性的一种新框架体系。

六、国务院参事汤敏

① 跨境电子商务的市场虽然有同样的产品，但是它的市场范围更大。

② 跨境电子商务需要全新的人才，这批人在中国都是跨境电子商务主要的推动者。

③ 对跨境电子商务新型业态，有很多规则是不适应的地方，需要进一步改革，可以试点先行。

七、小红书合伙人曾秀莲

① 小红书致力于打造"Facebook+Amazon"的商业模式。该模式是分享到发现、到购买，然后再回到分享，是一个商业的闭环。

② 小红书目前已经成为全球最大的社区电子商务平台，汇聚了8 200万的年轻用户。

③ 好品牌=好故事+好设计+好口碑，小红书展现的是用户所描述的好故事。用户的每一个笔记都是他们的口碑。

④ 小红书希望2018年不仅可以帮助海外的一些新品牌，也希望能够帮助中国更多的品牌，走向全国走向世界。

八、菜鸟网络总裁万霖

① 中小企业所面临的一系列挑战，都需要通过全球的物流要素等链接提供更为全面细致的解决方案。

② 阿里巴巴有全球卖、全球买、全球运、全球付，而菜鸟网络打造全球物联网络。我们和亚马逊模式不同，我们做的是开放网络，希望服务全球90%的中小企业，通过整合全要素，能够为更多中小企业服务。

③ 菜鸟网络解决三个层面的问题，第一个是世界到中国，第二个是中国到世界，第三个是世界到世界。

④ 中国中小企业满足国内消费者需求的同时也在积极走向全世界。

⑤ 技术将成为物流行业的第一驱动力。

⑥ 基础设施的建设要适应全球贸易的新趋势。

九、阿里巴巴集团天猫进出口事业部总经理刘鹏

① 互联网技术重构后，整个全球支付、全球物流、全球海关的通关效率都在不断提升，我

们将迎来全球商品大流通时代。

② 截至2018年6月，天猫国际已经有来自63个国家和地区的商品、共3 700个品类，同时有14 500个品牌，这其中80%都是通过跨境电子商务的方式进入中国的。

③ 跨境电子商务为新一轮的海外企业进入中国实现了更大的机会。

④ 跨境电子商务不论是进口还是出口，其实是一场互联网技术和大数据引发的新革命。

【思考】

仔细阅读这些最新观点，针对其中几个观点，谈谈你的看法和感受。

四、任务评价

项目评价表如表1-5所示。

表1-5 项目评价表

项目	学习态度（20%）	团队合作情况（20%）	步骤完成情况（50%）	其他表现（10%）	小计（100%）	综合评价
小组评分（30%）						
个人评分（30%）						
老师评分（40%）						
综合得分（100%）						

五、知识拓展

跨境支付的机遇与挑战

近年来，跨境贸易不断发展壮大，跨境支付已成了跨境贸易发展中的关键节点。在跨境支付迎来发展的历史性机遇时期，未来如何进一步加快支付产业发展，如何抓住拓展跨境支付的机遇，同时应对伴随而来的挑战。在北京举办的网联智库2018年第一期交流会上，中国人民银行相关部门、中国支付清算协会、北京支付清算协会、上海支付清算协会、从事跨境支付业务的银行、支付行业相关机构、跨境电子商务等方面的代表等就此展开了热烈讨论。

网联清算有限公司总裁董俊峰表示，可以从以下三方面讨论跨境支付的机遇。

① 国家倡议方面，"一带一路"倡议给第三方跨境支付提供了良好的机遇。从2014年到2018年，中国对"一带一路"沿线的出口占全球出口的比重逐年上升，顺差规模在扩大，随之而来的跨境支付业务的需求也十分迅猛。

② 政策方面，目前正处于第三方跨境支付发展的红利期。从2013年国家外汇管理局开展支

付机构跨境外汇支付业务试点以来，共有30余家支付机构获得了试点资质。2018年1月5日，中国人民银行发布的《进一步完善人民币跨境业务政策促进贸易投资便利化的通知》提出，进一步完善和优化人民币跨境业务政策，服务"一带一路"建设，推动形成全面开放新格局。

③ 市场需求方面，国内的消费升级和跨境电子商务的迅猛发展，也带来了跨境消费的机遇。随着中国居民人均可支配收入的增长，中国的消费升级带动了出境游、跨境电子商务等新兴的消费方式迅猛增长。

小红书华中运营中心负责人邸阿玥发言时谈及资金链的痛点，其称小红书于2015年发展跨境电子商务业务，拥有自营全球物流干线的组织能力，但是现面临海关系统保证金极大占压资金（每个关区3 000万元）的问题。邸阿明表示小红书正在与中国银行河南分行探讨通过信用的方式解决该问题。此外，由于牌照缺乏，限制了消费金融等业务种类的发展。

谈及牌照限制，美团点评公司代表程浮表示，钱袋宝牌照的跨境业务范围只有货物贸易，无法满足自身业务的需求，对此需要向国家外汇管理局申请增项，或者通过中国人民银行营业管理部进行跨境人民币的备案。区块链技术与跨境支付方面，程浮称美团点评密切关注现有的区块链企业和银行间的合作。

跨境电子商务的资金出境和入境目前还是通过银行来做的。中国银行总行网络金融部主管玄琳指出，海外监管的要求成了中国银行做跨境电子商务的首要问题和难点，也是银行与支付机构对2015年7号文《关于非居民企业间接转让财产企业所得税若干问题的公告》理解的偏差。此外，支付工具全球化要求未来清算系统切合跨境电子商务高时效和高频。在区块链应用方面，目前中国银行没有对接区块链公司，因为暂时没有发现完全用区块链技术就能解决的更好手段。

在监管和身份识别方面，PayPal中国战略和业务发展总监李金介绍称，PayPal严格遵守金融科技的监管和合规要求，接受美国、欧洲和亚太地区多国的严格监管。此外，PayPal非常重视进行严格的用户身份识别程序，以数据和技术监控高风险账户和交易，进行反洗钱、反恐怖融资斗争。

——搜狐财经

六、同步拓展

① 谈谈你所了解的传统的和新的跨境支付与结算方式。

② 谈谈你对未来跨境支付与结算方式结合新技术的可能性。

Item 2

项目二
认知传统的跨境支付与
结算方式

项目情境引入

出国金融，中行相伴！

中国银行在中国及41个国家和地区为客户提供全面的金融服务，与全球179个国家和地区的1 600余家机构建立代理行关系，打造了方便的汇款路径。目前，中国银行的柜台可提供多达18种货币的电汇和票汇服务，包括美元、英镑、欧元、港币、新加坡元、日元、加拿大元、澳大利亚元、瑞士法郎、瑞典克朗、丹麦克朗、挪威克朗、澳门元、新西兰元、泰国铢、南非兰特、俄罗斯卢布和马来西亚林吉特。网上银行等电子渠道也可办理上述所有币种的电汇服务。

工于至诚，行以致远！

客户只要在中国工商银行开立了活期多币种账户（如理财金账户、灵通卡、活期一本通等），即可接受跨境电汇汇入汇款。中国工商银行作为国际SWIFT清算组织成员，利用先进的外汇汇款及资金清算系统、强大的境内外服务网络和代理行资源，为客户提供多币种的、快捷的跨境汇入汇款服务。

点哪汇哪，e 享全球！

中国农业银行个人网银现已为中国农业银行个人客户提供跨境电汇汇款服务，是中国农业银行应汇款申请人的要求，以电汇"SWIFT"方式将款项汇至收款人在境外的银行开立的账户。个人可通过网上银行在每天4:00—23:00提交汇出汇款指令，而中国农业银行将在工作日开始进行处理。在中国农业银行汇款仅需填写一次收款方信息，以后便可在汇出汇款查询中点击"再次汇款"链接给相同收款方汇款，并可重新设置扣款账户、汇款金额等，方便快捷。

问题：国际电汇是做什么的？国际电汇的流程是怎样的？

项目任务书

项目任务书如表2-1所示。

表2-1 项目任务书

任务编号	分项任务	职业能力目标	知识要求	参考课时
任务一	国际电汇	能进行国际电汇	1. 国际电汇的定义 2. 国际电汇的流程	2
任务二	国际信用卡支付	能用国际信用卡进行支付	1. 国际信用卡支付的定义 2. 国际信用卡支付的流程	2
任务三	网上信用证支付	能理解企业网上信用证的支付流程	1. 网上信用证支付的定义 2. 网上信用证支付的流程	2

任务一 国际电汇

一、任务引入

李刚的跨境电子商务店铺里的锯链目前有几个稳定的海外客户。前几天，一位阿根廷的老客户下了一个 15 000 美元的锯链订单，点名需要配套德国产的锯链刀片。所以李刚联系一个拿过货的德国工厂，要求采购 5 000 美元的锯链刀片。最后，通过国际电汇的方式，李刚向德国工厂支付了 5 000 美元的货款，同时收到阿根廷老客户 15 000 美元的货款。

请分析，李刚是如何顺利实现国际电汇的？

二、相关知识

（一）国际电汇的定义

国际电汇又称为 T/T（Telegraphic Transfer），是汇出行应汇款人的申请，拍发加押电报或电传给在另一国家（或地区）的分行或代理行（汇入行），指示其付一定金额给收款人的一种汇款方式。T/T 付款方式是以外汇现金方式结算，由客户将款项汇至商家指定的外汇银行账号内，可以要求货到后一定期限内汇款。

T/T 属于商业信用，也就是说付款的最终决定权在于客户。T/T 分预付、即期和远期。现在用得最多的是 30%预付和 70%即期。第一次做且货量不大时可以用此种付款方式。

在货物准备好后，如果客户将全部货款付清，商家就可以把单证直接寄给客户，不必经过银行。

（二）国际电汇的分类

国际电汇（T/T）分为两种。第一种叫前 TT（前 T/T）。在国际贸易行业内，在发货人发货前付清 100%货款的称为前 TT（前 T/T）。相对卖方而言，这种付款方式是国际贸易中最安全的贸易方式，因为卖方不需要承担任何风险，只要收到钱就发货，没收到钱就不发货。改革开放以来至今，我国企业都使用这种前 TT（前 T/T）的付款方式作为国际贸易的支付方式。前

TT（前 T/T）也可以分为很多种灵活的方式，先付 20%～40%定金，后 80%～60%出货前给全。具体多少比例，根据不同情况进行灵活变通。随着贸易的进程，TT（T/T）电汇就产生了另外一种，就是第二种：后 TT（后 T/T）付款方式。

后 TT（后 T/T）付款方式即在发完货后，买家付清余款。那买家是凭什么付清余款的呢？一般情况，后 TT（后 T/T）是根据 B/L（BL）提单复印件来付清余款的。后 TT（后 T/T）模式也比较灵活，总体来说，普遍流行的国际后 TT（后 T/T）付款方式是：客人先给 30%定金，另外 70%是客人见提单（BL、B/L）复印件付清余款。当然也有一些是 40%定金、60%见提单。

（三）电汇的优势与风险

1. 电汇的优势

（1）手续简便

电汇最大的优点是方便快捷。它在众多的传统跨境汇款方式中占据了最重要的地位。只要把境内公司或者个人的银行卡号和姓名告诉境外的客户，他们就能直接把款项汇到境内账户上。其次，这种汇款方式也是银行大力推广的，因为他们不需要承担任何信用风险，手续费却很可观。电汇完全建立在双方的商业信誉上。若境外客户大量使用电汇方式付汇，则侧面反映双方已较长期合作，业务稳定，境外市场形象较好。公司若与对方采取电汇的结算方式，也是以对方都是长期合作的熟客为前提的。

（2）覆盖面广

选取电汇作为汇款方式除了简便以外，它无处不在也是一个原因，它的覆盖面可以说相当广。以中国银行全球电汇为例，现在中国银行在多个国家和地区设有境外分支机构，覆盖面广。相比较之下，像信用证、托收等汇款手段就显得麻烦许多。

（3）资金到账快

在浮动汇率制度下，由于汇率不稳，经常大幅度波动，而电汇收付外汇的时间较短，一定程度上可减少汇率波动的风险。因此，公司在条件允许下，贸易合同中应尽量要求境外客户电汇汇款。此外，商业银行在平衡外汇买卖，调拨外汇时，投机者在进行外汇投机时，也都使用电汇。

2. 电汇的风险

虽然说电汇非常方便快捷，但它存在的隐患还是不少的，具体如下。

（1）电汇诈骗

电汇缺少第三方的保证，实际操作中，由于利用汇款方式结算货款，银行只提供服务，不提供信用，货款能否结清，完全取决于买方的信用，所以，电汇属于商业信用。利用银行办理电汇中的时间差，采用先汇后退的手段实施诈骗，这是犯罪分子近来对企业实施诈骗的新手段。电汇是三种票据中风险最高的，因为它不留下任何法律意义的证据，双方又互不相见。

所以使用电汇的前提是要先考虑老客户，如果是新客户，则要针对不同的地方、不同的公司和交易金额确定结算方式。一般对新客户，建议采用信用证的方式进行汇款结算。

（2）传真风险

如果采用电汇为一家公司的主要结算方式，那么其中的传真就扮演很重要的角色。它所存在的风险也是不可小视的。如果你看见对方的传真到就叫工厂安排发货，那就是犯了一个天大的错误，因为很有可能货款两空。

（3）电汇凭证欺诈

由于电汇数额较大，犯罪分子也会挖空心思钻空子。一直以来，利用假的电汇凭证骗取钱、货的事件时有发生。

（四）电汇的费用

一般来说，电汇的费用分两部分，一部分与电汇金额有关，即1‰的手续费，另一部分与汇款的金额无关，而与笔数有关，即每汇一笔就要收取一次电信费。不同银行的收费标准差距较大，客户在选择汇款银行时可进行比较。需要注意的是，由于汇款存在中间行扣费，且无法预知汇款过程中的扣费金额，所以可能导致汇出的款项不能足额到账，影响交易。由于汇款手续费一般都有最高限额，所以每次汇的金额越多越划算，所以在条件允许的情况下，建议一次多汇一些，尽量不要分多次汇款，否则，需要多支付不少手续费。

（五）电汇的流程

① 汇款人填写电汇申请书递交给汇出行，并向汇出行交款付费。

② 汇出行接受申请，将电汇回执交给汇款人。

③ 汇出行根据电汇申请人的指示，用电传或SWIFT方式向境外代理行发出汇款委托书。

④ 汇入行收到境外用电传或SWIFT发来的汇款委托书，核对密押无误后将电汇通知书送达收款人。

⑤ 收款人持通知书及其他有效证件去取款，并在收款人收据上签字。

⑥ 汇入行借记汇出行账户，解付汇款给收款人。

⑦ 汇入行将付讫借记通知书邮寄给汇出行。

需要注意的是，汇出行与汇入行之间如无直接账户关系，则还须进行头寸清算。

此处以中国农业银行网上银行为例图解国际电汇的操作流程，如图2-1和图2-2所示。

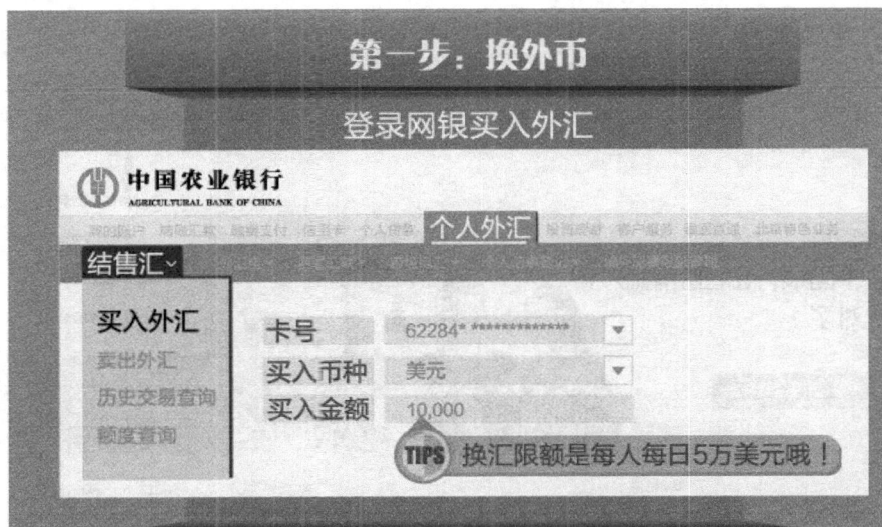

图2-1 填写卡号、币种和金额

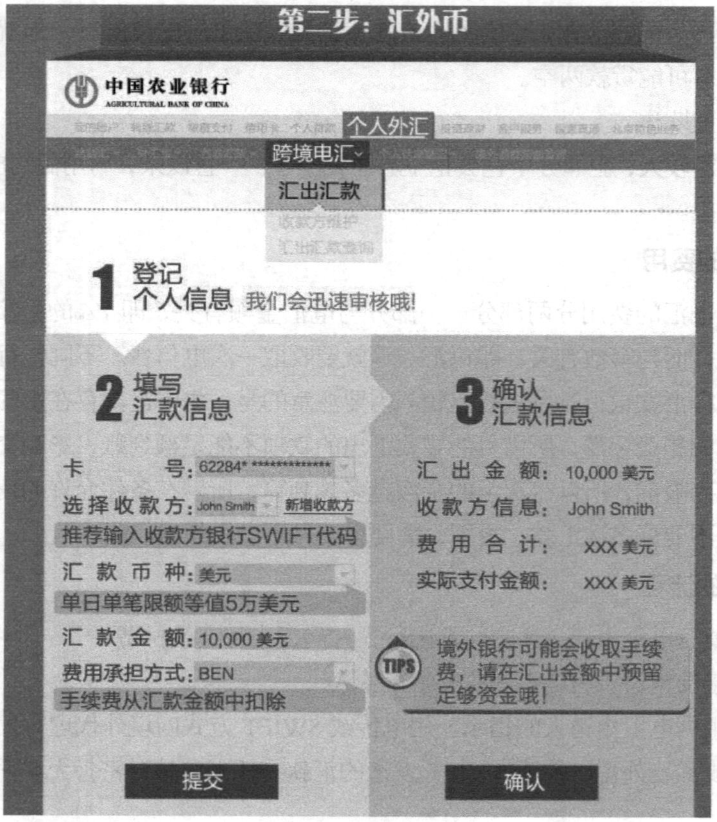

图 2-2　确认信息

三、任务实施

步骤一：申请注册中国银行网上银行，记住用户名和登录密码，如图 2-3 所示。

图 2-3　申请注册中国银行网上银行

步骤二：登录后，进入外币跨境汇款，如图 2-4、图 2-5 和图 2-6 所示。

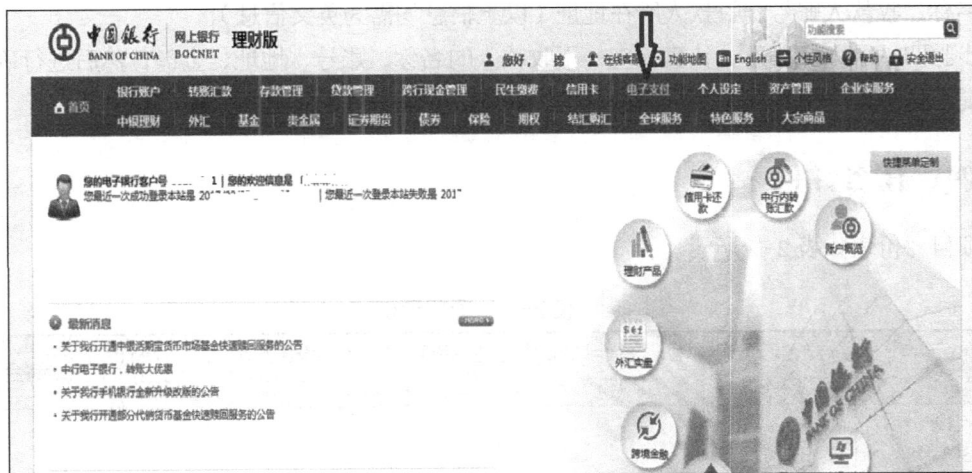

图 2-4 中国银行网上银行外币跨境汇款

图 2-5 中国银行网上银行外币跨境汇款

图 2-6 中国银行网上银行外币跨境汇款

步骤三：填写相关必要信息：收款银行名称、收款银行地址、收款银行 SWIFT Code、收款人名称、收款人账号、收款人所在地址（以上信息均需为英文信息）。

步骤四：录入完毕后，认真检查一下收款人的名称、账号、地址、金额，然后进行确认。系统提示选择安全工具后，用户需进行再次确认。验证安全工具后，款项将划出。

四、任务评价

项目评价表如表 2-2 所示。

表 2-2　项目评价表

项目	学习态度（20%）	团队合作情况（20%）	步骤完成情况（50%）	其他表现（10%）	小计（100%）	综合评价
小组评分（30%）						
个人评分（30%）						
老师评分（40%）						
综合得分（100%）						

五、知识拓展

阅读材料

外贸业务一定会涉及国际支付与结算。目前，国际支付与结算的基本方式有汇款、托收、信用卡、信用证等方式，其中电汇是最基本的汇款方式。

银行在进行电汇时，一般向汇款人收取以下费用。

① 手续费，如表2-3所示。

② 电报费，如表2-3所示。

③ 中转行手续费。这个费用不固定，一般不会太高，所以实际收到的金额与汇出的金额会有些差别。

④ 钞汇汇差（仅当汇款人持现钞也就是外币现金进行汇款时收取）。

表 2-3　电汇手续费　　　　　　　　　计价货币：人民币　　单位：元

银行	电报费（每笔）	手续费（每笔）	优惠标准及钞转汇手续费
中国工商银行	境内 10，境外 100	1‰，最低 20，最高 200	汇出货币为美元、英镑、港币及欧元，钞转汇手续费按交易时挂牌汇率收取差价；汇出货币为其他币种，钞转汇手续费 2.5%
中国农业银行	80	1‰，最低 20，最高 250	
中国银行	中国港澳台地区 80，其他地区 150	1‰，最低 50，最高 260	中银理财全单 8 折
中国建设银行	80	1‰，最低 20，最高 300	

银行	电报费（每笔）	手续费（每笔）	优惠标准及钞转汇手续费
交通银行	中国港澳台地区 80，其他地区 150	0.6‰~1‰（各分行在范围内自行规定），最低 20~50（各分行在范围内自行规定）最高 250	钞转汇手续费 3‰，最低 10，最高 500
招商银行	150	1‰，最低 100，最高 1 000	手续费优惠：金卡 5 折，金葵花卡全免。钞转汇手续费 5‰，最低 50
中信银行	中国港澳台地区 80，其他地区 100	1‰，最低 20，最高 250	
中国民生银行	中国港澳台地区 100，其他地区 200	1‰，最低 50，最高 200	
中国光大银行	80（汇出币种为港币）150（汇出币种为其他币种）	1‰，最低 20，最高 250	汇出金额为等值 10 万以下（含），VIP 客户免收电报费，手续费正常收取
华夏银行	150	1‰，最低 50，最高 1 000	
浦发银行	80	1‰，最低 50，最高 250	钞转汇手续费 1%
兴业银行	100	1‰，最低 20，最高 200	
平安银行	中国港澳台地区 80，其他地区 100	1‰，最低 50，最高 500	安盈理财客户手续费 5 折
汇丰银行	120	1‰，最低 100，最高 500	钞转汇手续费 1%；卓越理财客户免收
花旗银行	120	1‰，最低 50，最高 500	贵宾账户手续费 5 折

六、同步拓展

① 请下载中国银行手机 App，通过中国银行手机 App 软件完成跨境电汇转账操作。

② 如果阿根廷客户给你电汇美元，请问如何通过中国银行手机 App 进行收款和结汇操作？

任务二　国际信用卡支付

一、任务引入

小高是某大学电子商务专业大二学生，在做跨境电子商务销售的同时，也会关注 eBay、Amazon 等平台。他知道在 eBay 和 Amazon 平台上，有几款国外的锯链销售得比较好，就想采购过来，和自己销售的锯链对比一下。虽然可以代购，但是他想亲自购买，最终他用自己的 Visa 卡顺利购买了 eBay 和 Amazon 上的几款锯链。

请分析，小高是如何顺利实现使用国际信用卡购买锯链的？

二、相关知识

（一）国际信用卡的定义

国际信用卡是银行联合国际信用卡组织签发给那些资信良好的人士并可以在全球范围内进

行透支消费的一种卡片，同时该卡也被用于在国际网络上确认用户的身份。

许多银行都有各自特色的国际信用卡，但用户要注意申请信用卡前应该先了解银行的信用卡风险条款。若发生信用卡丢失、被盗等情况，用户应该立即联系银行挂失。须知，在国际信用卡内的存款没有利息。

（二）国际信用卡主要种类

通常国际信用卡以美元作为结算货币，可以进行透支消费（先消费后还款）。目前，国际上比较常见的信用卡品牌主要有 Visa、MasterCard 等，国内的各大商业银行也均开办了国际信用卡业务，客户可以很方便地在银行柜台办理申请信用卡手续。图 2-7 所示为中国工商银行的 Visa 卡。

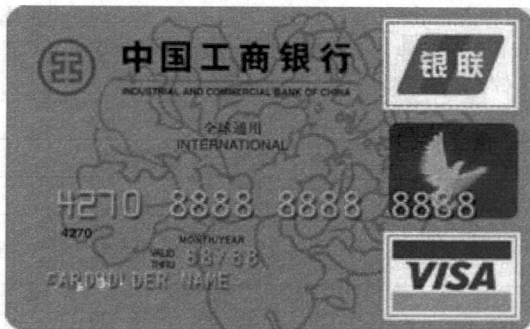

图 2-7　中国工商银行的 Visa 卡

1. Visa 卡

Visa 是全球支付技术公司，连接着全世界 200 多个国家和地区的消费者、企业、金融机构和政府，促进人们更方便地使用货币。Visa 公司拥有并管理 Visa 的品牌及基于 Visa 品牌的一切支付产品——Visa 品牌的卡片。

同时，作为全球市场占有率最高的信用卡，Visa 卡可在世界各地 2 900 多万个商户交易点受理，并能够在 180 万台自动提款机提取现金，非常方便。全球流通的 Visa 卡超过 18.5 亿张，足以证明 Visa 是最受欢迎的支付品牌。

2. MasterCard

MasterCard 即万事达卡，也是全球家喻户晓的名字，其创立于 1966 年，起初是美国的国内卡。它知名的原因在于万事达卡国际组织一直本着服务持卡人的信念，为持卡人提供最新、最完整的支付服务，因而受到全世界持卡人的认同。图 2-8 所示为 MasterCard 的 Logo。

图 2-8　MasterCard 的 Logo

3. American Express

运通卡（American Express，AMEX）是世界上最容易辨认的信用卡之一。自 1958 年发行以来，截至 2017 年年底，运通卡已在 68 个国家和地区以 49 种货币发行，构建了全球最大的自成体系的特约商户网络，并拥有超过 6 000 万名的优质持卡人群体。成立于 1850 年的运通公司，最初的业务是提供快递服务。随着业务的不断发展，运通公司于 1891 年率先推出旅行支票，主要面向经常旅行的高端客户。可以说，运通公司服务于高端客户的历史长达百年，积累了丰富的服务经验和庞大的优质客户群体。

（三）国际信用卡支付的优劣势

1. 国际信用卡支付的优势

（1）使用便利

在目前外汇还未完全放开的情况下，国际信用卡给人们出境旅游的消费结算带来了便利，让人民币与外币在一定金额内可以自由兑换。

（2）覆盖面广

目前，在很多国家和地区，当地商户都接受 Visa 卡、MasterCard 等的消费购物。eBay、Amazon 等购物平台普遍接受这些主流的国际信用卡消费。

2. 国际信用卡支付的劣势

（1）汇率损失

如果个人在境外刷信用卡消费，尤其是消费非该信用卡结算货币的外币，那么汇率转换带来的汇率损失相对较大。所以在去该国（或地区）之前，最好先兑换好该国（或地区）的货币。

（2）网络风险

如果使用国际信用卡，在 eBay、Amazon 等购物平台上购物，可能会留下 Cookie（储存在用户本地终端上的数据），从而为网络犯罪留下机会。所以在陌生计算机上绑定国际信用卡支付后，需要及时清空相关数据。

（四）国际信用卡支付的费用

① 持卡人境外刷卡消费支付的账单中，刷卡费用一般为 3%～4%。另外，Visa 或 MasterCard 等国际卡组织向发卡行收取的国际交易费为每笔交易的 1%～1.5%。虽说这是向银行收取的，这笔费用实际上是由刷卡人承担的。各银行收取手续费或兑换费，在 1%～2%。

② 过去，如果使用国际信用卡（Visa、MasterCard、JCB）进行消费支付，则会实行相同利息费用率，统一收取交易金额的 3%。但是现在这项规定已经修改，Visa / MasterCard 国际组织的最新规定并参照国际惯例，信用卡收费标准按照交易金额的 1.5% 施行。目前 1 000 元的商品仅需交纳 15 元的手续费，减少了一半。

③ 当然在一些特殊地区，也有特殊的手续费。信用卡分期手续费还是以支付页面提示的费率为准。

④ 所有未开通信用卡支付，但符合开通信用卡支付资质的类目，无法通过信用卡大额付款的，可以选择自己支付交易金额（含运费）的 1% 服务费来完成付款。

⑤ 如果在境外旅游，没有当地的银行卡，用国际信用卡去 ATM 取钱，也会收取手续

费，比如，中国工商银行 100 元就要收取 2 元的手续费，中国农业银行 100 元收取 0.5 元的手续费。

（五）跨境电商平台国际信用卡支付的流程

① 商户网站上接入国际信用卡支付。

② 境外客户在商户网站选择自己喜欢的商品，放入购物车。

③ 确认订单金额、收获地址等订单信息。

④ 选择国际信用卡支付。

⑤ 选择卡的类别。

⑥ 输入国际信用卡相关信息。

⑦ 提交支付信息。

⑧ 银行反馈支付结果。

⑨ 商家发货。

⑩ 商家找第三方支付网关或银行结算到商户的境内银行账户。

三、任务实施

步骤一：申请注册 eBay 账号，记住用户名和登录密码。

① 登录 eBay 网站，单击页面左上角的 "register"，如图 2-9 所示。

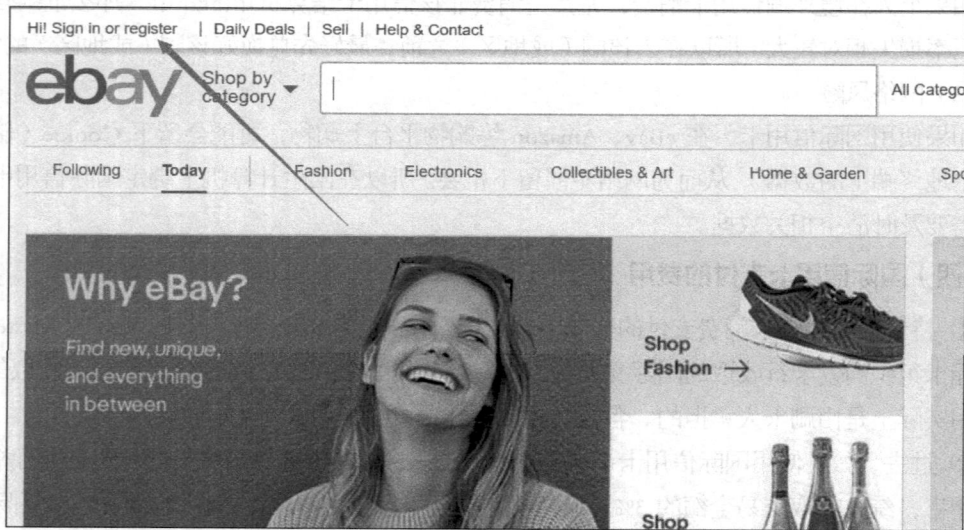

图 2-9 登录 eBay 网站注册

② 注册成功后输入用户名和登录密码登录即可进行下面的操作。

步骤二：完善个人信息。

① 鼠标移动至页面右上方的 "My eBay"（有时候需要轻轻单击一下），再单击下拉菜单中的 "Summary" 进入个人主页。鼠标移动到名字下方（红色条纹部分）的 "Account"，单击下拉菜单中的 "Addresses"，如图 2-10 所示。

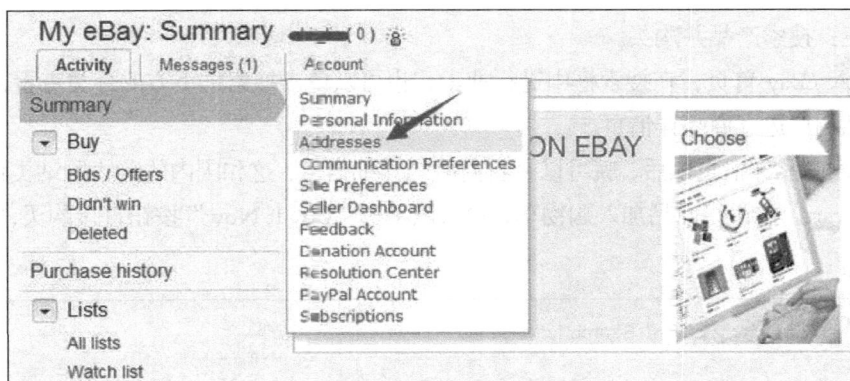

图 2-10　进入地址信息

② 回到地址修改页面，添加和修改"Registration address"（注册地址）和"Primary shipping address"（默认收货地址），建议把注册地址修改为中国，如图 2-11 所示。

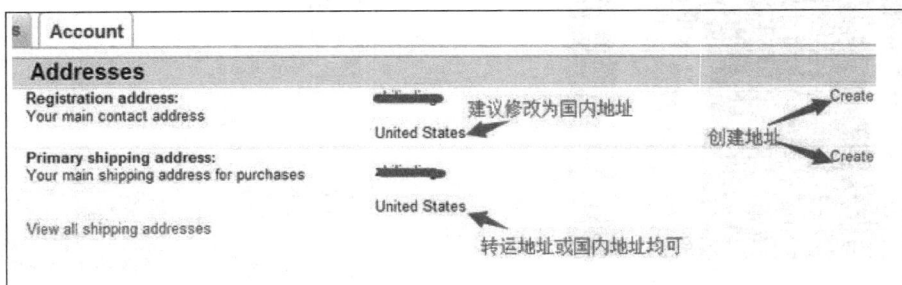

图 2-11　更新地址信息

③ 单击"Create"即可进入地址填写页面了，在"country"即国家栏选择"China"，页面会自动跳到繁体页面，按照提示填写信息即可。注意填写联系电话时，加上国内"86"区号，最后提交即可。成功后，进入个人信息页面。该页面会显示出此前填写的资料进行确认，如图 2-12 所示。

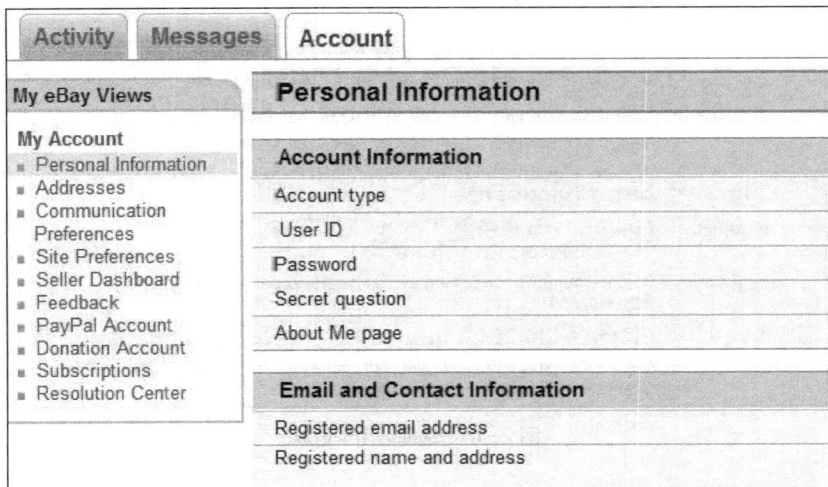

图 2-12　确认地址信息

步骤三：搜索产品并购买。

① 进入 eBay 首页，在搜索框中进行搜索，也可以单击搜索框下方的分类查看，还可以直接单击商品图片进入商品详情页。

② 进入商品详情页以后，就可以查看商品的详细信息，这和国内的购物网站类似。可以单击"Add to cart"按钮将商品加入购物车，也可以单击"Buy It Now"按钮直接购买，如图 2-13 所示。

图 2-13 将商品加入购物车或直接购买

③ 按照提示完善个人信息，最后提交订单。

④ 在付款方式中，选择第一种信用卡付款，如图 2-14 所示。

图 2-14 选择信用卡付款

⑤ 选择相应的国际信用卡类型，确认无误后，完成付款。

四、任务评价

项目评价表如表2-4所示。

表2-4　项目评价表

项目	学习态度（20%）	团队合作情况（20%）	步骤完成情况（50%）	其他表现（10%）	小计（100%）	综合评价
小组评分（30%）						
个人评分（30%）						
老师评分（40%）						
综合得分（100%）						

五、知识拓展

如何用国际信用卡在亚马逊上海淘

亚马逊是全球范围的电子商务公司，在全世界都非常流行，那么国内的客户如何在亚马逊上购买国外的产品呢？接下来给大家介绍一下用国际信用卡在亚马逊上购买国外产品的步骤。

申请开通一张带Visa或MasterCard支付功能的信用卡。各大银行都有，信用卡的申请一般都要等待一段时间的审核和邮寄，所以有意向海淘的用户，需要提前申请国际信用卡，如图2-15所示。

图2-15　国际信用卡

① 申请一个美国亚马逊账户，然后把信用卡信息填入账户信息中，如图2-16和图2-17所示。

图 2-16   申请亚马逊买家账户

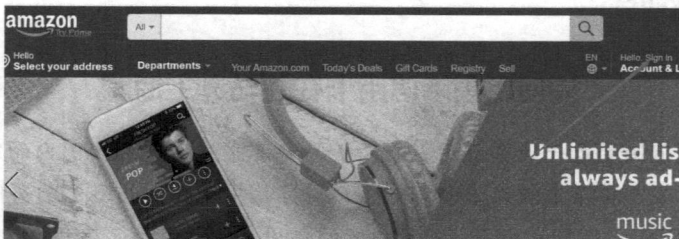

图 2-17   登录亚马逊

② 成功登录之后，单击 "Your Account"，进入个人账户，如图2-18所示。

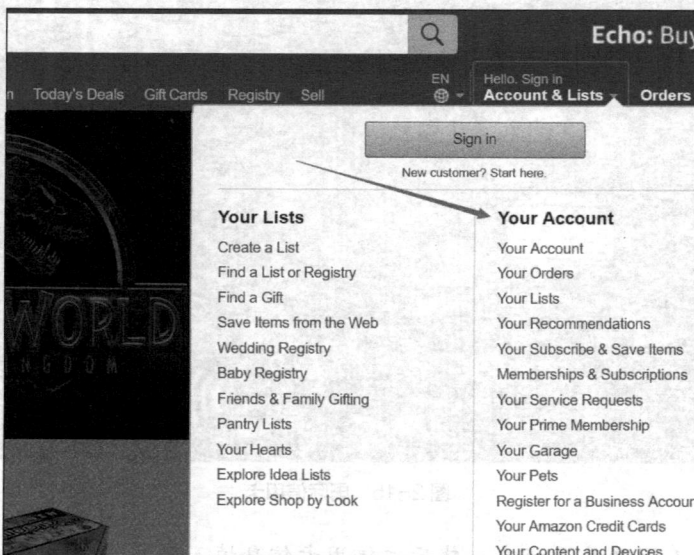

图 2-18   进入个人账户

③ 在账户页面找到第二行中的第三小行，"Edit or add payment methods"，即添加一张银行卡，如图2-19所示。

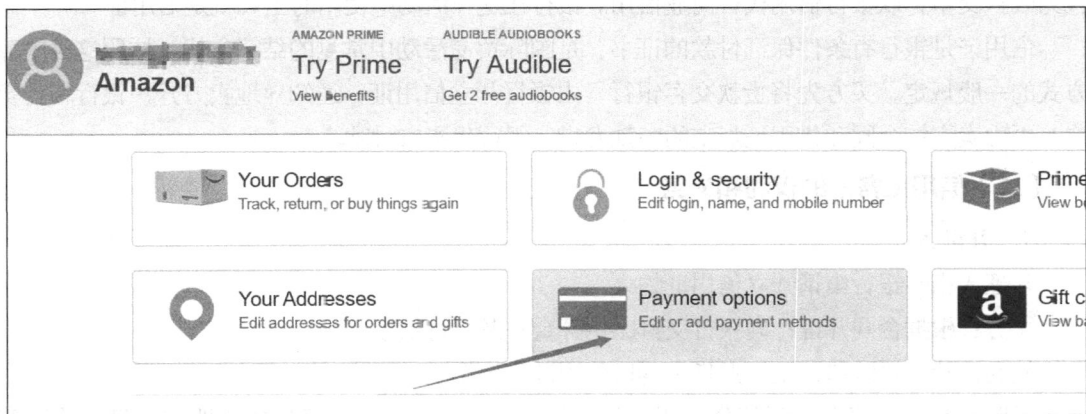

图2-19　添加一张银行卡

④ 在打开的窗口，依次填写信用卡卡号、姓名、有效期，然后单击"next"按钮。

⑤ 付款的时候，选择自己绑定的国际信用卡，只要自己的信用卡有足够的额度，那就可以顺利完成购物了。

六、同步拓展

① 请注册 eBay 买家账户，绑定自己已经办理的国际信用卡，拍下某款产品，但不要付款。

② 请注册 Amazon 买家账户，绑定自己已经办理的国际信用卡，拍下某款产品，但不要付款。

任务三　网上信用证支付

一、任务引入

随着国外客户进一步提高对产品质量的要求，再加上半年前美国工厂的参观考察，主要做锯链跨境出口生意的李刚决定尝试主要部件由美国供应商供应，采用信用证的方式进行支付与结算。

请分析，李刚要如何顺利通过国际信用证完成采购？

二、相关知识

（一）信用证的定义

信用证（Letter of Credit，L/C）是指由银行（开证行）依照（申请人的）要求和指示或自己主动，在符合信用证条款的条件下，凭规定单据向第三者（受益人）或其指定方进行付款的书面文件，即信用证是一种银行开立的、有条件的、承诺付款的书面文件。

在国际贸易活动中，买卖双方可能互不信任：买方担心预付款后，卖方不按合同要求发货；卖方也担心在发货或提交货运单据后买方不付款。因此需要两家银行作为买卖双方的保证人，代为收款交单，以银行信用代替商业信用。银行在这一活动中使用的工具就是信用证。

信用证是银行有条件保证付款的证书，是国际贸易活动中常见的结算方式。按照这种结算方式的一般规定，买方先将货款交存银行，由银行开立信用证，通知异地卖方开户银行转告卖方，再由卖方按合同和信用证规定的条款发货，银行代买方付款。

（二）信用证各方的权利和义务

1. 开证人

开证人指向银行申请开立信用证的人。

义务：根据合同开证；向银行交付比例押金；及时付款赎单。

权利：验、退赎单；验、退货（均以信用证为依据）。

说明：开证申请书有两部分，即对开证行的开证申请和对开证行的声明与保证。申明赎单付款前货物所有权归银行，开证行及其代理行只对单据表面是否合格负责，开证行对单据传递中的差错不负责，对"不可抗力"不负责；开证人保证到期付款赎单；开证人保证支付各项费用，开证行有权随时追加押金；有权决定货物代办保险和增加保险级别，费用由开证人负担。

2. 受益人

受益人指信用证上所指定的有权使用该证的人，即出口人或实际供货人。

义务：收到信用证后应及时与合同核对，不符者尽早要求开证行修改或拒绝接受或要求开证人指示开证行修改信用证；如接受，则发货并通知收货人，备齐单据在规定时间向议付行交单议付；对单据的正确性负责，不符时应执行开证行改单指示，并仍在信用证规定期限交单。

权利：若被拒绝修改或修改后仍不符，则有权在通知对方后，单方面撤销合同并拒绝信用证；交单后若开证行倒闭或无理拒付，则可直接要求开证人付款；收款前若开证人破产，则可停止货物装运并自行处理；若开证行倒闭时信用证还未使用，则可要求开证人另开。

3. 开证行

开证行指接受开证人的委托开立信用证的银行，其承担保证付款的责任。

义务：正确、及时开证；承担第一付款责任。

权利：收取手续费和押金；拒绝受益人或议付行的不符单据；付款后如开证人无力付款赎单，则可处理单、货；货不足款时，可向开证人追索余额。

4. 通知行

通知行指受开证行的委托，将信用证转交出口人的银行。它只证明信用证的真实性，不承担其他义务，是出口地所在银行。

义务：需要证明信用证的真实性；转递行只负责照转。

5. 议付行

议付行指愿意买入受益人交来跟单汇票的银行。

义务：严格审单；垫付或贴现跟单汇票；背批信用证（指议付行将议付金额记载在信用证背面）。

权利：可议付也可不议付；议付后，可处理（货运）单据；议付后，若开证行倒闭或借口拒付，则可向受益人追回垫款。

6. 付款行

付款行指信用证上指定付款的银行，在多数情况下，付款行就是开证行。

权利：有权付款或不付款；一经付款，无权向受益人或汇票持有人追索。

7. 保兑行

保兑行是受开证行委托对信用证以自己名义保证的银行。

义务：加批"保证兑付"；不可撤销的确定承诺；独立对信用证负责，凭单付款；付款后只能向开证行索偿；若开证行拒付或倒闭，则无权向受益人和议付行追索。

8. 承兑行

承兑行指对受益人提交的汇票进行承兑的银行，亦是付款行。

9. 偿付行

偿付行指受开证行在信用证上的委托，代开证行向议付行或付款行清偿垫款的银行（又称清算行）。

义务：只付款不审单；只管偿付不管退款；不偿付时开证行偿付。

（三）信用证支付的流程

① 开证人根据合同填写开证申请书并交纳押金或提供其他保证，请开证行开证。

② 开证行根据申请书内容，向受益人开出信用证并寄交出口人所在地通知行。

③ 通知行核对印鉴无误后，将信用证交受益人。

④ 受益人审核信用证内容与合同规定相符后，按信用证规定装运货物、备妥单据并开出汇票，在信用证有效期内，送议付行议付。

⑤ 议付行按信用证条款审核单据无误后，把货款垫付给受益人。

⑥ 议付行将汇票和货运单据寄开证行或其特定的付款行索偿。

⑦ 开证行核对单据无误后，仁款给议付行。

⑧ 开证行通知开证人付款赎单。

三、任务实施

步骤一：申请开通中国工商银行企业网上银行账户，记住用户名和登录密码。

① 首先客户要去本地中国工商银行开户网点领取并填写《中国工商银行企业客户普通卡证书信息表》，加盖预留印章，然后领取普通卡证书，并设置证书密码。申请普通卡证书后，就可以开通企业网上银行了。

中国工商银行企业网上银行的开通流程如图 2-20 所示。

② 单击"自助注册"链接进入中国工商银行企业网上银行注册界面，如图 2-21 所示。

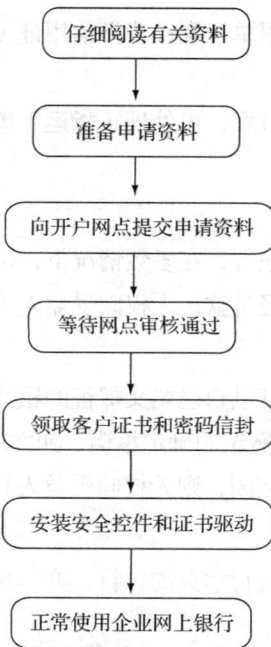

图 2-20   中国工商银行企业网上银行开通流程

图 2-21   进入中国工商银行企业网上银行注册界面

③ 阅读须知，如图 2-22 所示。

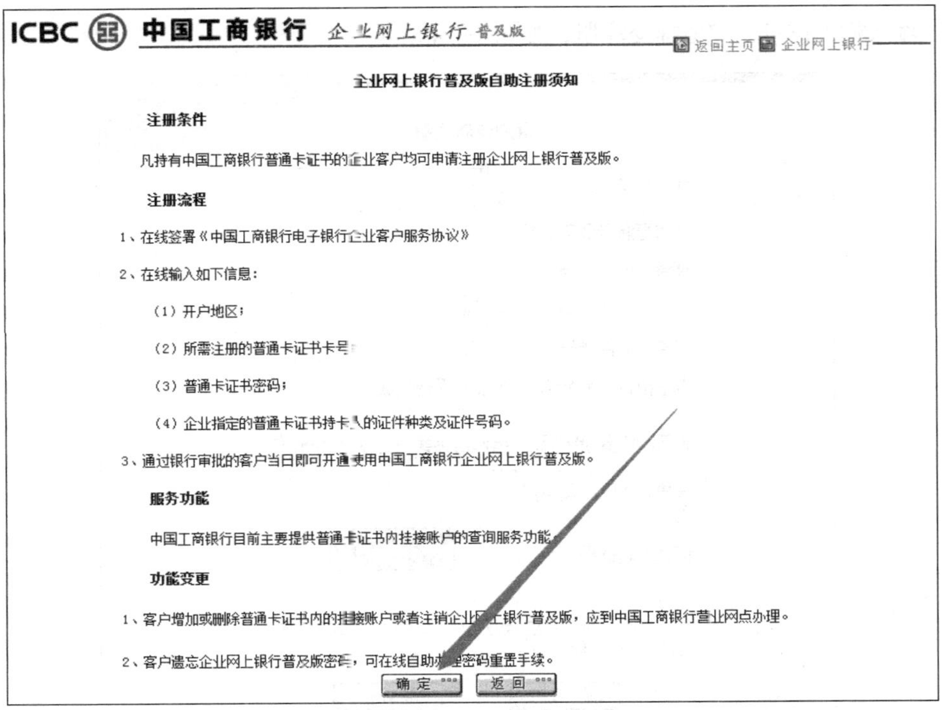

图 2-22 阅读须知

④ 接受协议，如图 2-23 所示。

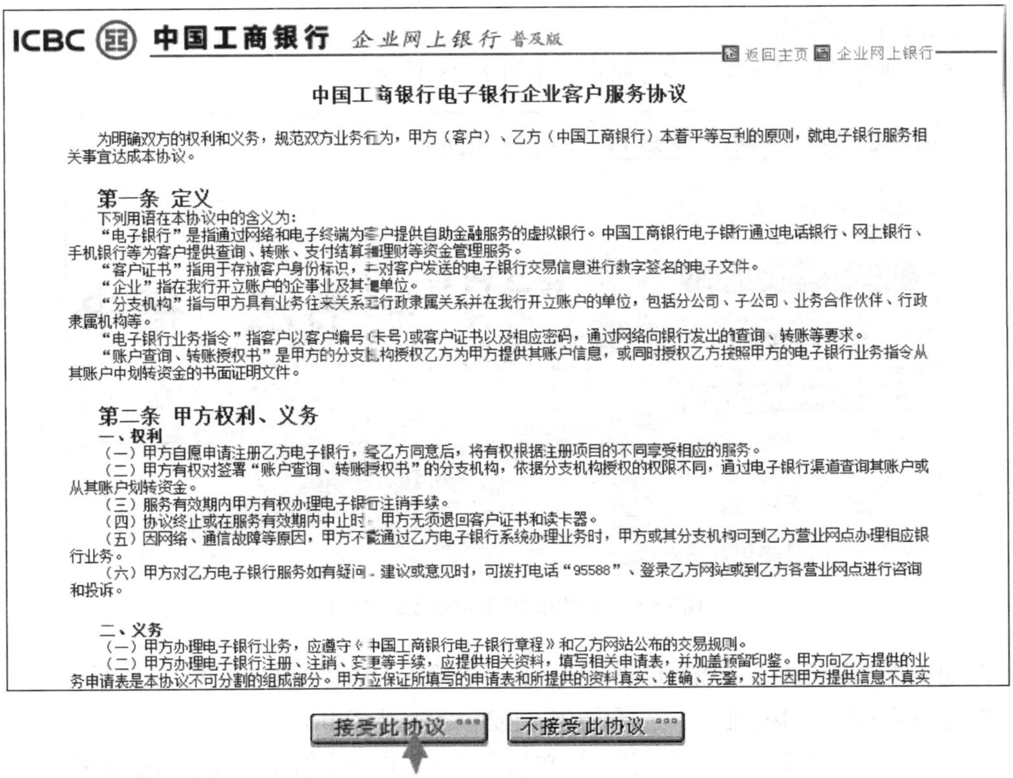

图 2-23 接受协议

⑤ 输入相关信息，完成提交注册，如图 2-24 所示。

用户自助注册

开户地区	安徽 ▼
	安庆 ▼ 市
注册普通卡证书卡号	
普通卡证书密码	
持卡人证件类型	身份证 ▼
持卡人证件号码	
电子银行产品名称	企业网银普及版 ▼
设置网银登录密码	请避免设置安全性过低的密码。
请再输入网银登录密码	
请输入验证码	*k k b m* ↻

注意：
　　如无法选到普通卡证书所在地区，请到柜面进行注册或咨询95588。

提交　　取消

图 2-24　完成提交注册

步骤二：开立信用证。

① 登录刚注册的企业网上银行账户，如图 2-25 所示。

ICBC 中国工商银行 工于至诚 行以致远　　首页　　个人业务

用户登录

个人网上银行
>注册 >指南 >网银助手
>安全专区 >防范假网站

企业网上银行
>注册 >演示 >指南 >网银助手

融e购

"和"字书法—楷书
普通纪念币预约发行

图 2-25　登录刚注册的企业网上银行账户

② 证书版选择证书，并输入证书密码，普及版输入卡号和密码，如图 2-26 所示。

③ 进入企业网上银行账户，选择信用证业务，提交开证申请。

④ 仔细填写一份全新的《不可撤销跟单信用证开证申请书》，输入相关信息后提交，如图 2-27 所示。

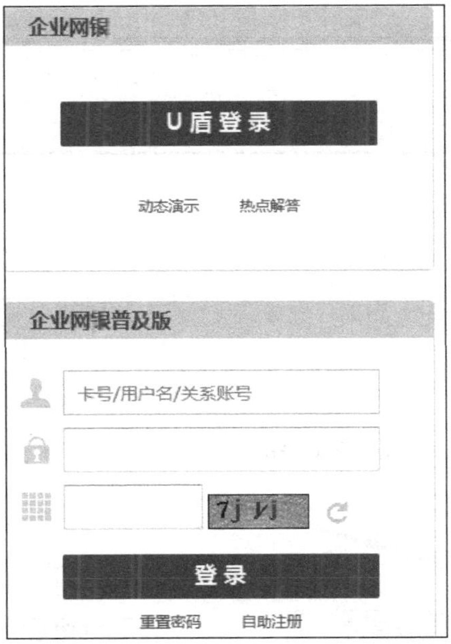

图 2-26　登录

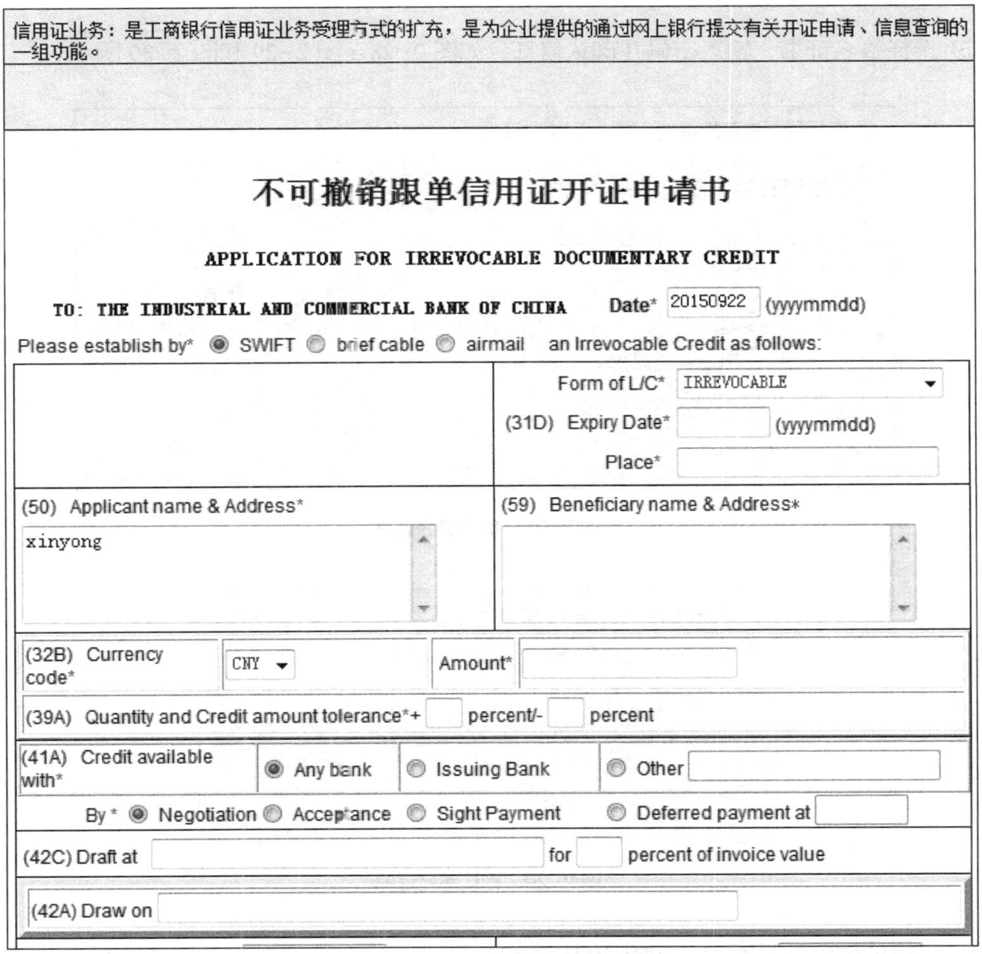

信用证业务：是工商银行信用证业务受理方式的扩充，是为企业提供的通过网上银行提交有关开证申请、信息查询的一组功能。

不可撤销跟单信用证开证申请书

APPLICATION FOR IRREVOCABLE DOCUMENTARY CREDIT

TO: THE INDUSTRIAL AND COMMERCIAL BANK OF CHINA　　Date* `20150922` (yyyymmdd)

Please establish by* ◉ SWIFT ○ brief cable ○ airmail　an Irrevocable Credit as follows:

	Form of L/C* `IRREVOCABLE`　▼
	(31D)　Expiry Date* _____ (yyyymmdd)
	Place* _____

(50)　Applicant name & Address*

`xinyong`

(59)　Beneficiary name & Address*

(32B)　Currency code* `CNY` ▼　　Amount* _____

(39A)　Quantity and Credit amount tolerance*+ ___ percent/- ___ percent

(41A)　Credit available with*　◉ Any bank　○ Issuing Bank　○ Other _____

By *　◉ Negotiation　○ Acceptance　○ Sight Payment　○ Deferred payment at ____

(42C) Draft at _____ for ___ percent of invoice value

(42A) Draw on _____

图 2-27　提交《不可撤销跟单信用证开证申请书》

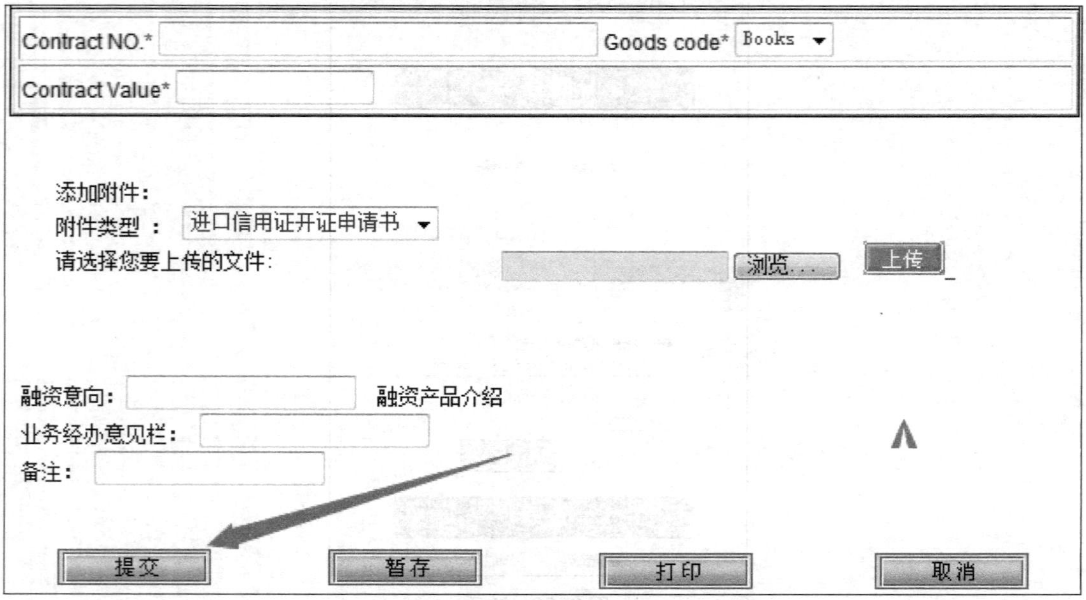

| Contract NO.* | | Goods code* | Books ▼ |
| Contract Value* | | | |

添加附件：

附件类型 ： 进口信用证开证申请书 ▼

请选择您要上传的文件： 浏览... 上传

融资意向： 融资产品介绍

业务经办意见栏：

备注：

提交   暂存   打印   取消

图 2-27　提交《不可撤销跟单信用证开证申请书》（续）

⑤ 选择签名证书，输入密码并确认信息，如图 2-28、图 2-29 和图 2-30 所示。

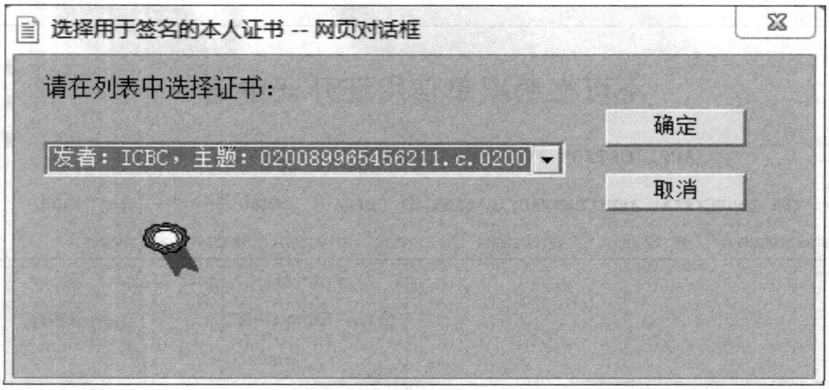

选择用于签名的本人证书 -- 网页对话框

请在列表中选择证书：

发者：ICBC，主题：020089965456211.c.0200 ▼

确定

取消

图 2-28　确认签名证书

SafeSign Login -- 网页对话框

pin

确定
取消

图 2-29　确认签名证书

⑥ 信用证指令提交成功，如图 2-31 所示。

您的数据签名信息：

您的签名源数据：
Form of L/C: IRREVOCABLE
Expiry Date:20161002
金额：1.00元
大写金额：壹元整
登录ID：jfphoenix.c.0200
交易提交时间：06-11-21 12:43

您的部分签名数据：

MIICRjCCAa+çAwIBAgIKI9fKEDP6AAAAATANBgkqhkiG9w0BAQU
FADA0MRgwFgYDVQQDEw9wYmouaWNiYy5jb20uY24xGDAWBg
NVBAoTD3Bia5pY2JjLmNvbS5jbjbjAeFw0wMzAzMjIwODM1MjJaFw
0yMzAzMjIwODM1MjJaMDQxGDAWBgNVBAMTD3Biai5pY2JjLm
NvbS5jbjEYMEYGA1UEChMPcGJqLmljYmMuY29tLmNuMIGfMA0G
CSqGSIb3DQEBAQUAA4GNADCBiQKBgQD//RkPZCYIbwvAQ9qrS
AZVouedEk/dF7Zoj+kBrcCZnqM92glYXfw3yGEQus0AAnaopWB7
W54cKS/kWaeChgH5wyK2d41vEbKXwMbzwMR9ODwQumfDtZUE
Ttw0SklbUdpvzmrNan2j7tbdV2wQDL4uRKeMrgfbase5Yy7KdkIW
WQIDAQABo18wXTBKBgNVHR8EQzBBMD+gPaA7pDkwNzENM
AsGA1UEAxMEY3JsMTEMMAoGA1UECxMDY3JsMRgwFgYDVQQ
KEw9wYmouaWNiYy5jb20uY24wDwYDVR1jBAgDBgARIjNEVTANB
gkqhkiG9w0BAQUFAAOBgQAgGYVHEWt2e6d5wRGZg0h5y2XDEg
0ngmz0oZxc7qcm0bcNu3vVlMJMuIaru6vCmi9HjJJIWcOsi43gZVq
0oG/M5dNrPhxdF8ooFTHY9FgUpE1NX8ymD8pVHg/fko7E7E4ZL1
gl2TgpFI19vMVRJG0gQl4n9AlFQaHqEgDN3dSOdA==

确定　　取消

图 2-30　确认签名证书

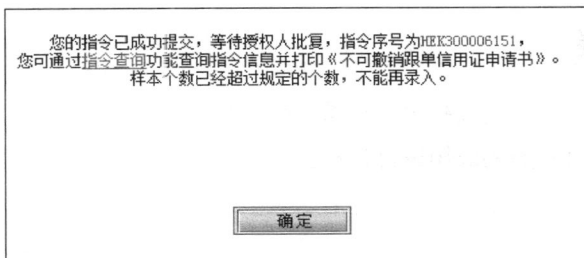

　　您的指令已成功提交，等待授权人批复，指令序号为HEK300006151，
您可通过指令查询功能查询指令信息并打印《不可撤销跟单信用证申请书》。
样本个数已经超过规定的个数，不能再录入。

确定

图 2-31　信用证指令提交成功

四、任务评价

　　项目评价表如表 2-5 所示。

表 2-5　项目评价表

项目	学习态度（20%）	团队合作情况（20%）	步骤完成情况（50%）	其他表现（10%）	小计（100%）	综合评价
小组评分（30%）						
个人评分（30%）						
老师评分（40%）						
综合得分（100%）						

五、知识拓展

加拿大 Sunshine 公司是经加拿大批准的具有进出口经营权的综合性贸易公司，其经营范围包括机电设备、金属材料、化原料、轻工产品等。公司与多家供货商有固定的业务往来，货源基础雄厚。

2018 年 1 月，该公司业务员从报纸上看到一则"中国柯力贸易有限公司求购瓷器"的求购信息。之后，加拿大 Sunshine 公司立即与该公司去函联系，表达希望建立业务关系的热切愿望。建立业务关系的邮件发出不久，中国柯力贸易有限公司表示对 HXI115、HXll285 和 HX4510 几种产品感兴趣。在双方的磋商下，确定了以信用证为支付方式的贸易合同。

2018 年 1 月 30 日，中国柯力贸易有限公司通过中国工商银行开立了以加拿大 Sunshine 公司为受益人的网上信用证。2018 年 2 月，加拿大 Sunshine 公司收到了该信用证。在货物装运之前，加拿大 Sunshine 公司对信用证进行仔细审核确认无误。之后，装运发货。在办理货物出运工作的同时，加拿大 Sunshine 公司也开始制作议付单据，其制作完整套提单提交进口方指定的加拿大银行交单议付。加拿大银行按照信用证审核单据，单据符合信用证规定，银行按信用证规定进行议付。同时，加拿大银行向中国工商银行寄单索偿。中国工商银行在审核单据无误后，对已按信用证议付的加拿大银行进行偿付，同时通知柯力贸易有限公司付款赎单。柯力贸易有限公司审核单据无误后确认付款，加拿大 Sunshine 公司随即收到了柯力贸易有限公司的付款。

六、同步拓展

① 网上信用证与传统信用证相比，有哪些优势？

② 请对网上信用证业务的效用进行分析。

项目三
国内的跨境电子商务
支付与结算平台分析

项目情境引入

俄罗斯拥抱"中国式支付"

在俄罗斯，银联卡已拥有了相当规模的覆盖率。图3-1所示为商场里随处可见的银联卡标识。到商场购物，一张银联卡尽可搞定；乘地铁、公交，用支付宝扫码就成。中国人熟悉的"刷卡扫码"支付方式，正快速推广到俄罗斯越来越多的城市和商业服务系统。

图 3-1　商场里随处可见的银联卡标识

步入新年，来自银联国际的消息称：2018年俄罗斯世界杯赛前，当地自动取款机和商户POS（Point of Sale，销售终端）的银联卡受理覆盖率将进一步提高到90%。莫斯科、圣彼得堡、加里宁格勒、伏尔加格勒等比赛承办城市，将基本实现银联卡受理无障碍。俄罗斯航空、西伯利亚航空等航空公司官网上也提供银联卡支付服务。

几乎同时，在俄罗斯营业额排名第三、第四位的两家大型连锁超市"莲塔"和"迪克西"也表示，将在中国春节前后正式启用支付宝系统。此前，莫斯科市公交、地铁、付费自行车等城市交通系统，相继宣布引入支付宝，可以扫码购票。

无论是以银联为主的传统结算模式，还是以支付宝为代表的新型移动支付，"中国式支付"在提速落地俄罗斯的同时，也为双方未来的合作打开了新的空间。

跟随国人大步"出海"

"接受支付宝是我们的主意。要知道,这是中国最流行的支付方式之一。"2017年7月,位于红场附近的全俄高档购物中心莫斯科中央百货商场首次启用了支付宝系统。当被俄媒问及此举初衷时,商场执行总裁亚历山大·帕夫洛夫如是表述。

中国庞大的游客群体与消费能力,是俄罗斯银行系统愿意与银联、支付宝合作的重要原因,也是无数商户乐意接入支付宝系统的兴趣所在。

俄罗斯"世界无国界"旅游协会近日发布的统计数据显示:2017年,有90多万名"免签证"团中国游客到访,比2016年增加18%。据预估,2018年世界杯期间,赴俄罗斯观赛的中国游客至少10万人。中国驻俄使馆的统计也表明,在俄的中国留学生已达3万多人,近年来每年中俄人员往来超过300万人次。

"我们注意到中国人的数量在持续增长。"俄罗斯外贸银行商业部主任阿列克谢称:"这一市场的潜在规模将达每年3 000亿卢布(约合330亿元人民币)"。

可以佐证此观点的是:据帕夫洛夫透露,莫斯科中央百货商场目前9%的营业额来自中国游客。另一座著名旅游城市圣彼得堡的列宁格勒商场,中国消费者贡献的营业额比例更高达22%。

事实上,为争取市场和用户,中国的支付企业也在想方设法,包括采用"补贴""优惠"等方式。俄罗斯各大机场免税店、商场,常见贴着类似"刷银联卡八五折"的优惠信息,支付宝也以"最优惠汇率"来吸引用户。莫斯科加加林广场商圈,商家店铺林立,八成以上标示可用银联卡。在一家品牌专卖鞋店,售货员瓦莲金娜告诉记者,店里用银联支付已有9年。

越来越多的俄罗斯本地居民也开始办理和使用银联卡。天然气工业银行、俄罗斯农业银行、滨海社会银行等当地10余家银行,已累计发行银联卡近130万张。2017年7月,银联国际与俄罗斯国家支付卡公司实现了发卡合作,原来只能在俄境内使用的MIR卡,扩大到银联网络覆盖的160多个国家和地区,大大提升了俄罗斯居民的跨境用卡便利性。

资料来源:人民日报(北京)

问题:如何在境外使用支付宝?如何通过支付宝汇款给境外朋友?

项目任务书

项目任务书如表3-1所示。

表3-1 项目任务书

任务编号	分项任务	职业能力目标	知识要求	参考课时
任务一	支付宝的跨境电子商务支付与结算分析	能在境外使用支付宝和通过支付宝汇款给境外朋友	1. 支付宝平台概况 2. 支付宝跨境电子商务支付与结算的流程	2
任务二	微信的跨境电子商务支付与结算分析	能在境外使用微信和通过微信汇款给境外朋友	1. 微信平台概况 2. 微信跨境电子商务支付与结算的流程	2
任务三	连连支付的跨境电子商务支付与结算分析	能在境外使用连连支付和通过连连支付汇款给境外朋友	1. 连连支付平台概况 2. 连连支付跨境电子商务支付与结算的流程	2
任务四	其他国内平台的跨境电子商务支付与结算分析	能通过其他国内跨境电子商务支付与结算平台进行跨境收付款	1. 易宝支付概况 2. PingPong概况 3. 一达通概况	2

任务一　支付宝的跨境电子商务支付与结算分析

一、任务引入

李刚的锯链目前有几个稳定的海外客户，前几天，一个阿根廷老客户下了一个 15 000 美元的锯链订单，客户收到货后，发现有 250 美元货值的锯链有质量问题。鉴于是老客户，李刚决定退款 250 美元给老客户，客户发邮件告知李刚他的美国花旗银行卡号等收款信息。最后，通过支付宝国际汇款的方式，李刚向该阿根廷老客户退了 250 美元的货款，老客户更加信任李刚了。

请分析，李刚是如何通过支付宝进行国际汇款的？

二、相关知识

（一）支付宝平台概况

支付宝是第三方支付平台，致力于提供"简单、安全、快速"的支付解决方案。支付宝从 2004 年建立开始，始终以"信任"作为产品和服务的核心。自 2014 年第二季度开始，支付宝成为当前全球最大的移动支付厂商。截至 2018 年 3 月底，支付宝实名用户数超过 6 亿人。

自成立以来，支付宝已经与超过 200 家金融机构达成合作，为近千万小微商户提供支付服务，拓展的服务场景不断增加。在覆盖绝大部分线上消费场景的同时，支付宝也正在大力拓展各种线下场景，包括餐饮、超市、便利店、出租车、公共交通等。目前，支持支付宝的线下门店超过 20 万家，出租车、专车超过 50 万辆。支付宝的国际拓展也在加速。截至 2018 年 3 月底，境外超过 30 个国家和地区，近 2 000 个签约商户已经支持支付宝收款，覆盖 14 种主流货币。2013 年，支付宝开始支持韩国购物退税，2014 年，支付宝将退税服务扩展到了欧洲。在金融理财领域，支付宝为用户购买余额宝、基金等理财产品提供支付服务。目前，使用支付宝支付的理财用户数超过 4 亿人。

基于开放平台，支付宝正在创建移动商业的生态系统。围绕用户需求不断创新，支付宝通过贯穿消费、金融理财、生活、沟通等人们真实生活的各种场景，给世界带来微小而美好的改变。

（二）支付宝跨境电子商务支付与结算的分类

支付宝跨境电子商务支付与结算目前主要有如下 3 种形式。

① 境内消费者在境外消费时通过支付宝付款给境外商家。

2018 年 2 月 4 日，支付宝宣布进入迪拜，这意味着以后中国居民到迪拜旅游也可以用支付宝支付，再也不用随身携带大量现金了。

在吉隆坡的 15 楼层高悬空餐厅吃榴莲；在泰国著名的"曼谷包"店买定制款大象钥匙扣；在法兰克福最大的超市 ROSSMANN 看专门为中国人定制的"什么值得买"清单……2017 年 12 月，国内有"口碑 1212 狂欢派对"，境外则继续把"支付宝 1212 全球狂欢节"上升到新高

度，在美国、加拿大、德国、法国、日本、新加坡、马来西亚等 15 个国家和地区，十余万家商户竞相打出"支付宝价"，让境外使用支付宝的用户量达到了上一年的 2.5 倍。

扫一扫即时退税无压力，边逛店边领券还有折扣拿——2017 年"双 12"期间，有 180 万张境外优惠券被领空，平均每个用户领了 3 张。而这些，正是支付宝"全球付"的一个缩影，即服务中国消费者的出境游需求，把他们在国内习以为常的方便快捷的移动支付生活，"无缝平移"到境外。

支付宝"世界地图"和"世界日历"显示，支付宝"全球付"业务已覆盖到欧美、日韩、新马泰等超过 36 个国家和地区：接入了日本 13 000 万家罗森、马来西亚 2 100 家 7-11、超过 800 家星巴克、欧洲 14 个国际机场、南非 10 000 家商户、美国 12 万家商户……

接下来，中国游客去上述地区，不仅能体验到"支付宝价"，更能体会到"支付宝"连接的亲切服务。

目前，支付宝在境外已接入了数十万线下商户门店，范围涵盖餐饮、超市、百货、便利店、免税店、主题乐园、境外机场等。

② 境内消费者在跨境电子商务平台上购买境外商品时，通过支付宝付款给境外商家。

境内消费者最熟悉的 Amazon 和 eBay 等网站，因为和阿里巴巴之间的竞争关系及自有支付工具等原因，没有接入支付宝付款。亚马逊有 Amazon Pay，eBay 有 PayPal，当然各家都支持消费者的双币信用卡支付。除它们之外，还有不少的境外跨境电子商务平台支持支付宝付款和境外直邮到境内。

③ 境内用户跨境付款给境外商家、朋友或境外用户跨境支付给境内商家、朋友。

2014 年 6 月 10 日，支付宝和上海银行合作推出了上银国际汇款业务。之前，汇款一般都是通过银行柜台、银行网银、手机银行 App 等操作，手续相对比较麻烦，尤其是柜台汇款，每次去银行的时候，不仅要排队，还要缴纳高额的手续费。现在支付宝和上银国际合作推出了国际汇款后，国际汇款又多了一种方便快捷和省钱的方式。具体的操作流程在任务实施中会有详细介绍。

（三）支付宝跨境电子商务支付与结算的优势与风险

1. 支付宝跨境电子商务支付与结算的优势

（1）方便快捷

无论是境内消费者在境外消费，还是境内消费者在跨境电子商务平台上购买境外商品，都可以通过支付宝付款。即便是境内用户跨境付款给境外商家、朋友或境外用户跨境支付给境内商家、朋友，也可以通过支付宝国际汇款实现，非常方便快捷。

（2）覆盖面广

截至 2018 年 3 月，中国境内游客能在境外 36 个国家和地区的数十万家商户里用支付宝付款并即时退税。境内消费者也能在众多的境外跨境电子商务平台上购物时通过支付宝付款给境外商家。支付宝国际汇款也已经支持 10 种主流外币的国际汇款。

（3）资金到账快

境外实体店支付宝扫码付款、境外跨境电子商务平台支付宝购物付款都可以实现实时到账，即便是支付宝国际汇款，也能够实现短时间到账，几乎等同于实时到账。在境外购物后的退税上，也能实现快速退税。

（4）安全

大部分中老年游客习惯使用现金，但现金的使用存在诸多问题。首先，我国境内兑换外币有一定的限额，难以满足所有消费需求。其次，消费者无论是在境内还是境外兑换外币都将承担一定的手续费，从而提高了旅游的消费成本，消费积极性在一定程度上受到抑制。此外，出门带大量现金很不安全。相对于现金，刷卡消费虽然更为安全，但跨境刷卡消费仍需承担一定的手续费，并且需要输入密码和签字，交易程序相对复杂。在网上通过银行卡结算时往往还需通过手机接收验证码来完成支付，这就需要消费者开通与银行卡绑定的手机号的境外通信功能，而很多消费者在出境旅游前并未考虑到这一点，且开通此项功能也需要一定的成本，因此也给境外在线支付造成了困难。

传统支付手段给商业交易带来的种种壁垒需要通过创新加以解决。而支付宝作为第三方支付平台，其扫码支付功能及指纹密码锁功能为用户提供了安全快捷的支付解决方案，可减少境内游客在境外旅游消费的成本，使交易更加便利可靠。

2. 支付宝跨境电子商务支付与结算的风险

（1）法律风险

支付宝移动支付是近年来新兴的支付方式，在这一领域的国内法律法规及国际公约还不够完善，跨境的移动支付更将面临一系列法律风险，其中一项重要的问题就是账户资金安全的法律风险由谁承担，而针对不同的安全问题，其相应的安全保障责任分配也不尽相同，适用的法律管辖权也将有所差异。

（2）黑客风险

支付宝移动支付是依托移动网络和智能手机共同完成的，其本身的账户资金安全并不能得到百分之百的保证，因为移动网络仍然可能遭受黑客入侵，从而导致资金被盗。

（3）用户个人风险

支付宝跨境支付的场景往往是境内用户在境外旅游消费或在境内付款给境外商家，这种支付场景相对匆忙，用户对自己的身份证、账户密码及智能手机保管不善也容易造成账户资金的被盗。

（四）支付宝跨境电子商务支付与结算的费用

一般来说，境内客户在境外支持支付宝付款的商户消费以及境内用户在境外跨境电子商务平台上购物时，都没有手续费，汇率按照实时汇率计算。通过支付宝汇款给境外朋友时，全部手续费=境内银行手续费+境外银行手续费，其中，境内银行手续费50元/笔，境外银行手续费由境外银行计算并收取。

（五）支付宝跨境电子商务支付与结算的流程

境内客户在境外支持支付宝付款的商户消费以及境内用户在境外跨境电子商务平台上购物时用支付宝付款，都相对简单，故接下来介绍通过支付宝国际汇款给境外朋友汇款的流程。

① 下载手机支付宝。目前，支付宝推出的国际汇款业务只有在支付宝的手机客户端才有。在支付宝网页版的登录界面上暂时还没有开通国际汇款业务。手机上安装支付宝钱包的时候，

一定要认准官方版本。

　② 登录个人手机支付宝。

　③ 搜索"国际汇款"并进入上银汇款。

　④ 进入立即汇款。

　⑤ 填写汇款信息（汇款用途按实际需求选择）和汇款人相关信息。

　⑥ 阅读《个人购汇申请书》。

　⑦ 填写预计用汇时间和购汇用途说明书及保证书。

　⑧ 确认付款。

三、任务实施

步骤一：打开手机支付宝，如图 3-2 所示。

图 3-2　打开手机支付宝

步骤二：登录后，找到国际汇款。支付宝的首页没有直接国际汇款的入口，可以选择"更多"或者搜索"国际汇款"，如图 3-3 和图 3-4 所示。

图 3-3　选择"更多"或者搜索"国际汇款"

图 3-4　找到"国际汇款"

步骤三：进入"国际汇款"页面，如图 3-5 所示。

图 3-5　上银国际汇款界面

步骤四：填写收款人信息，如图 3-6 所示。

图 3-6　填写收款人信息

步骤五：填写汇款信息，如图 3-7 所示。

图 3-7　填写汇款信息

步骤六：查看个人购汇申请书并确认，如图 3-8 所示。

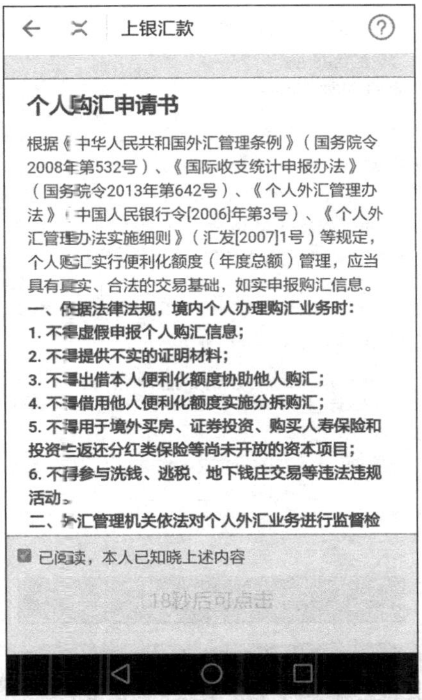

图 3-8　查看个人购汇申请书并确认

步骤七：确认预计用汇时间及购汇用途，如图 3-9 所示。

图 3-9　确认预计用汇时间及购汇用途

步骤八：确认信息并汇款，如图 3-10 所示。

图 3-10　确认信息并汇款

四、任务评价

项目评价表如表 3-2 所示。

表 3-2　项目评价表

项目	学习态度（20%）	团队合作情况（20%）	步骤完成情况（50%）	其他表现（10%）	小计（100%）	综合评价
小组评分（30%）						
个人评分（30%）						
老师评分（40%）						
综合得分（100%）						

五、知识拓展

"韩国微信" Kakao Pay 接入支付宝，蚂蚁金服境外布局雏形日显

2017年2月21日，阿里巴巴旗下支付公司蚂蚁金服和韩国互联网公司Kakao发表联合申明，宣布蚂蚁金服将向后者投入2亿美元战略投资。根据协议，Kakao Pay将统合支付宝目前在韩国的3.4万家合作商户。今后，中国游客可在Kakao Pay合作商户使用支付宝消费，同时支付宝合作商户和阿里巴巴旗下购物平台也将接受Kakao Pay支付。

作为韩国的互联网企业，Kakao最广为人知的是它的移动通信应用"Kakao Talk"。拥有4 800万用户的"Kakao Talk"于2017年1月决定分离其移动支付业务Kakao Pay，成立的独立新公司将由Kakao的金融科技部部长Young-Joon Ryu带领。据悉，Kakao Pay拥有1 400万用户，提供支付交易、分期付款、汇款和会员管理等服务。

蚂蚁金服作为阿里巴巴旗下移动钱包业务公司，现市值已约600亿美元，目前在全球范围内已拥有超过6亿用户，10年之内的目标是20亿用户。在全球范围内，蚂蚁金服已经进行一系列投资，以拓展其业务范围，布局境外市场。

事实上，支付宝近年来在境外市场"开疆辟土"的步伐在有条不紊地进行着。目前支付宝在境外接入的线下门店达到数十万，境外线下覆盖的中国出境人群高达60%左右。

韩国

韩国是此次蚂蚁金服与之合作的Kakao公司所在地，而韩国也是支付宝境外布局的一个重要市场。

据悉，支付宝目前已在韩国3万多家商铺登陆，覆盖当地最大的百货公司、免税店、便利店等。

日本

与韩国临近的国家日本也在支付宝的扩张版图之内。

2015年9月底，蚂蚁金服携手日本商业巨头Recruit集团分公司Recruit Lifestyle宣布，支付宝正式打入日本市场，并接入Recruit旗下拥有17.6万家商户的智能POS网络。

随着支付宝在日本的深耕，到目前为止，支付宝在日本已经接入了近400种，约50 000多家商户，这其中包括国际机场（东京成田国际机场、大阪关西国际机场等）、家电量贩（BIC CAMERA、山田电机、爱电王、Joshin等）、百货（高岛屋、大丸百货、东急百货、小田急百货、东武百货、近铁百货店等）、免税店（堂吉诃德、多庆屋、LAOX等）、服装品牌（优衣库、United Arrows、BEAMS等）、便利店（7-11、罗森、全家等）、药妆店（麒麟堂、杏林堂、Welcia）等，几乎囊括所有日本有名的商铺。

英国

在欧洲这片金融支付渗透率相对较低的土地上，支付宝的重点目标群体是赴欧旅行求学的中国人。

以英国为例，据了解，英国大概有10万中国留学生，是欧洲留学生人数最多的国家，且以对电子支付熟悉的"90后"新生代为主，是支付宝在英国的一个重点目标用户群。

据悉，在英国，已接入支付宝的商户包括中国顾客喜欢的哈罗德、塞尔福里奇购物中心、美妆品牌The Body Shop、保健品牌Holland & Barrett，以及日出茶太、Big Easy等多家中西食肆，英国伦敦唐人街的不少餐厅已经可以使用支付宝，众多商家也接受了支付宝的支付方式。

美国

2016年10月25日，蚂蚁金服与美国支付技术提供商——第一资讯（First Data Corp）和惠尔丰（Verifone）正式建立合作关系。蚂蚁金服希望借助这两家公司，迅速扩大其在美国市场上的占有率。

2017年1月，支付宝试图以60亿元人民币并购全球汇款服务公司MoneyGram（速汇金），虽然在2018年年初，美国政府最后以国家安全为理由终止了此项交易，但是支付宝并未因此在美国止步。

在美国市场，支付宝还面临着来自两大支付巨头PayPal、Apple Pay和其他第三方支付的竞争。据了解，美国36%的商家开始支持Apple Pay，而支持PayPal支付的商家为34%。此外还有来自万事达卡、Visa卡和三星支付的竞争。

印度

在印度，2015年9月，蚂蚁金服协同阿里巴巴以超过5亿美元的价格，完成了对"印度版支付宝"Paytm 40%股权的并购。仅用一年多时间，Paytm的用户就从阿里巴巴入股前的2 000多万人跃升到1.5亿人，成为全球世界第四大电子钱包。目前，每9个印度人中，就有一个是Paytm用户。

巴西

在巴西，支付宝已经接入Boleto这个巴西本土的O2O支付渠道。同时，Boleto通过支付宝获得了跨境支付的能力，这使没有银行卡的巴西民众仍可以在阿里巴巴国际站、阿里速卖通上跨境购买，选择Boleto付款即可完成海淘。

泰国

在泰国，2016年11月，支付宝与泰国正大集团旗下的"泰国版支付宝"Ascend Money签订了战略合作协议，收购该公司20%的股份，把蚂蚁金服的金融模式复制到泰国。支付宝称，此次合作计划将在5年内让一半泰国人用上支付宝。

菲律宾

近日，蚂蚁金服宣布向菲律宾电信巨头Globe Telecom旗下支付服务公司Mynt进行投资，但未披露具体细节。据悉，Mynt拥有菲律宾最大的电子钱包GCash，主要用于手机充值、转账、线上购物和缴费，还向个人和小微企业发放贷款，目前有300多万用户。

新加坡

2016年7月，支付宝在新加坡宣布"Alipay+"计划，在世界范围内寻找合作伙伴，共同打造以境外机场、百货和餐饮场景为中心的移动服务生态圈，新加坡的众多消费场所已接入支付宝，如新加坡樟宜国际机场。

印度尼西亚

2016年，阿里巴巴以10亿美元收购东南亚电子商务巨头Lazada。2016年8月，Lazada印度尼西亚站宣布把支付宝引入印度尼西亚 Lazada原有支付工具HelloPay将和支付宝融合。

支付宝与微信的境外之争

支付宝与微信的"战争"早已展开，但从扩张速度来说，以目前的情况，支付宝在境外之争中略胜一筹。

另外，支付宝打造的移动服务和电子商务生态圈，比微信主要与境外银行机构和当地服务商的合作模式更有优势。

其次，微信在做到国际化之前，其在国内的主要优势，即社交属性带来的高用户黏度在境外市场却并不明显。

但是这两家支付平台未来在境外的战争态势无法预料，毕竟谁能胜出最终取决于和境外商家的合作。

资料来源：中青在线

六、同步拓展

① 请在手机支付宝中，通过上银汇款完成跨境汇款操作，收款人信息如图 3-11 所示。

图 3-11 收款人信息

② 如果有机会到境外旅游，请尝试用支付宝进行消费。

一、任务引入

小高打算今年寒假去泰国旅游，提前到中国银行兑换了 15 000 泰铢后。考虑到带太多现金不方便也不安全，他提前把中国银行卡中剩余的 5 000 元人民币充值到了微信钱包中。最终，他在差不多刚好花完所有钱的情况下，高高兴兴地在泰国旅游消费了一把。

请分析，微信钱包是如何能够方便安全地在泰国当地进行消费支付的？

二、相关知识

（一）微信平台概况

微信（WeChat）是腾讯公司于 2011 年 1 月 21 日推出的一个为智能终端提供即时通信服务的免费应用程序，由张小龙所带领的腾讯广州研发中心产品团队打造。微信支持跨通信运营商、跨操作系统平台通过网络快速发送免费（需消耗少量网络流量）语音短信、视频、图片和文字，同时，也可以使用通过共享流媒体内容的资料和基于位置的社交插件如"摇一摇""漂流瓶""朋友圈""公众平台""语音记事本"等。

微信提供的闭环式移动互联网商业解决方案中，涉的服务能力包括：移动电子商务入口、用户识别、数据分析、支付结算、客户关系维护、售后服务和维权、社交推广等。这也预示着微信再次加大商业化开发步伐，为合作伙伴提供连接能力，助推企业用户商业模式的移动互联网化转型。

通过为合作伙伴提供"连接一切"的能力，微信正在形成一个全新的"智慧型"生活方式，其已经渗透进入以下传统行业，如微信打车、微信交电费、微信购物、微信医疗、微信酒店等，为医疗、酒店、零售、百货、餐饮、票务、快递、高校、电子商务、民生等数十个行业提供标准解决方案。

2017 年 5 月 4 日，微信支付宣布携手 CITCON（聚合跨境移动支付与营销平台）正式进军美国。在微信支付正式进军美国后，赴美人群可在美国享受无现金支付的便利。通过微信支付，用户在美国的衣食住行均可直接用人民币结算。

微信支付是集成在微信客户端的支付功能，用户可以通过手机完成快速的支付流程。微信支付以绑定银行卡的快捷支付为基础，向用户提供安全、快捷、高效的支付服务。

用户只需在微信中关联一张银行卡，并完成身份认证，即可将装有微信 App 的智能手机变成一个全能钱包，之后即可购买合作商户的商品及服务。用户在支付时只需在自己的智能手机上输入密码，即可完成支付，整个过程简便流畅。

截至 2018 年年初，据腾讯全球合作伙伴大会上微信公布的最新数据，微信平均日登录用户达 9.02 亿人，微信用户日发送消息 380 亿次，日发表视频 6 800 万次，微信支付笔数较去年增长 280%。

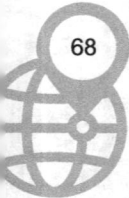

（二）微信跨境电子商务支付与结算的分类

微信跨境电子商务支付与结算目前主要有如下 3 种形式。

1. 境内消费者在境外消费时通过微信付款给境外商家

2015 年 11 月，在正式上线两年之后，微信支付开放了跨境电子商务支付功能。经过几年的发展，目前，微信支付业务已经覆盖东南亚、欧美、西亚、大洋洲的 20 多个国家和地区。正如微信支付海外运营负责人殷洁所言"中国的出境游客逐年呈增长趋势，且中国游客在境外的消费金额也逐年上涨。针对我国出境游客的跨境支付市场具有很大的潜力。"

（1）推出跨境支付功能，实现多方共赢

2015 年年底，在微信支付刚刚开通跨境支付功能之时，微信支付团队就披露并详细解读了微信跨境支付开放体系与策略的内容，强调通过直连、机构服务商和普通服务商三种开放模式，与境外商户展开合作。

直联模式指微信支付直接与境外直连商户签订协议，开展支付合作，消费者使用微信支付在境外直连商户购物，资金将直接结算给境外直连商家。机构服务商模式是指在微信支付与境外的银行、支付公司等具有金融服务资质的商户合作之后，消费者在境外机构服务商旗下的商户使用微信支付进行支付，资金将直接结算给境外机构服务商，再由境外机构服务商清算给旗下商户。而普通服务商模式则适用于没有支付牌照、银行等金融牌照，但具有一定商户资源的机构。微信支付与普通服务商合作，由普通服务商推荐商户接入微信支付并提供技术支持，微信支付还要与这些商户签订协议，为其提供收单业务，消费者使用微信支付后，资金将直接清算给这些商户，而普通服务商可按交易额获取一定比例的费率返点。

微信跨境电子商务支付的核心功能是"人民币收款，向境外商家结算外币"。所以，不论是消费者还是商户，都能从微信跨境支付中获益。对于消费者来说，跨境购物不再需要兑换外币，只需通过微信钱包，用人民币支付，系统将自动以当日银行外汇牌价为准与境外商家结算；而对于商户来说，无形中扩展了销售渠道。

（2）围绕"微信生态"开展跨境支付业务

毫无疑问，微信本质上是一款社交软件，微信支付仅仅是其诸多功能之一，所以，微信支付是微信生态内的支付工具。这一特点并没有成为微信支付发展的掣肘，相反，微信支付利用其自身的社交属性取得了较快发展。除了支付能力外，商户可以借助微信的社交能力与消费者更好地沟通，并且通过微信产品体系，更好地运营会员、有针对性地发布最新资讯。

因此，早在 2014 年 8 月，微信支付就公布了"微信智慧生活"全行业解决方案，即以"微信公众号+微信支付"为基础，帮助传统行业将原有商业模式"移植"到微信平台，通过移动电子商务入口、用户识别、数据分析、支付与结算、客户关系维护、售后服务和维权、社交推广等能力形成整套的闭环式移动互联网商业解决方案。之后，微信支付的布局基本沿着这个思路展开。而在跨境支付业务推动过程中，微信支付也是围绕"微信生态"展开的。

2017 年 4 月，微信支付在中国香港地区举行了名为"微信智慧工坊·跨境版"的首场全球巡回讲座，首次在中国香港地区公开讲解跨境电子商务支付机制，并正式向中国香港地区的市场发布"支付+会员"解决方案。

为提升跨境电子商务支付的体验,微信支付不断完善解决方案。在产品层面,增加了汇率等显示,消费者可以直接支付人民币,且实时看到即期汇率情况;在运营层面,微信支付指导商户如何利用微信生态体系更好地针对中国游客的长尾运营,并专门为境外商户提供产品及运营方案服务。

(3)加大跨境电子商务支付推广力度

数据显示,2018 年最受中国出境游客关注的目的地国家为泰国、日本、美国、印度尼西亚、意大利、法国、越南、英国等。据泰国旅游局统计,仅 2018 年上半年赴泰的中国游客就超过 600 万人次,同比增长约 40%;2017 年 12 月至 2018 年春节期间,赴泰中国游客人数同比增长 3 倍以上。与此同时,微信支付最新数据显示,中国游客在泰国的交易量比上年同期增长了 6 倍。

随着出境游的升温,2018 年微信支付加大了在泰国和日本等国家的推广力度。目前在泰国,大到曼谷的连锁免税店,小到清迈、普吉岛的街边小贩都已支持微信支付。而在日本,其大型综合免税购物中心——DOTONPLAZA 大阪商场已经全面支持微信支付。

2017 年 5 月 4 日,微信支付宣布携手 CITCON 正式进军美国。随着微信支付进入美国,人们通过微信支付,在美国的衣食住行均可直接用人民币结算。此外,微信支付还与 WEHousing 合作,为赴美留学生提供公寓信息及独家折扣,帮助国际学生获取租房的第一手资料。

2017 年年底,微信支付进入德国、英国等主流商店等消费场景,并将在欧洲各国快速铺开。

在"一带一路"倡议下,我国跨境电子商务支付市场规模持续扩大,这为微信支付等第三方支付机构带来了前所未有的发展机遇。未来,随着支付场景的不断扩展以及会员运营机制的不断深入,微信支付的跨境电子商务支付业务发展之路将会越走越宽。

2. 境内消费者在跨境电子商务平台上购物时通过微信付款给境外商家

境内消费者最熟悉的 Amazon 和 eBay 等网站,因为和阿里巴巴之间的竞争关系以及自有支付工具等原因,所以没有接入微信支付。亚马逊有 Amazon Pay,eBay 有 PayPal,当然各家都支持消费者的双币信用卡支付。除此之外,当然还是有部分境外跨境电子商务平台支持微信付款和境外直邮到境内,不过相对于支付宝要少。

3. 境内用户跨境付款给境外商家、朋友或境外用户跨境支付给境内商家、朋友

微信支付可以转账给境外朋友,前提是对方也在使用微信,但是微信钱包无法充值和提现到境外银行卡。这点是严格遵守国家外汇管理的需要。

(三)微信跨境电子商务支付与结算的优势与风险

微信跨境电子商务支付与结算的优势和风险与支付宝类似,这里不再赘述。

(四)微信跨境电子商务支付与结算的费用

一般来说,用户在境外支持微信付款的商户消费以及用户在跨境电子商务平台上购物时,都没有手续费,或者收取少量手续费,汇率按照实时汇率计算。

（五）微信跨境电子商务支付与结算的流程

用户在境外支持微信付款的商户消费时，只需要登录微信并出示付款二维码，商家扫码即可完成付款，流程相对简单。

① 下载手机微信。

② 在首页中点击"我"。

③ 点击"钱包"。

④ 点击"收付款"。

⑤ 随后便会出现向商家付款的二维码，出示给商家扫描即可完成付款。

接下来介绍通过微信支付在境外跨境电子商务平台上购物的流程。

三、任务实施

步骤一：打开网站，如图 3-12 所示。

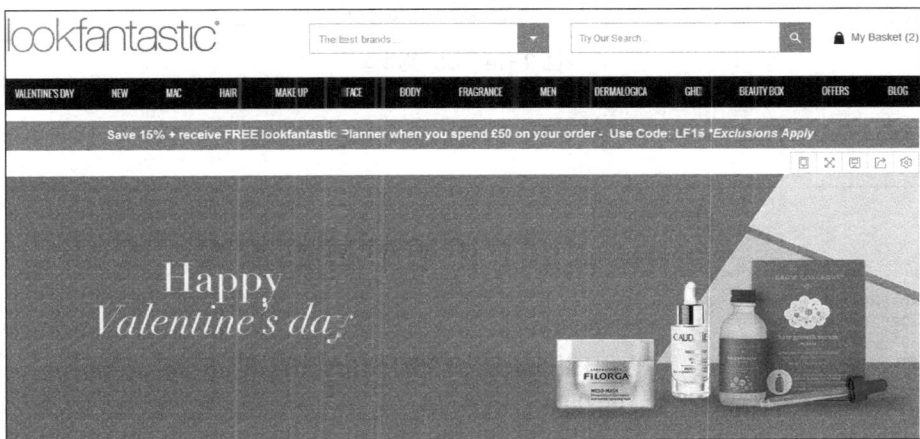

图 3-12　打开网站

步骤二：在首页上方的搜索栏口用英文输入想要购买的商品，如图 3-13 所示。

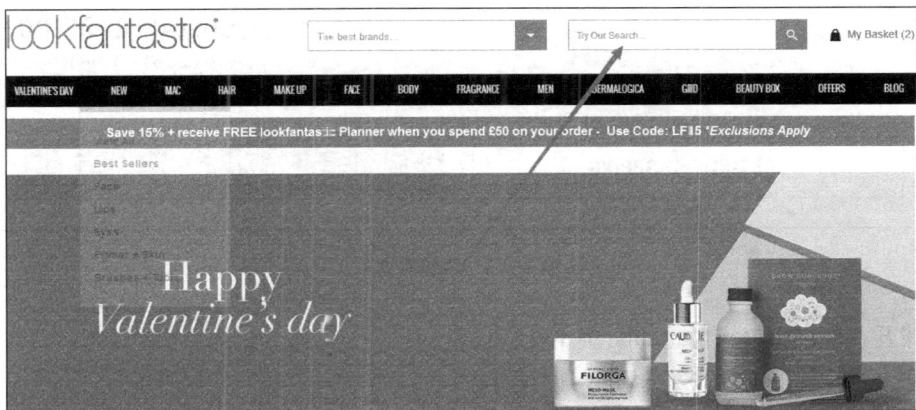

图 3-13　在搜索栏中用英文搜索产品

步骤三：搜索到自己想购买的商品后，单击"ADD TO BASKET"按钮，如图 3-14 所示。

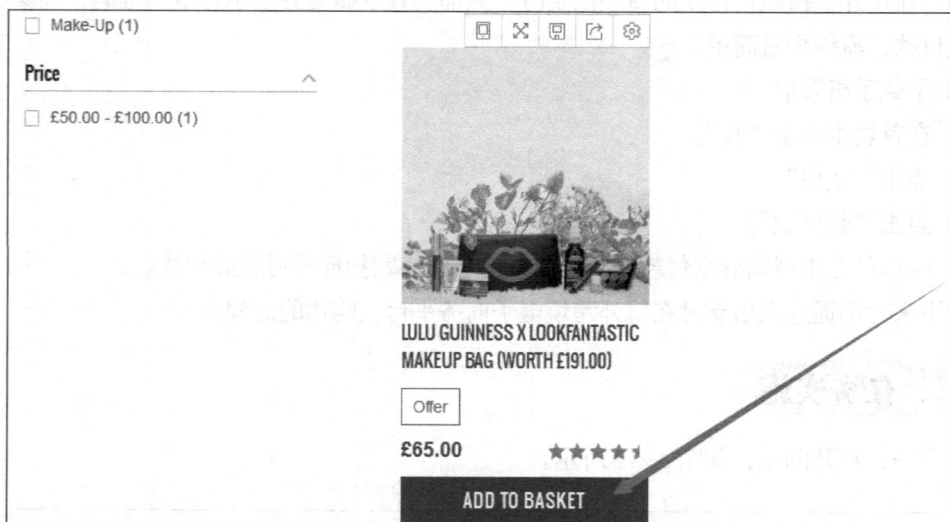

图 3-14　加入购物车

步骤四：之后单击"VIEW BASKET"按钮，查看自己的购物车，如图 3-15 所示。

图 3-15　查看购物车

步骤五：单击微信支付，如图 3-16 所示。

步骤六：注册买家账号，如图 3-17 所示。

步骤七：填写收货地址，选择微信支付，提交订单，如图 3-18 和图 3-19 所示。

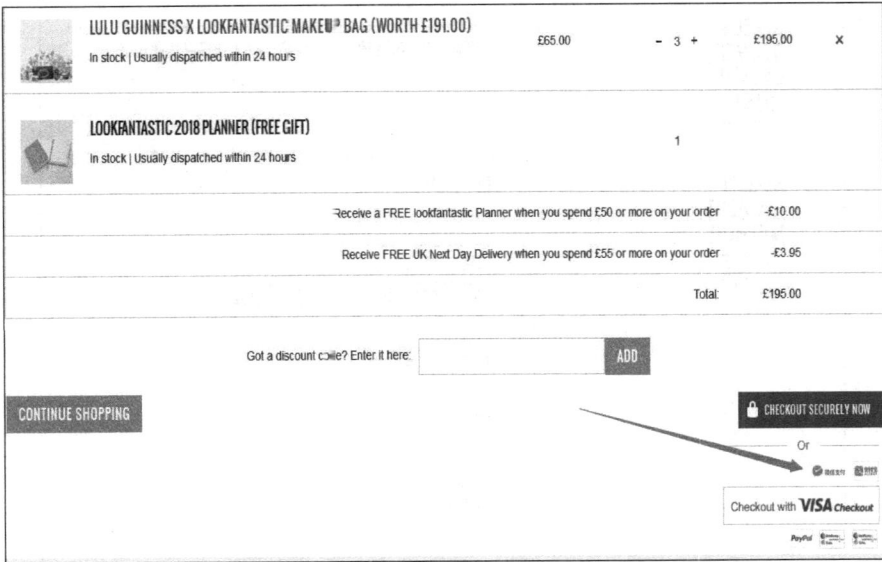

图 3-16 选择微信支付

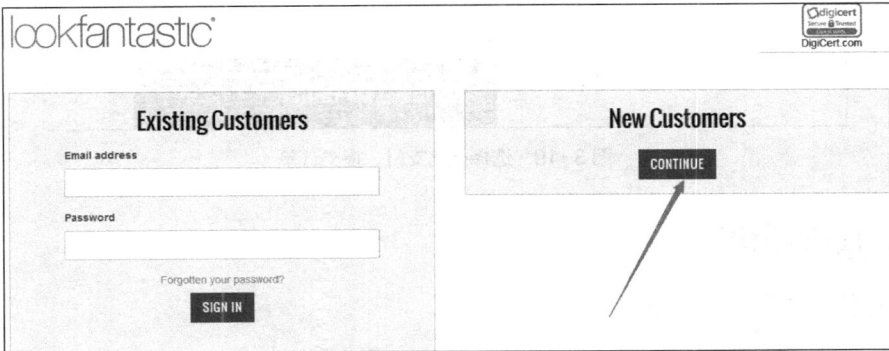

图 3-17 注册买家账号

图 3-18 填写收货地址

图 3-19　选择微信支付，提交订单

四、任务评价

项目评价表如表 3-3 所示。

表 3-3　项目评价表

项目	学习态度 （20%）	团队合作情况 （20%）	步骤完成情况 （50%）	其他表现 （10%）	小计 （100%）	综合评价
小组评分 （30%）						
个人评分 （30%）						
老师评分 （40%）						
综合得分 （100%）						

五、知识拓展

竟然是这家公司让微信、支付宝进入了美国支付市场！

古时游子叹，"西出阳关无故人"。如今中华儿女踏上美国的国土，却惊觉"满城遍是二维码"。

在离北京直线距离为9 000公里的美国旧金山机场，支付宝和微信支付已经上线数月，赶上了"十一黄金周"的火热人流。国庆七天假，旧金山机场DFS免税店的大半游客都在通过微信支付及支付宝购物。

这仅仅是旧金山。纽约、洛杉矶、波士顿等美国各大城市、景点，已经在大半年内铺开了数千家接受微信支付及支付宝的商户。庞大的中国市场还在吸引着越来越多的商户拥抱中国式移动支付——2017年，中国出境游消费达到千亿美元级别，而出境游在整体旅游营收中的占比还在不断上升。

这场浩浩荡荡的移动支付赴美浪潮，不仅是中国两大支付巨头对于美国市场的战略布局，幕后还有一个重要推手——微信支付及支付宝在美国的最大合作伙伴Citcon。这家硅谷的移动支付企业给支付宝和微信支付的出境提供了必不可少的技术解决方案和清算服务，以平台化的形式首次把这两家中国支付巨头的服务聚合到了一项产品中，并通过在美沉淀的大量品牌合作伙伴资源，迅速帮助它们打开了北美市场。

全民准备

旧金山国际机场DFS免税店仅仅是这个"China Ready"风潮的一小部分。在全美各地，不少酒店、景点、奥特莱斯、奢侈品门店、连锁餐厅等中国游客及华人聚集区域，都已经部署了Citcon提供的解决方案，用于解决微信支付及支付宝跨境移动支付。

其中不乏世界顶级酒店及零售集团，如全球最多样化的度假村集团、全美第二大娱乐集团凯撒娱乐集团，全球最大的旅游零售商DFS集团，洛杉矶高端购物中心Beverly Center，以及美国知名机场零售管理集团Pacific Gateway等。其中，波士顿奶茶店"日出茶太"的推广活动如图3-20所示。

图3-20　波士顿奶茶店"日出茶太"的推广活动

这场来自中国的移动支付浪潮正在全美蔓延，微信与支付宝还联合商家顺势推出了针对中国顾客及移动支付的推广活动。

除了这50家娱乐设施以外，凯撒还在11月中将微信支付及支付宝接入旗下另外40家餐馆及商户。拉斯维加斯凯撒旗下商店如图3-21所示。

图 3-21　拉斯维加斯凯撒旗下商店

跨境背景，为中国系移动支付铺平出海之路

　　集合了支付宝及微信支付的Citcon跨境移动支付方案在美国及境外市场发展迅速，预计将在2018年接入超过一万家商户。

　　支付企业出境，在境外提供支付服务往往意味着更多的困难——以美国市场为例，金融监管极为严格，每个州都有不同的政策法规，而且整个市场的信用卡行业高度发达，想要跨境开展支付服务面临着相当高的门槛。

　　而假如商户绕过当地金融体系，用人民币进行交易，当然也一定会违反当地的金融及税务法规。所以来自中国的支付服务在出境时，往往选择与拥有资质、也了解支付市场的当地支付企业合作。

　　这也是在美国市场微信支付及支付宝与Citcon合作的原因，后者给他们提供了重要的美国银行清算服务。正是因此，中国消费者在美国使用支付宝和微信支付，商户端的交易可以完全以美元进行，符合美国金融体系的监管要求——迅捷的交易背后，是利用实时汇率进行清算的本土银行。

　　此后，微信支付和支付宝试水北美市场，Citcon已经获得的金融牌照与搭建好的合作伙伴网络，让它与这两家支付巨头一拍即合，达成合作，也就此带来了这场影响整个北美的移动支付浪潮。

资源来源：搜狐网

六、同步拓展

　　① 越来越多的境外电子商务平台支持微信支付，请找出至少3个接入微信支付的境外电子商务网站。

　　② 如果有机会到境外旅游，请尝试用微信进行消费。

任务三 连连支付的跨境电子商务支付与结算分析

一、任务引入

李刚最近正尝试在亚马逊日本站开立店铺，在开立的过程中，需要确定收款方式，他听说连连支付的跨境收款业务方便快捷，手续费也较低，所以打算尝试使用连连支付的跨境收款业务。这次他又联系小高请求帮助。

请问，小高应该如何帮助李刚注册连连支付的跨境收款账户，并绑定亚马逊店铺呢？

二、相关知识

（一）连连支付概况

连连银通电子支付有限公司（以下简称"连连支付"）是专业的第三方支付机构，是中国领先的行业支付解决方案提供商。该公司于 2003 年在杭州高新区成立，注册资金 3.25 亿元，是连连集团旗下全资子公司。连连支付是中国（杭州）综试区首批战略合作伙伴。

连连支付于 2011 年 8 月 29 日获得了中国人民银行颁发的《支付业务许可证》，业务类型为互联网支付、移动电话支付，覆盖范围为全国，于 2016 年 8 月 29 日完成支付业务许可证续展。同时，公司于 2015 年 1 月 12 日获得了中国人民银行杭州中心支行许可，开展电子商务跨境人民币结算业务；2015 年 2 月 13 日获得国家外汇管理局浙江省分局许可，开展跨境外汇支付业务。

基于跨境贸易及移动支付高速发展的现状，为满足各企业商家在交易环节中不断提高的收/付款需求，连连支付打造了以跨境支付、移动支付、O2O 支付、大数据风控为业务核心的全球化支付解决方案，极大缩短了跨境贸易商家的资金汇兑周期，提升了全球贸易企业的货币处理效率，助推了互联网交易产业的进一步完善。

（二）连连支付的跨境电子商务支付与结算模式

连连支付的跨境电子商务支付与结算模式目前主要包括帮助商家在亚马逊店铺的跨境收款、提现以及 PayPal 账户提现。

1. 帮助商家在亚马逊店铺的跨境收款、提现

近年来，在中国外贸市场总体趋于平稳的大环境下，跨境出口电子商务一枝独秀。不少卖家纷纷杀入跨境电子商务这片蓝海，选平台、选品类、选产品、选物流……好不容易终于大卖了，可碰到跨境收款这个拦路虎：开户难、开户贵、收款慢、费率贵、管理麻烦。连连支付的跨境收款就是由连连支付专门为中国跨境电子商务卖家打造的一款产品。连连支付的跨境收款支持亚马逊北美站、日本站和欧洲站等五大站点，一次性打通美元、日元、欧元、英镑四大主流币种，为跨境电子商务卖家提供真正国际化的服务。无论在亚马逊哪个站点销售产品，连连支付的跨境收款都能提供高效安全的收款服务，真正助力卖家们"卖全球"。

在亚马逊上开店，境外客户不可能把钱直接打到境内商家的境内银行账户，境内商家一定要用境外银行账户去收钱，这样就有三种方式。第一种是境内卖家自己去境外成立银行账

户，用这个账户收钱。采用这种模式的，主要是华东一带一些制造业和一些房地产贸易公司转型做跨境。一般正规的做法是先成立境内这家公司，类似于母公司，然后在境外成立一家子公司，如境内这家公司叫 A 公司，美国的那家公司叫 B 公司，用 B 公司去做亚马逊，钱会直接打到 B 公司，然后 B 公司再以传统贸易公司把资金给拿过来，这样就形成了一个闭环，是 B2B、B2C 的模式。第二种是离岸账户，这也是很多传统贸易公司的做法。他们在境外有一些离岸账户，而这些离岸账户也可以收亚马逊的钱，但亚马逊会收取 3.5% 的货币损耗费，例如，用美国的账户去收欧洲的钱，这样亚马逊就会收 3.5% 的货币损耗费，这个比例是相当高的。现在 90% 以上的卖家都是通过第三方支付来开设境外银行账户，这样的方式有以下优点：第一操作简便，第二成本也不会特别高，第三不需要那么多手续，收款速度非常快，可能一两天就到账。

连连支付的亚马逊提现手续费是 0.7%，在跟亚马逊官方合作的企业里费用是最低的。在亚马逊所有站点，所有币种都能收，包括美元、欧元、英镑、日元，而且提现到账速度很快，最快的提现到账速度是 6～7 秒，一般两个小时之内就能提现到账，真正做到了为跨境电子商务卖家提供专业、灵活、高效、便捷的国际跨境收款服务。

2. PayPal 账户提现

连连支付通过和 PayPal 的合作，推出可选择性人民币提款服务。商户能将账户中的余额以人民币的形式提取出来，从而大大减轻了商户的现金流压力，提升了交易的便捷性。它的特点如下。

① 没有外汇人均每年 5 万美元的限制。

② 该业务只面向中国公民、中国企业注册的 PayPal 账户。

③ 兑换汇率按中国银行当天美元现汇牌价。

④ 该项人民币提款业务手续费仅 1.2%，到账时间 3～4 天；无其他任何费用。

⑤ 最低提现额是 150 美元，单笔最高为 10 000 美元；每天提现不超过 5 笔；每天提现限额为 3 万美元。

下面两种情况可以考虑使用。

场景一：经常有小金额提现的需求。

比如，一单收了 500 美元，想提出来，电汇手续费是单笔 35 美元，加上银行中转费 8～12 美元，到账 450 美元左右。

使用人民币提现之后：手续费 500×1.2%=6（美元）（为全部费用）。

场景二：个人结汇额度 5 万美元用完。

外汇管制是人均一年 5 万美元结汇限制，而 PayPal 人民币提现没有 5 万美元的限制。

（三）连连支付的跨境电子商务支付与结算特点

1. 方便快捷

国内亚马逊商家通过连连支付提现，最快的到账速度是 6～7 秒，一般 2 个小时内就能提现到账。PayPal 账户提现的到账时间为 3～4 天，还是比提现到银行卡快。

2. 成本低

连连支付的亚马逊提现手续费是 0.7%，在跟亚马逊官方合作的企业里费用是最低的。通过连连支付，用户将 PayPal 中的外币提现为人民币，手续费仅为 1.2%，无其他费用。

3. 安全可靠

连连支付在跨境支付业务上仅次于支付宝和微信支付，获得中国人民银行和国家外汇管理局的支付业务许可，跨境人民币结算业务许可和跨境外汇结算业务许可，有中国人民银行和国家外汇管理局双重从业许可权威认证，资金更安全。

（四）连连支付的跨境电子商务支付与结算流程（以亚马逊收款为例）

① 登录连连支付用户网站，点击"立即注册"。

② 申请境外收款账户。

③ 账号的店铺配置。

④ 安全更换亚马逊收款账号，绑定连连支付的银行账号 9 位收款路线号码即可。

三、任务实施

步骤一：准备工作。

① 使用谷歌浏览器：PayPal 账户最好使用谷歌或者 IE 9.0 登录；注册连连支付账户并关联 PayPal 账户一定要使用谷歌浏览器，否则会出现弹窗失败、无法跳转页面等情况。

② 认证 PayPal 账户：保证你的 PayPal 账户处于"已认证状态"，否则关联连连支付账户会失败，先认证之后再重试。

③ 一个 PayPal 账户对应一个连连支付账户；如果需要绑定多个，解绑再绑定新的即可。

步骤二：登录 PayPal 账户，如图 3-22 所示。

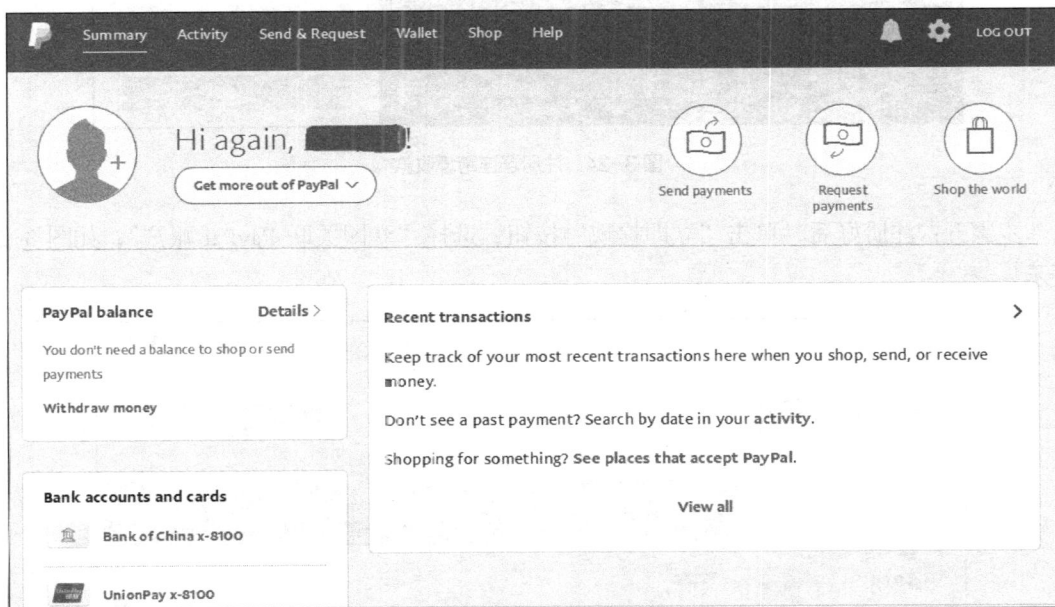

图 3-22 登录 PayPal 账户

步骤三：提现选择人民币提款业务，如图 3-23 所示。

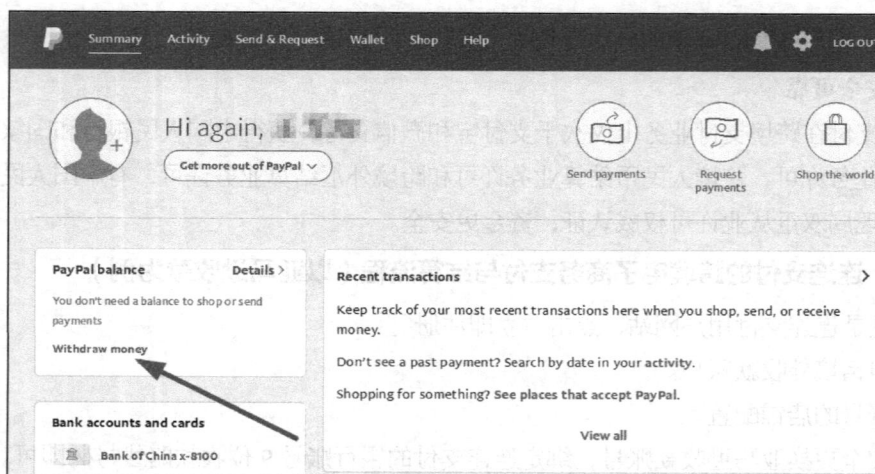

图 3-23　提现选择人民币提款业务

步骤四：进入连连跨境收款注册页面，单击"注册"按钮，如图 3-24 所示。

图 3-24　注册连连跨境收款

步骤五：注册好后，单击"立即提现"按钮，选择"立即关联 PayPal 账户"，如图 3-25
所示。

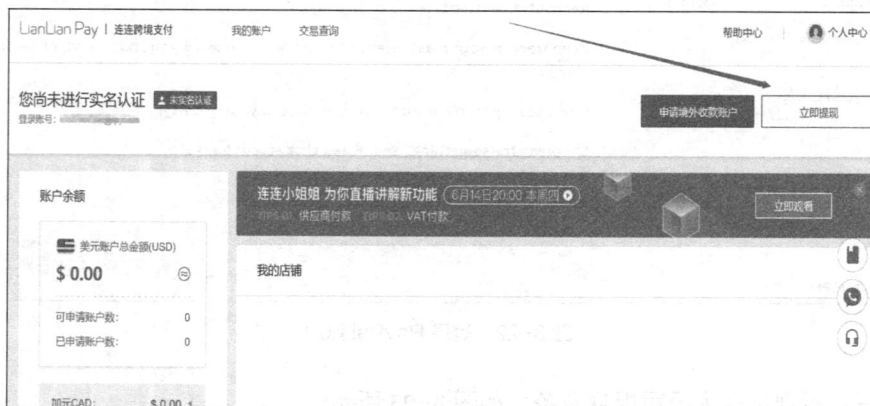

图 3-25　单击"立即提现"按钮

步骤六：登录连连支付，在关联的 PayPal 账户中提现即可。

步骤总结：登录 PayPal 账户，提现选择人民币提款业务→创建连连支付账户，关联 PayPal→连连支付账户注册→登录连连支付账户，从关联的 PayPal 账户中提现→提现成功。

四、任务评价

项目评价表如表 3-4 所示。

表 3-4　项目评价表

项目	学习态度（20%）	团队合作情况（20%）	步骤完成情况（50%）	其他表现（10%）	小计（100%）	综合评价
小组评分（30%）						
个人评分（30%）						
老师评分（40%）						
综合得分（100%）						

五、知识拓展

专访连连支付：同样是跨境收款，连连支付凭什么后来居上？

当前，跨境电子商务行业之中，各类跨境电子商务支付工具层出不穷，收款费率也从1%降至0.5%，面对有些愈演愈烈的价格战趋势，作为行业后来者的连连支付却有些"另类"。连连支付相信好的产品和服务才是最终赢得用户的关键。连连支付究竟是怎么想的？它到底想做什么？带着这些疑问，在2017年9月26日至28日举办的2017CCEE（厦门）雨果网选品大会期间，雨果网对连连支付进行了专访。

雨果网：当前中国市场上跨境电子商务支付行业竞争非常激烈，不仅有国外公司的进驻，国内如支付宝、微信等也在悄然发展跨境电子商务支付业务，对此情况您是如何看待的？

连连支付：主要想讲两点。

第一，有竞争是好事情，说明市场潜力足够大。据有关数据显示，以亚马逊为代表的跨境电子商务平台，每年都在以30%的增速发展。除此之外，Wish、Lazada，以及崭露头角的Shopee也在国内市场大力扩张，越来越多的中国卖家正在加入这场跨境电子商务的盛宴中，所以跨境收款的这块市场的潜力巨大。

第二，要认清形势、厘清优势。连连支付前期在服务PayPal等大客户方面积累了足够多的经验，拥有很强的品牌影响力；并且，连连支付作为一家本土支付企业，跟几家境外的同行相比，我们和中国的卖家贴得更近，更了解卖家的需求，也能更快地抓住行业的痛点。我们既可以针对本土化的需求来研发和改进产品，更能提供24小时在线这样的贴心服务。

雨果网：跨境支付市场费率价格战愈演愈烈，从1%降到0.5%。您怎么看待？在激烈的竞争环境下，连连支付如何立于不败之地？核心竞争优势是什么？

连连支付：我们还是坚信好的产品和服务才是最终赢得用户的关键，不会冒然打"价格战"。归根到底，还是要把我们的用户服务做好，坚持高质量的服务标准，不断提升用户满意度。至于核心优势，连连支付始终坚持以卖家为中心，坚持"产品＋业务模式"双轮创新驱动。

雨果网：在您看来，跨境电子商务卖家、用户选择一家跨境支付公司或者机构最看重的是什么呢？

连连支付：信任。信任包含三个方面：安全、专业、用心。

对于很多跨境电子商务卖家而言，辛辛苦苦地奋斗，最终是希望能够赚钱——从大的方面讲，是实现人生目标，助力中国品牌升级；从小的方面来讲，是让自己家人过上更美好的生活。所以，我们在和很多卖家沟通的时候发现，卖家们最终选择一家收款平台表面上是看费率、时效等方面，实际上还是一个关乎信任的问题。

连连支付作为行业内同时在国内拥有中国人民银行和国家外汇管理局许可，在境外具备与国际同行相媲美的收款能力，是目前市场上少数几家可以提供闭环收款服务的服务商，安全更有保障。连连支付作为一家本土支付企业，和中国的卖家贴得更近，更了解卖家的需求，也能更快地抓住行业的痛点，懂卖家所想，急卖家所急。

雨果网：针对最近人民币汇率上涨，您能透露一下跨境电子商务卖家提现的情况吗？在此种状况下，您对跨境电子商务卖家有什么建议？

连连支付：我们建议卖家要时刻关注外汇走势，特别是美国联邦储备系统、中国人民银行等一些机构与外汇相关的实时动态。人民币的升值、贬值是有趋势的，建议卖家在结合自身外贸从业经验的基础上，对汇率趋势做出判断，适时调整。

雨果网：接下来，连连支付有什么短期和长期的发展规划和打算？

连连支付：连连支付作为行业的领头羊之一，有责任为推动行业发展做出自己的贡献。

接下来，我们将通过不断完善和优化我们的产品和服务，帮助中国的跨境电子商务卖家更好地走出去，安全、高效、便捷地收回账款，在保障资金安全的前提下，提高资金周转效率，降低管理成本，让卖家能够更加聚焦到选品、运营等"主业"上来，解决他们的后顾之忧。

资料来源：雨果网

六、同步拓展

① 下载连连支付 App，了解里面的主要操作。
② 请尝试用连连支付进行 PayPal 提现。

任务四　其他国内平台的跨境电子商务支付与结算分析

一、任务引入

小高准备在亚马逊欧洲站开店，听说绑定 PingPong 账号收款无入账费、管理费及其他隐性收费和汇损，而只有提现收取 1%手续费，所以打算把店铺绑定 PingPong 收款。

请问，小高如何才能绑定 PingPong 收款？

二、相关知识

（一）PingPong

1. PingPong 概况

杭州呼嘭智能技术有限公司（简称 PingPong）是一家主体位于杭州的国内知名的全球收款公司，主要为中国跨境电子商务卖家提供低成本的境外收款服务。

成立之初，PingPong 就郑重承诺，其跨境收款的所有服务费率绝对不超过 1%，且没有隐性费用和汇损。除了颠覆性的低费率外，PingPong 还以"双边监管、100%阳光透明"的安全和合规标准引领跨境支付行业。

PingPong 与国内跨境出口企业建立了紧密合作关系，并成为中国（杭州）跨境电子商务综合试验区管委会的官方合作伙伴，以及上海自贸区跨境电子商务服务平台的战略合作伙伴。

在境内，PingPong 金融按照中国人民银行和国家外汇管理局的监管要求开展业务，符合中国清算业务监管要求。在美国，PingPong 金融拥有注册于全球金融中心纽约的全资子公司 PingPong Global Solutions Inc.，接受美国金融犯罪执法局（FinCen）的监管，遵循相关法律法规及美国监管机构对货币服务企业的要求。

PingPong 金融按照国际支付行业的高标准建立反洗钱及反恐融资合规体系，对客户及最终受益人进行严格的身份认证和尽职调查，认证客户的银行信息，收集详细的交易信息，通过复杂的交易监控和防范洗钱或其他金融犯罪行为。PingPong 及其依法设立的 PingPong US、PingPong EU 及 PingPong JP 等子公司在对应各监管区域接受金融监管部门的监督，合法开展业务。PingPong 的境内资金由中国人民银行授予资质的国内第三方支付及跨境支付机构 处理。

2017 年 9 月，PingPong 获卢森堡政府颁发的欧洲支付牌照，成为首家获得该牌照的中国金融科技企业；2017 年 9 月 18 日，PingPong "创变者集会"在深圳召开，会上发布了颠覆性跨境收款产品"光年"。

2. PingPong 跨境电子商务支付与结算业务模式

PingPong 跨境电子商务支付与结算业务模式目前主要包括帮助 Amazon、Wish、Newegg 等商家提供跨境收款、提现业务，后续会跟更多的平台合作。

3. PingPong 操作流程

① 申请注册。在注册的电子邮箱里打开激活邮件，并单击链接激活。

② 按照"免费创建收款账号—企业实名安全认证—激活全球多平台收款"的操作步骤，填写注册表格中的各个栏目，完成信息登记，并上传相关证件的复印件，等待审核完成实名安全认证。

③ 激活多账号平台收款，单击"下一步"按钮，直至最后出现"信息已提交等待审核"，如图 3-26 所示。

④ 等待 1~3 个工作日，如果申请通过，会收到 PingPong 发来的欢迎邮件及美国银行收款账号，如图 3-27 所示。如果申请存在问题，PingPong 客服会主动和客户联系。

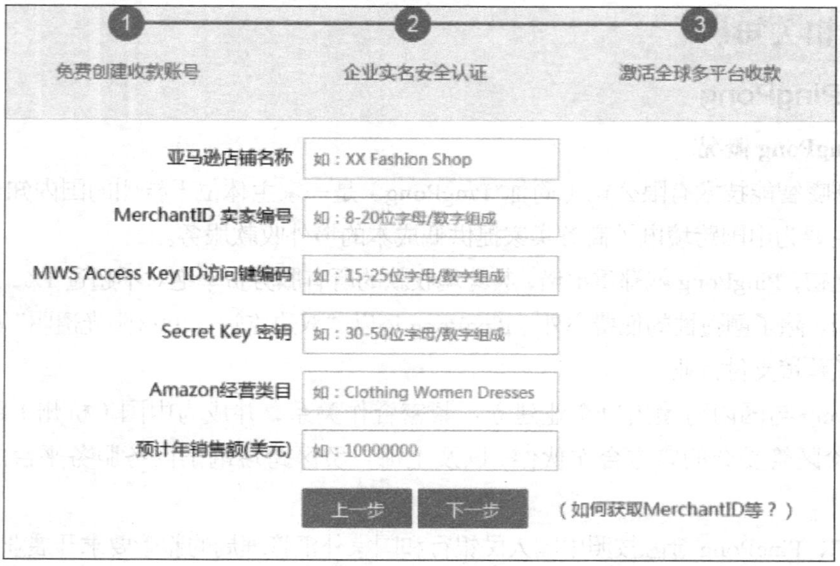

图 3-26　激活多账号平台收款并提交，等待审核

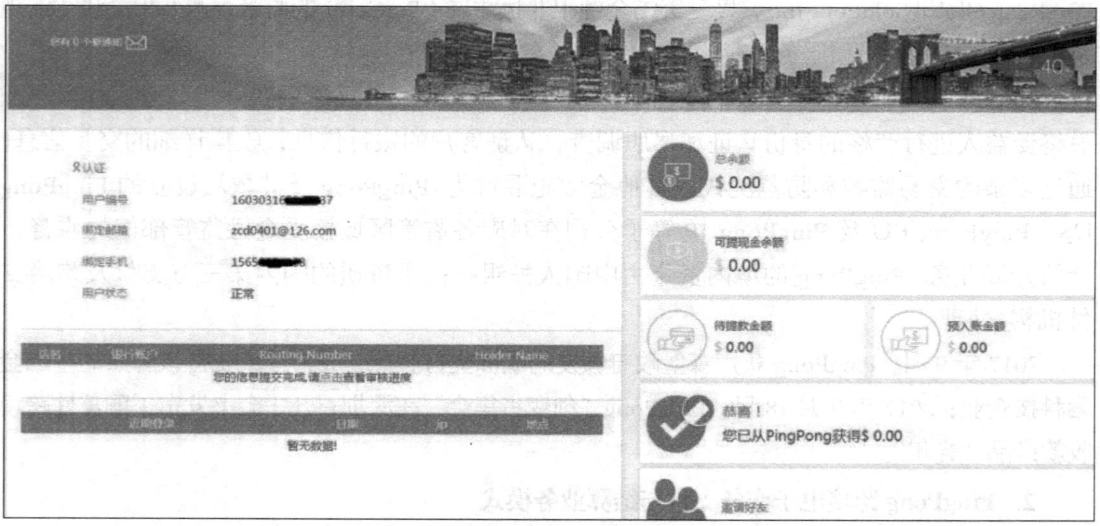

图 3-27　申请通过

（二）易宝支付

1. 易宝支付概况

易宝支付（YeePay.com）是中国行业支付的开创者和引领者，于 2003 年 8 月 8 日成立，总部位于北京，在上海、广东、江苏、福建、广西、天津、云南、四川、浙江、山东、陕西等地设有 30 家分公司。

易宝支付作为行业支付专家，在 2006 年便首创了行业支付模式，陆续推出了网上在线支付、信用卡无卡支付、POS 支付、一键支付等创新产品，先后为航空、旅游、教育、电信、保险、新零售、消费金融等众多行业提供了量身定制的行业解决方案，为产业转型及行业变革做出了积极贡献，并保持行业的领先地位。2011 年 5 月，易宝支付获得中国人民银行颁发的首批支付牌照，并于 2016 年首批成功续展；2013 年 10 月，获得国家外汇管理局批准的跨境支付业务许可证。

面对如今的移动支付大潮，易宝支付创新推出移动支付产品"一键支付"，发布了针对O2O行业的解决方案之一——掌柜通，助力华为钱包打造生态体系，在移动支付领域持续保持领先地位。2016年，易宝支付成为苹果公司认证通过的首批安全支付服务提供商，支持商户App实现Apple Pay服务，助力中国国际航空公司成为国内首家支持Apple Pay的航空公司。2017年，易宝支付创新推出"银管通"产品，助力网贷平台与银行实现高效资金存管对接，并在第六届中国金融科技峰会上斩获"2017年度十佳支付平台"。

目前，易宝支付服务的商家超过100万家，其中包括百度、京东、360、完美世界、中国联通、中国电信、中国国际航空公司、中国南方航空公司、中国东方航空公司、携程网、途牛旅游网、中国人民财产保险、阳光保险、掌合天下等，并长期与中国工商银行、中国农业银行、中国银行、中国建设银行、中国银联、Visa、MasterCard等近百家金融机构达成战略合作关系。易宝支付在业界树立了良好的口碑，先后获得中国移动支付最具影响力企业、最佳电子支付平台、中国互联网100强，以及2016-2017年跨境电子商务年度大奖之最具人气跨境支付与结算平台等荣誉，也得到跨境电子商务支付与结算行业的认可。

2. 易宝支付跨境电子商务支付与结算业务模式

易宝支付跨境电子商务支付与结算业务模式目前主要包括快捷支付和跨境收付款等。易宝支付跨境电子商务支付与结算独立品牌"易汇通"的业务模式如图3-28所示。

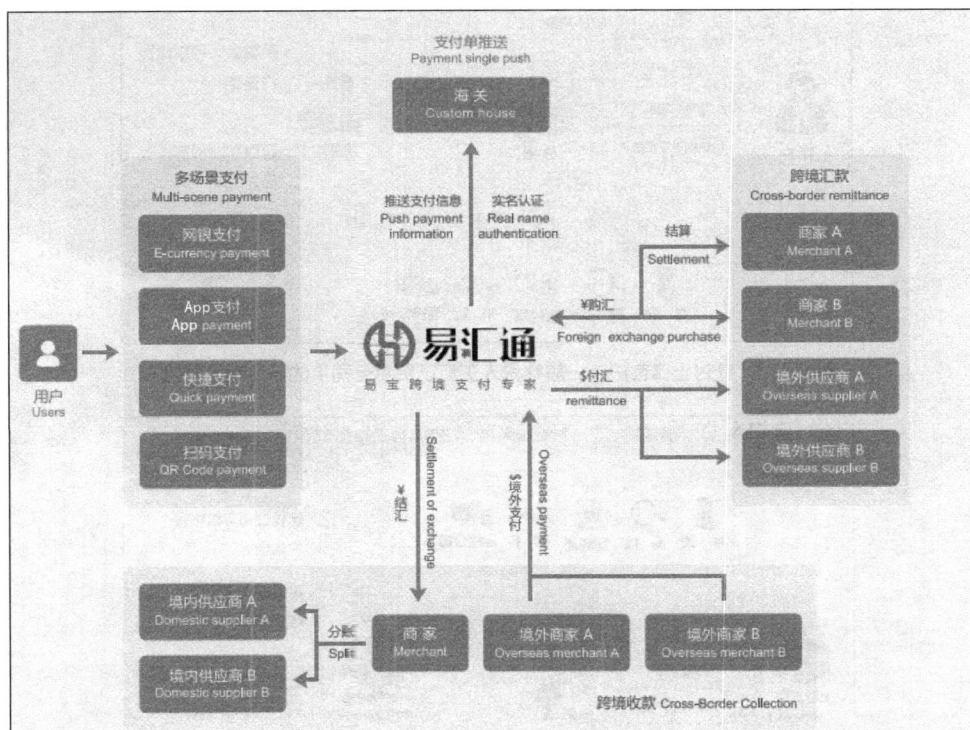

图3-28 易汇通业务模式

（三）一达通

1. 一达通概况

深圳市一达通企业服务有限公司是阿里巴巴旗下的外贸综合服务平台，也是中国专业服务于中小微企业的外贸综合服务行业的开拓者和领军者。

通过线上操作及建立有效的信用数据系统，一达通一直致力于持续推动传统外贸模式的革新。通过整合各项外贸服务资源和银行资源，一达通目前已成为中国国内进出口额排名第一的外贸综合服务平台，为中小企业提供专业、低成本的通关、外汇、退税及配套的物流和金融服务。

由于一达通参与了全程的贸易，掌握了真实有效的贸易数据，在 2014 年，阿里巴巴集团全资收购了一达通，并将一达通列为阿里巴巴打造外贸生态圈中的重要组成部分。基于这些贸易大数据的应用，阿里巴巴集团开始打造信用保障体系，为境外买家的生意保驾护航。除此之外，加入阿里巴巴后，一达通也开始更茁壮地发展。除原有产品线外，一达通还与中国 7 家主要商业银行合作，根据中国供应商的出口数据提供纯信用贷款的金融服务。在物流方面，通过整合船运公司和货代资源，一达通为客户提供安全及价格 100%透明的整柜拼箱服务。

2. 一达通跨境电子商务支付与结算业务模式

一达通作为一家综合性的外贸服务提供商，业务主要包括通关/外汇/退税服务、物流服务和金融服务。一达通的服务流程如图 3-29、图 3-30 和图 3-31 所示。

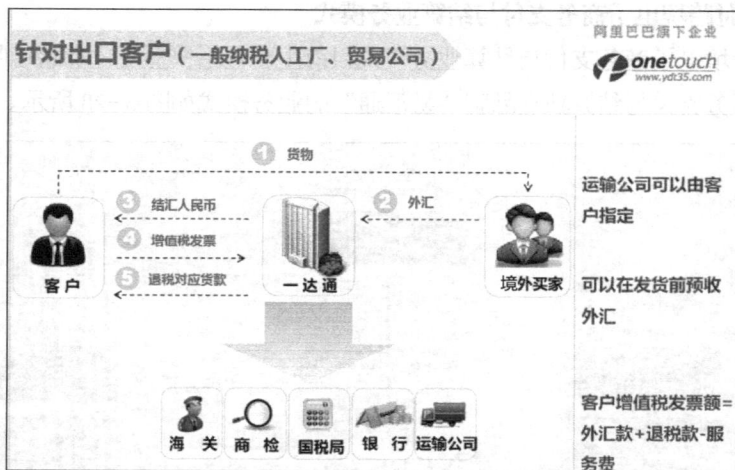

图 3-29　针对出口客户（一般纳税人工厂、贸易公司）的一达通服务流程

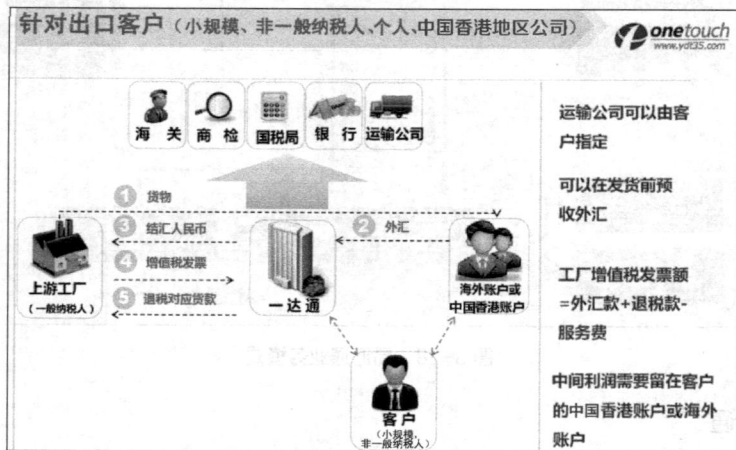

图 3-30　针对出口客户（小规模、非一般纳税人）的一达通服务流程

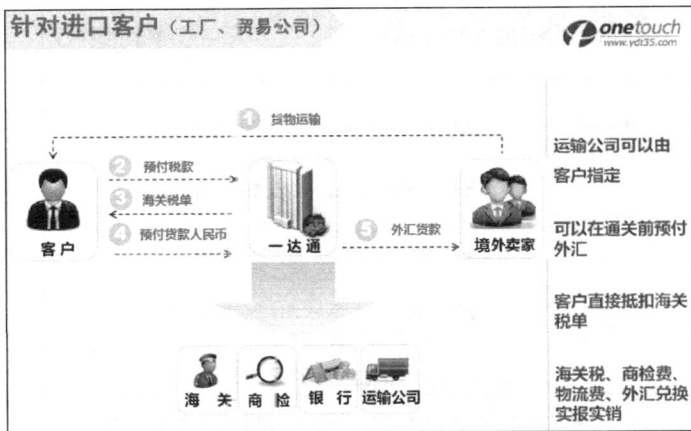

图 3-31　针对进口客户（工厂、贸易公司）的一达通服务流程

3. 一达通的服务特色

一达通的服务特色如图 3-32～图 3-37 所示。

图 3-32　一达通的服务特色——系统化处理进出口服务

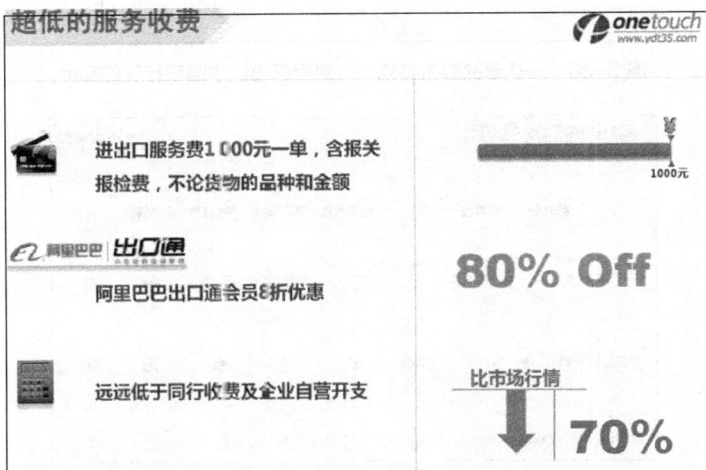

图 3-33　一达通的服务特色——超低服务费

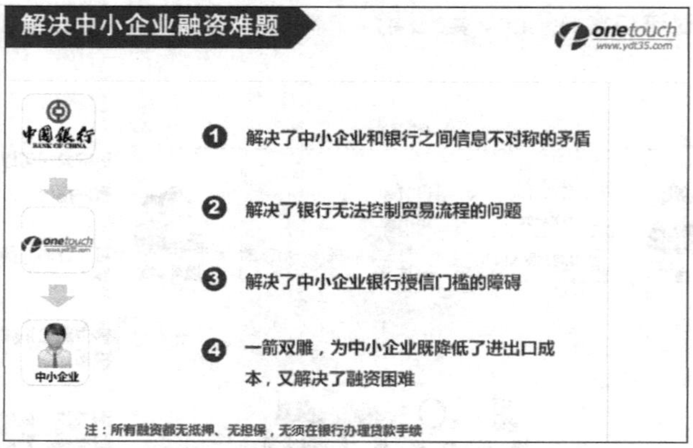
解决中小企业融资难题
onetouch
www.ydt35.com
中国银行
BANK OF CHINA
onetouch
中小企业
1 解决了中小企业和银行之间信息不对称的矛盾
2 解决了银行无法控制贸易流程的问题
3 解决了中小企业银行授信门槛的障碍
4 一箭双雕，为中小企业既降低了进出口成本，又解决了融资困难
注：所有融资都无抵押、无担保，无须在银行办理贷款手续

图 3-34　一达通的服务特色——帮助中小企业融资

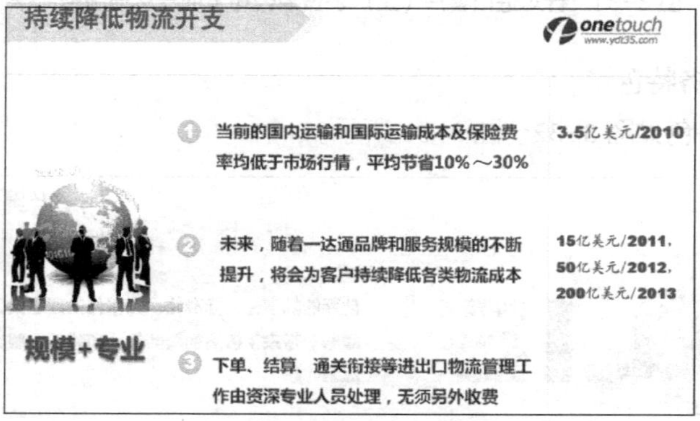
持续降低物流开支
onetouch
www.ydt35.com
1 当前的国内运输和国际运输成本及保险费率均低于市场行情，平均节省10%～30%
3.5亿美元/2010
2 未来，随着一达通品牌和服务规模的不断提升，将会为客户持续降低各类物流成本
15亿美元/2011，
50亿美元/2012，
200亿美元/2013
规模+专业
3 下单、结算、通关衔接等进出口物流管理工作由资深专业人员处理，无须另外收费

图 3-35　一达通的服务特色——降低物流开支

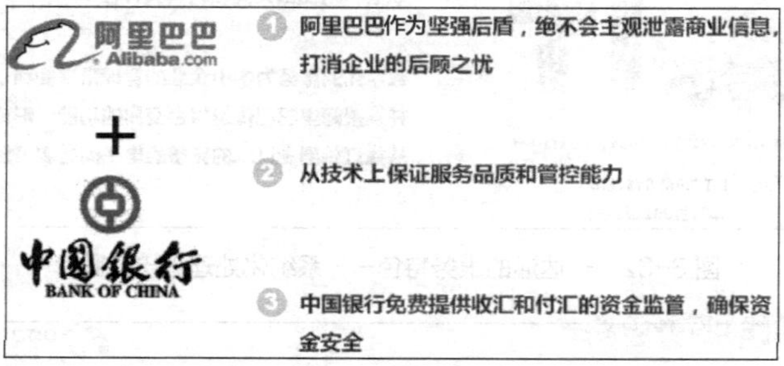
阿里巴巴
Alibaba.com
+
中国银行
BANK OF CHINA
1 阿里巴巴作为坚强后盾，绝不会主观泄露商业信息，打消企业的后顾之忧
2 从技术上保证服务品质和管控能力
3 中国银行免费提供收汇和付汇的资金监管，确保资金安全

图 3-36　一达通的服务特色——阿里巴巴、中国银行等的支持

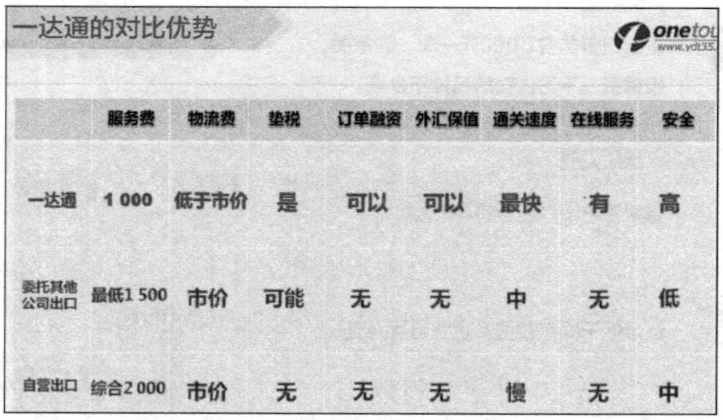
一达通的对比优势
onetou
www.ydt35.

	服务费	物流费	垫税	订单融资	外汇保值	通关速度	在线服务	安全
一达通	1 000	低于市价	是	可以	可以	最快	有	高
委托其他公司出口	最低1 500	市价	可能	无	无	中	无	低
自营出口	综合2 000	市价	无	无	无	慢	无	中

图 3-37　一达通的对比优势

三、任务实施

目前，个人及企业卖家均可申请 PingPong 收款账号。下面就为大家介绍 PingPong 的个人注册流程，以及 PingPong 绑定亚马逊、Wish 账户的方法。

步骤一：准备个人用户注册时需准备的材料——用于注册账号的邮箱、用于注册账号的手机号码、身份证正反面照片及手持本人身份证所拍的照片。

步骤二：完成 PingPong 的注册。

1. 使用邮箱注册

① 打开 PingPong 注册页面，在注册界面填写注册邮箱并验证，如图 3-38 所示。

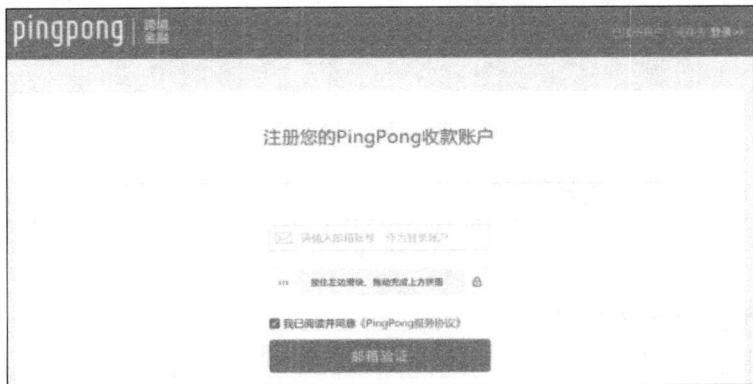

图 3-38　注册 PingPong

② 进入邮箱查看，单击"继续注册"按钮，激活账户，如图 3-39 所示。

图 3-39　进入邮箱激活账户

③ 进行实名信息认证，如图 3-40 所示。

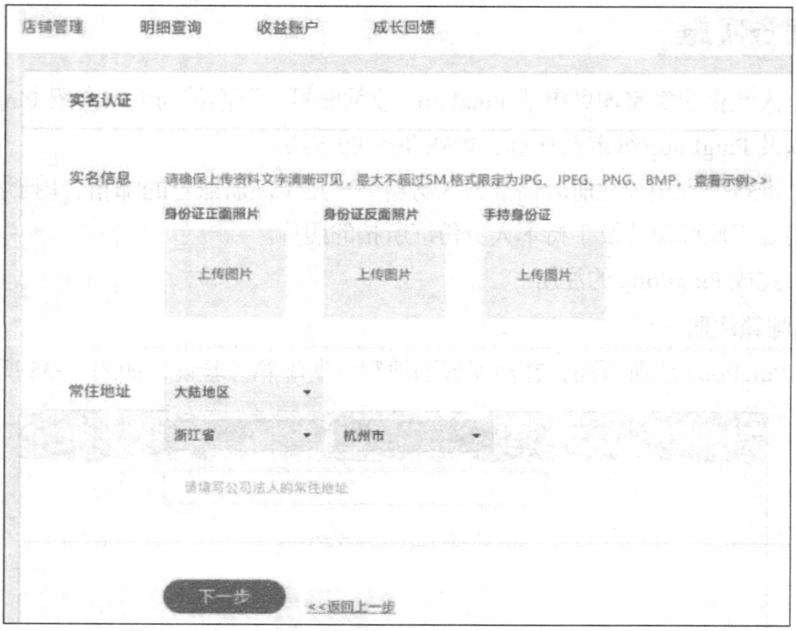

图 3-40　实名认证

2. 填写 PingPong 收款账号

（1）收款账号查看方法

① 登录 PingPong 首页。

② 依次单击"店铺管理"→"店铺名称"→"账号基本信息"，之后就可看到如下信息。

- 账号专属店铺。
- 9 位汇款路线号码（9-Digit Routing Number）。
- 14 位银行账号（Bank Account Number）。
- 账户持有人姓名（Account Holder Name）。

（2）将收款账号添加至亚马逊后台

① 登录亚马逊后台。

② 单击右上角的"设置"，单击账户信息，选择存款方式。

③ 选择 amazon.com，单击编辑/添加对应的 PingPong 账号，添加输入，如图 3-41 所示。

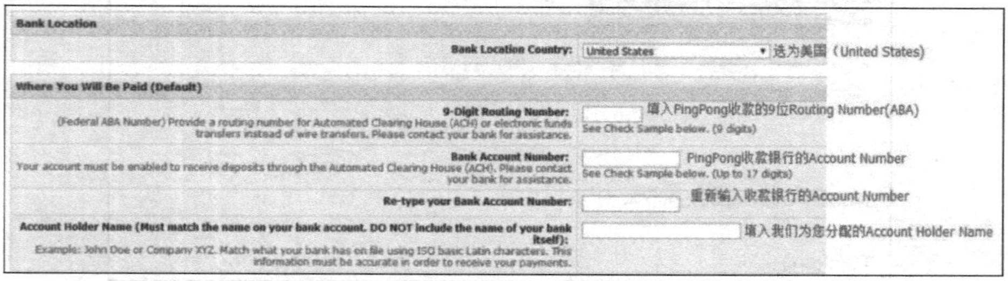

图 3-41　在亚马逊后台添加对应的 PingPong 账号

3. PingPong 绑定亚马逊店铺

① 申请收款账户，如图 3-42 所示。

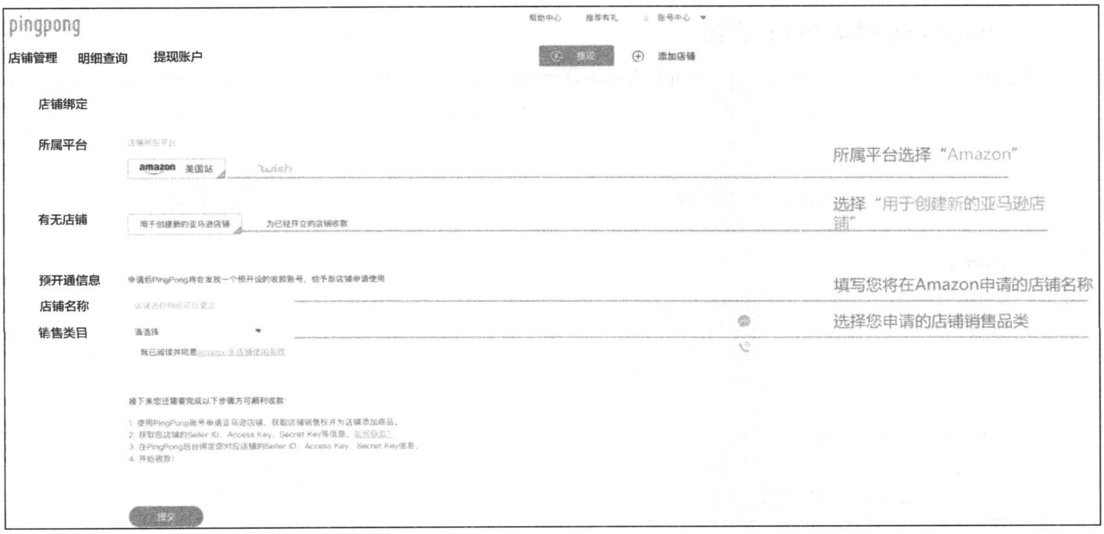

图 3-42　收款账户申请

② 收款账号生成后，在店铺中查看收款账号。

③ 前往亚马逊平台注册新店铺，填入申请的收款账户。

④ 亚马逊店铺注册完成之后，回到 PingPong 金融进行店铺绑定，如图 3-43 所示。

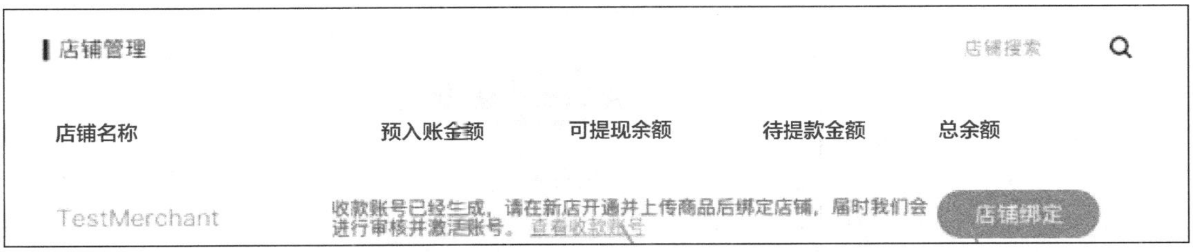

图 3-43　回到 PingPong 金融进行店铺绑定

⑤ 等待审核，如图 3-44 所示。

• 如注册资料和店铺信息不完善，则账户不会进入审核状态。注册资料和店铺信息均完善后，账户才会进入审核状态。

• 审核时间一般为 1~3 个工作日。

• 审核通过后，系统自动发送邮件至注册邮箱。

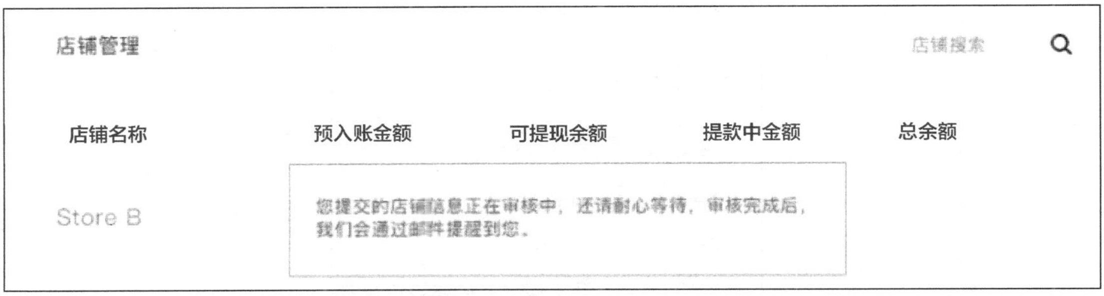

图 3-44　等待审核

4. PingPong 绑定 Wish 店铺

PingPong 可绑定 Wish 店铺，如图 3-45 所示。

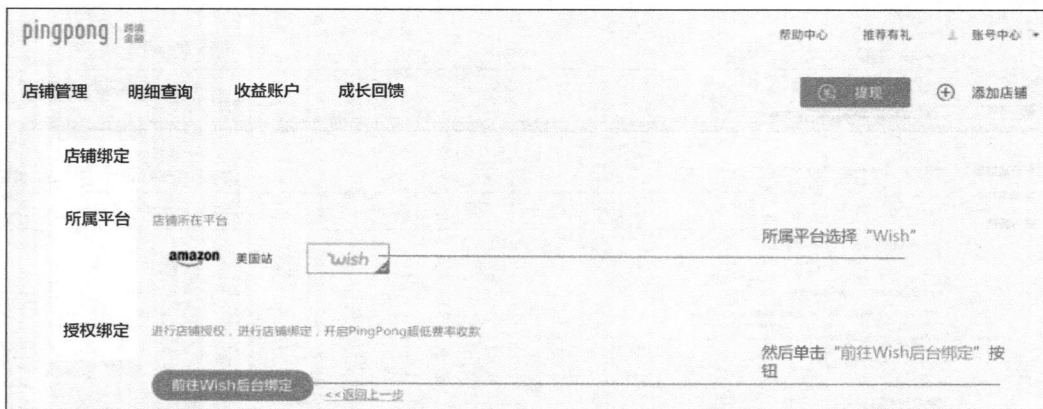

图 3-45　PingPong 绑定 Wish 店铺

① 在 Wish 后台右上角的"账户"中选择"付款设置"，如图 3-46 所示。

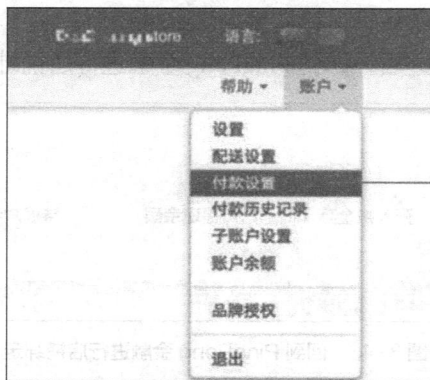

图 3-46　在"账户"中选择"付款设置"

② 在页面左侧的支付信息中选择提供商为"PingPong 金融"，然后单击下方的"注册"按钮，跳转到 PingPong 后台确认绑定即可，如图 3-47 所示。

图 3-47　选择提供商为"PingPong 金融"

③ 店铺绑定完成后，在 PingPong 金融后台对店铺进行授权操作，如图 3-48 所示。

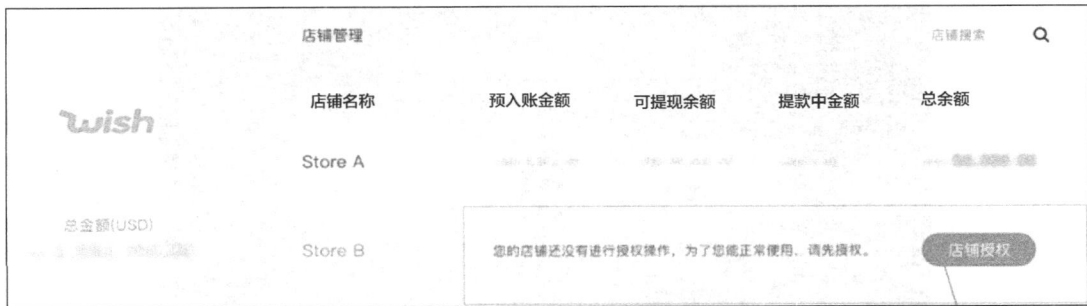

图 3-48 店铺授权

四、任务评价

项目评价表如表 3-5 所示。

表 3-5 项目评价表

项目	学习态度（20%）	团队合作情况（20%）	步骤完成情况（50%）	其他表现（10%）	小计（100%）	综合评价
小组评分（30%）						
个人评分（30%）						
老师评分（40%）						
综合得分（100%）						

五、知识拓展

浅谈使用 PingPong 的经验和感受

——一位PingPong用户的豆瓣分享

PingPong是我使用的第二个收款工具。之前用WF（World First）卡，感觉费用太高，再加上近年来外贸不好做，琢磨着换一个能省钱的平台，毕竟那些钱是自己辛苦赚来的，大笔扔出去有点可惜。我的小厂在温州，做女鞋的，从6年前就开始做外贸了。刚开始我是做线下出口的，后来开始做eBay和亚马逊，月流水大概10万美元。在我不使用WF卡的时候，曾一度考虑换成Payoneer或者其他方式。PingPong官网宣传页如图3-49所示。

据我所知，国外的平台费用高，而且也存在一定的风险，假设国内有这样的平台，我会首先选择国内的，因为本土的东西让人踏实。

今年4月初，无意间在豆友的日记里看到PingPong的内容，大致是PingPong的介绍和使用过程，其中我对这一点有点不敢相信：1%的费用。尽管豆友的日记里写得很诚恳和详细，但理智上我还是很清醒的，于是我选择了观望并到PingPong官网上细细了解。

图3-49　PingPong官网宣传页

　　大约过了1个月的样子，在朋友圈看到大学舍友和PingPong工作人员的合影照片。和舍友聊天后才得知，原来他在用PingPong。舍友极力推荐我也使用，他说PingPong很正规，1%的费用也是真的。在舍友的解答下，我又相继在网上查找关于PingPong的媒体报道和相关信息。于是，我也使用了PingPong。刚开始，我只绑定一个流水才1 000美元的店铺到PingPong账户上。当初觉得如果PingPong不好，也能及时调转方向，对我来说也并不太吃亏。但是，当我真正操作PingPong的时候，PingPong的客服人员很耐心地为我解答并给我提供帮助。PingPong后台简约又干净，用着特别棒，除了刚开始登录的时候验证码偶尔不好认。

　　又过了2个月，我才放心地把自己的另外几家规模大的店铺也绑定PingPong，用到现在；提现很快，基本上一个工作日就可以到账。比如说，我这周二提的，基本上周三就可以到账了，而且没有1万美元起提那种规定，特别自在。

　　另外，当时和我对接的PingPong客服是杭州的豆豆，她为人特别真诚，有时还会给我发一些跨境电子商务的活动，对我帮助也挺大的。

　　很幸运，PingPong每个月能为我省下不少钱。当然，PingPong后台也有点瑕疵，比如验证码不太便捷，希望PingPong的程序员先生可以早日解决这一问题。

　　总体而言，我在使用PingPong的过程中是愉快的，因为PingPong真正让我省钱省时间了，而且是国内的，符合我的各方面需求。希望PingPong可以帮助更多和我一样的跨境人。

资料来源：豆瓣

六、同步拓展

① 登录 PingPong、易宝支付、一达通官网，查阅了解相关业务。

② 尝试绑定 PingPong 到自己的亚马逊、Wish 店铺。

③ 找一位正在做外贸出口的亲戚朋友，尝试将一达通推荐给他。

项目四
国外的跨境电子商务
支付与结算平台分析

项目情境引入

加速融合发展，PayPal "范"实力十足

  跨境电子商务近年来实现了跨越式的发展。受益于政策的利好，企业、平台等各个参与者也在不断探索创新，促进这一贸易新形式健康有序地发展。全球支付平台PayPal（见图4-1）在中国持续借助全球资源推动跨境电子商务稳步发展。近期，PayPal又有新动作。PayPal在中国发布了名为《数字支付：超越交易的思考》的白皮书，强调中国正引领数字支付浪潮。该项调研对中国商户如何提高便捷性与创造更多商机提供了一定的思考方向。

图 4-1　全球支付平台 PayPal

全球业务发展迅速，PayPal深耕聚焦

  中国拥有全球最大的网络零售市场，具有巨大的发展潜力，促进了跨境电子商务行业迅猛发展。另外，"一带一路"倡议的落地，为中国整个跨境电子商务行业和PayPal支付业务的发展提供了强劲动力和更大的发展空间。

  作为外资互联网型企业，PayPal在中国秉持务实、开放、共赢的心态，借助国际化优势，

通过本地创新稳步推进在中国业务的发展。基于对中国跨境电子商务行业未来发展趋势的洞察，PayPal针对中国用户的战略重点聚焦于跨境支付，致力于为中国B2C跨境商户提供一站式跨境服务解决方案。

双引擎驱动发展，PayPal推进全面创新

在跨境电子商务领域，PayPal依托独有的全球性资源，一方面通过联合全球各大购物网站，将来自世界各地的高品质商品引进中国，另一方面助力中国企业"出海"。这一"进"一"出"，构成了PayPal跨境电子商务战略的"双引擎"。而在这"双引擎"加速运转的背后，正是PayPal独树一帜的创新之道。

开放环境下，PayPal驶入发展的快车道

PayPal的大数据显示，近些年来使用PayPal作为支付方式的中国客户的跨境订单量持续上升，使用PayPal进行跨境收款的中国企业也逐渐增多，且日益受到境外消费者的欢迎。同时，中国消费者跨境网购的足迹也拓展至全球各个市场。

加速跨境电子商务支付市场"圈地"，PayPal火力全开

跨境电子商务越来越热，成为各电子商务平台"双11"的全新战场。越来越多的中国品牌亦借着"双11"的东风，借跨境电子商务抱团"出海"国际市场。从"全球购"到"卖全球"，中国零售参与全球化的方式更加多元化。借势东风，第三方支付也纷纷施展拳脚。

从"全球购"到"卖全球"，第三方支付掘金新机遇

"现在跨境购买境外产品已经成为很平常的事情了。"一位"85后"资深的"海淘达人"说道。以往"双11"她主要购买境外的品牌服装、鞋包等，如今的"双11"期间，她的购物车里是保健品、精油、家居摆件等境外小众品牌产品。国际支付平台PayPal发布的一份消费报告称，随着境外购物的普及和消费升级，消费者的购物需求已经从满足基本刚性需求，向追求高层次的生活品质转变。

不仅仅是"全球购"，越来越多的中国制造品牌也在积极借助跨境电子商务的优质资源开拓国际市场。某知名雨伞国货品牌的负责人表示，希望以民族品牌的身份，加快"出海"的步伐，加速品牌的全球化。

PayPal接轨全球，强化品牌攻势

作为一家全球性在线支付平台，PayPal始终在"卖全球"和"买全球"之间构建创新型跨境支付产品和服务。在消费升级的大背景下，商品价格已不再是消费者购物时的首要考虑因素，如今消费者更关注品牌与商品的品质。因此，众多跨境电子商务平台也在为俘获更多消费者的"芳心"，积极在全球"猎货"。PayPal借助国际化资源，联合全球知名购物网站，为消费者提供丰富的海外产品选择。

同时，为帮助更多的中国品牌实现"出海"计划，PayPal利用全球200多个国家和地区的市场资源、超2亿的活跃用户资源，利用平台全球化的显著优势，为中国品牌精心定制"出海"的整体解决方案，包括支付、PayPal合作伙伴提供的物流和运营上的全面支持，以及大力度的商家优惠费率政策，帮助"中国制造"以较低的投入打入国际市场。

可以预见，未来跨境电子商务支付市场的规模将逐步增大，以PayPal为代表的具有创新意识的第三方支付平台将继续强化品牌地位，提升国际竞争力。

资料来源：搜狐网

问题：如何通过PayPal接收国外朋友的汇款？如何将PayPal里的美元提现到银行卡？

项目任务书

项目任务书如表4-1所示。

表4-1 项目任务书

任务编号	分项任务	职业能力目标	知识要求	参考课时
任务一	PayPal 跨境电子商务支付与结算分析	能使用PayPal进行跨境收付款和提现操作	1. PayPal 的发展历程 2. PayPal 账户详解 3. PayPal 支付与结算流程 4. PayPal 的优缺点	2
任务二	Western Union 跨境电子商务支付与结算分析	能使用 Western Union 进行跨境收付款和提现操作	1. Western Union 的发展历程 2. Western Union 收付款方式 3. Western Union 的优缺点	2
任务三	其他国外平台跨境电子商务支付与结算分析	能通过其他国外平台进行跨境收付款	1. QIWI Wallet 2. WebMoney 3. Boleto	2

任务一　PayPal 跨境电子商务支付与结算分析

一、任务引入

前几天，阿根廷老客户给李刚下了一个 15 000 美元的锯链订单。因为阿根廷国家税务管理严格，进口关税很高，故客户希望通过 PayPal 付款且愿意承担手续费。最终，李刚收到了对方的 PayPal 汇款。

请分析，李刚是如何顺利收到阿根廷客户的 PayPal 汇款的？

二、相关知识

（一）PayPal 的发展历程

PayPal（国内称之为"贝宝"），是美国 eBay 公司的全资子公司，1998 年 12 月由 Peter Thiel 及 Max Levchin 建立，总部位于美国加利福尼亚州圣荷西市。PayPal 致力于提供普惠金融服务，帮助人们和企业参与全球经济并获得成功。PayPal 电子支付平台让 2.27 亿 PayPal 活跃用户通过强大的新方式，完成线上、移动端、App 以及面对面的连接与交易。通过技术创新与战略合作相结合，PayPal 为资金管理和移动创造了更好的方法，为人们转账、付款或收款提供了更多灵活选择。目前，PayPal 支付平台遍及全球 200 多个国家和地区，支持用户接收 100 多种货币付款，56 种货币提现，并在 PayPal 账户中拥有 25 种不同货币的余额。

PayPal 在使用电子邮件来标识身份的用户之间转移资金，避免了传统的邮寄支票或汇款的方法。PayPal 也和一些电子商务网站合作，成为它们的货款支付方式之一；但是用这种支付方式转账时，PayPal 收取一定数额的手续费。

2017 年 4 月，Android Pay 与 PayPal 合作，使 PayPal 成为 Android Pay 用户可使用的移动支

付平台。2017 年 6 月 6 日,《2017 年 BrandZ 最具价值全球品牌 100 强》公布,PayPal 名列第 52 位。PayPal 的 Logo 如图 4-2 所示。

PayPal 拥有全中文操作界面,能通过中国的本地银行轻松提现。用户注册 PayPal 后就可立即开始使用信用卡付款。在跨境交易中,超过 90%的卖家和超过 85%的买家认可并正在使用 PayPal 电子支付业务。2010 年 4 月 27 日,阿里巴巴公司和 PayPal 联合宣布,双方达成战略合作伙伴。

PayPal 的创始人埃隆·马斯克(见图 4-3),出生于南非,18 岁时移民美国。他集工程师、企业家和慈善家等各种身份于一身,并且是 PayPal、SPaceX 及特斯拉汽车三家公司的创始人。目前他是 SPaceX 的首席执行官兼首席技术官,也是特斯拉汽车的产品设计师。

图 4-2　PayPal 的 Logo

图 4-3　PayPal 创始人埃隆·马斯克

PayPal 当年的母公司 eBay 是全球著名的电子商务在线交易平台,2008 年销售额高达 85 亿美元,利润超过 17 亿美元,雇员超过 15 000 人。传奇 CEO、电子商务教母梅格·惠特曼把这个原来只有 30 名员工、营业收入仅 400 万美元的小公司带入了跨国企业巨头的行列。她打破了商业世界的玻璃天花板,让 eBay 在十年内获得了 2 000 倍的增长。eBay 在全球失败过的市场是中国和日本。

由梅格·惠特曼主导的收购 PayPal 的过程漫长曲折,收购价格从 3 亿美元不断上涨到 15 亿美元才完成了收购。这一收购价大约是 eBay 市值的 8%(2002 年 7 月)。eBay 2002 年收购 PayPal 时的宣传广告如图 4-4 所示。

对 eBay 而言,这一次收购最终成为一笔极为划算的交易。如今,在提供在线支付解决方案方面,PayPal 是全球领导者。PayPal 在 2006 年就成立了商业顾问团队,通过

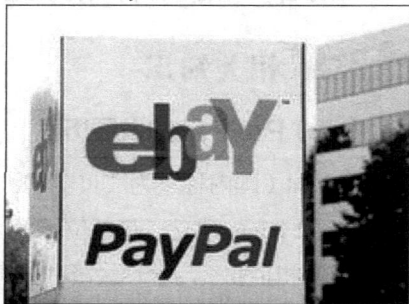

图 4-4　eBay 2002 年收购 PayPal

"外贸一站通"为中小外贸企业提供服务。据不完全统计,PayPal 商业顾问团队已经为 10 万多家中小外贸企业提供了咨询服务。

2011 年 6 月 6 日,PayPal 在其官方博客宣布,将于 8 月 3 日起终止和阿里巴巴在全球速卖通(AliExpress)业务上的支付合作,PayPal 将不再作为全球速卖通平台的支付方式。不过,PayPal 方面并未明确公布停止合作的原因,而阿里巴巴方面则认为 PayPal 此举与阿里巴巴全球速卖通业务的迅猛发展冲击了 eBay 的业务有关。2017 年 9 月,PayPal 与全球速卖通再次达成合作。

2018 年 2 月 3 日，eBay 正式宣布，将于 2020 年停止使用 PayPal 作为其后端支付服务。同时还公布了新的合作伙伴——成立于 2006 年的阿姆斯特丹支付公司 Adyen。从 2018 年下半年开始，eBay 会将一部分支付业务交给 Adyen 来做。至此，PayPal 与 eBay 长达 15 年的感情纠葛最终以分手而收场。这对于已经合作了 15 年的老伙伴 PayPal 来说，将遭遇一场阵痛。

（二）PayPal 账户详解

PayPal 账户分为 3 种类型：个人账户、高级账户和企业账户。用户可根据实际情况进行注册，个人账户可以升级为高级账户，进而升级为企业账户；反之，企业账户也可以降为高级账户或者个人账户。

1. 个人账户

个人账户适用于在线购物的买家用户，主要用于付款，也可以收款，但比起高级账户或企业账户少了一些商家必备的功能和特点，如查看历史交易记录的多种筛选功能、商家费率、网站集成、快速结账等集成工具，因此不建议卖家选择。

2. 高级账户

高级账户适用于在线购物或在线销售的个人商户，可以付款、收款，并可享受商家费率、使用网站付款标准、快速结账等集成工具以及集中付款功能，可帮助商家拓展海外销售渠道，提升销售额。推荐进行跨境交易的个人卖家使用。

3. 企业账户

企业账户适用于以企业或团体名义经营的商家，特别是使用公司银行账户提现的商家用户。其拥有高级账户的所有商家功能，可以设立多个子账户，适合大型商家使用，可对每个部门设立子账户进行收款。这时，企业账户需要添加以企业名开办的电汇银行账户进行转账，而添加个人名字开办的电汇银行账户可能导致转账失败。

（三）PayPal 支付与结算流程

付款人可通过如下步骤使用 PayPal 给商家或者收款人支付一笔金额。

① 只要有一个电子邮件地址，付款人就可以开设 PayPal 账户，通过验证成为其用户，并提供信用卡或者相关银行资料，增加账户金额，然后将一定数额的款项从其开户时登记的账户（例如信用卡）转移至 PayPal 账户下。

② 当付款人启动向第三人付款的程序时，必须先进入 PayPal 账户，指定汇出金额，并给 PayPal 提供收款人的电子邮件账号。

③ 接着，PayPal 向商家或者收款人发出电子邮件，通知其有等待领取或转账的款项。

④ 如商家或者收款人也是 PayPal 用户，其决定接受后，付款人所指定之款项即移转给收款人。

⑤ 若商家或者收款人没有 PayPal 账户，则收款人要按照 PayPal 电子邮件内容的指示，进入网页注册，取得一个 PayPal 账户。收款人可以选择将取得的款项转换成支票。

从以上流程可以看出，如果收款人已经是 PayPal 用户，那么该笔款项就汇入其拥有的 PayPal 账户；若收款人没有 PayPal 账户，网站就会发出一封通知邮件，引导收款人至 PayPal 网站注册一个新的账户。所以，也有人称 PayPal 的这种销售模式是一种"邮件病毒式"的商业拓展方式，从而使 PayPal 越滚越大地占有市场。

（四）PayPal 跨境电子商务支付与结算的优缺点

1. 优点

（1）全球用户

PayPal 在全球 202 个国家和地区拥有 2.2 亿多用户，已实现在 24 种货币间进行交易。

（2）品牌效应强

PayPal 在欧美的普及率极高，是全球在线支付的代名词，强大的品牌优势能让网站轻松吸引众多的境外客户。

（3）资金周转快

PayPal 独有的即时支付、即时到账的特点，让用户能够实时收到境外客户发送的款项，同时最短仅需 3 天即可将账户内的款项转账至境内的银行账户，及时、高效地帮助商家开拓境外市场。

（4）安全保障高

完善的安全保障体系，丰富的防欺诈经验，业界最低的风险损失率（仅 0.27%，不到使用传统交易方式的 1/6），确保了用户的交易顺利进行。

（5）小额业务成本低

在小额收付款业务上的成本优势明显，无注册费用、无年费，手续费仅为传统收款方式的 1/2。

2. 缺点

（1）大额业务成本高

当进行大金额业务时，如 1 万美元以上等，则通过 PayPal 付款的手续费较高。

（2）欺诈风险

如果客户收到的东西不理想，就可以要求退款，少部分人会利用这个规则进行欺诈，卖家面临的风险损失较大。

（3）资金冻结

PayPal 支付容易产生资金冻结的问题，给商家带来不便。这和 PayPal 相对偏袒买家利益是分不开的。

（4）不易登录

中国用户在登录 PayPal 时，大部分时候比较容易登录，但有时也比较难登录，这和 PayPal 的服务器在美国有一定的关系。

（五）PayPal 与支付宝的差异

① PayPal 是全球性的，通用货币为加元、欧元、英镑、美元、日元、澳元这 6 种货币。支付宝主要是中国人使用，以人民币结算。

② PayPal 是一个将会员分等级的机构，对高级账户会收取手续费，当然利益保障也更牢靠，而支付宝则不存在这一机制。

③ PayPal 的资金在美国可以提现至银行，在中国可以电汇至银行，都是要手续费的。支付宝直接提现至银行，免手续费。

（六）PayPal 费率

① PayPal 现有的收费体系是为了鼓励卖家使用 PayPal，随着卖家交易额的增大，会给卖家一定的返利。

② PayPal 最新更新的标准收费是 1.5%+0.3 美元（中国境内的交易），3.4%～4.4%+0.3 美元（跨境交易）。中国用户如果使用集中付款方式，则收费最多为 1 美元。只有高级用户才可以使用集中付款方式。

③ 针对不同商家账户，PayPal 将设置不同的收费标准（根据交易额）。PayPal 的标准收费并没有上涨，所有每月通过 PayPal 收到 3 000 美元以上的 PayPal 用户，都可以申请成为 PayPal 的商家用户。

④ 享受商家收费标准的用户仍可以享受高级用户的收费标准，也可以申请新的收费标准。

⑤ 用户享受何种优惠收费标准将根据每月的交易额而定。

⑥ 在获得认证后，单笔付款的最高限额为 10 000 美元。另外，单笔付款的最低限额为 0.01 美元。

三、任务实施

（一）PayPal 账户注册流程

步骤一：单击页面中部的"马上注册"按钮，进入注册页面，如图 4-5 所示。

图 4-5　进入 PayPal 注册页面

步骤二：如实填写相关信息。

步骤三：提交注册信息后，马上到注册邮箱中查收、激活邮件，单击激活链接。

步骤四：完成安全问答设置后，用户就可以正常登录账户了，如图 4-6 所示。

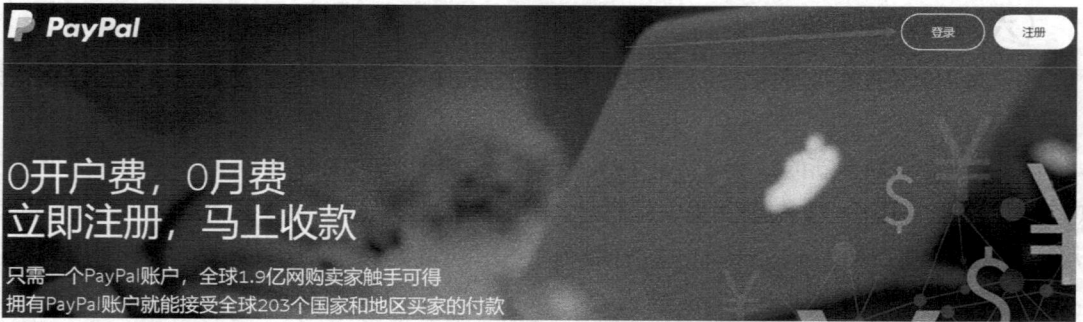

图 4-6　登录 PayPal 账户

（二）PayPal 收付款流程

步骤一：登录 PayPal，第一个界面就是该账户的充值、提现、交易记录、用户信息。这些都是经常用的，这一点和支付宝如出一辙，如图 4-7 所示。

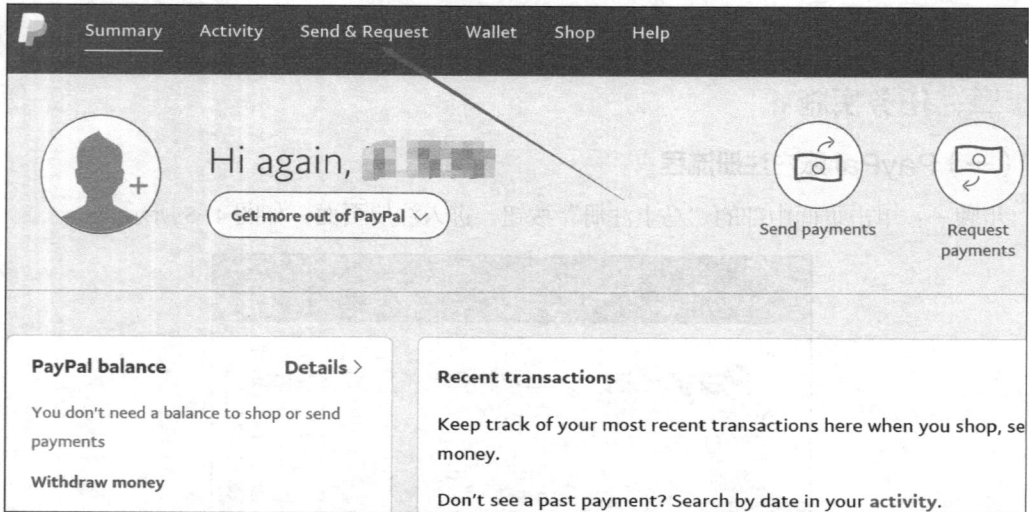

图 4-7　登录 PayPal 账户

步骤二：输入付款给对方 PayPal 账户对应的电子邮箱地址，如图 4-8 所示。

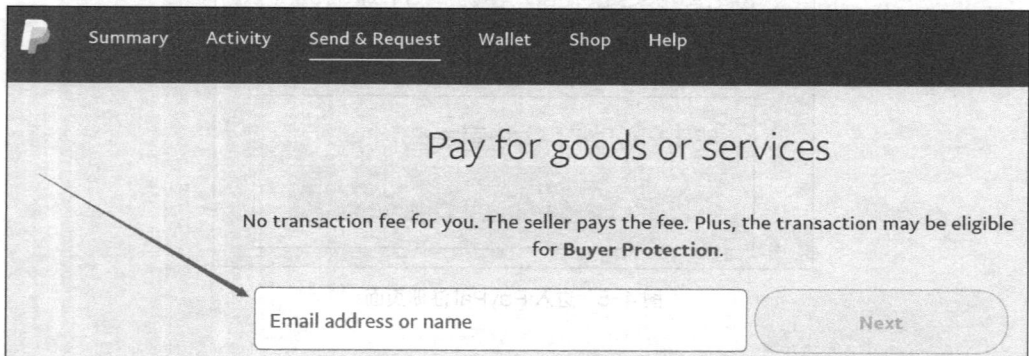

图 4-8　付款界面

步骤三：有境外客户想通过 PayPal 付款的话，则可以收款，如图 4-9 所示。

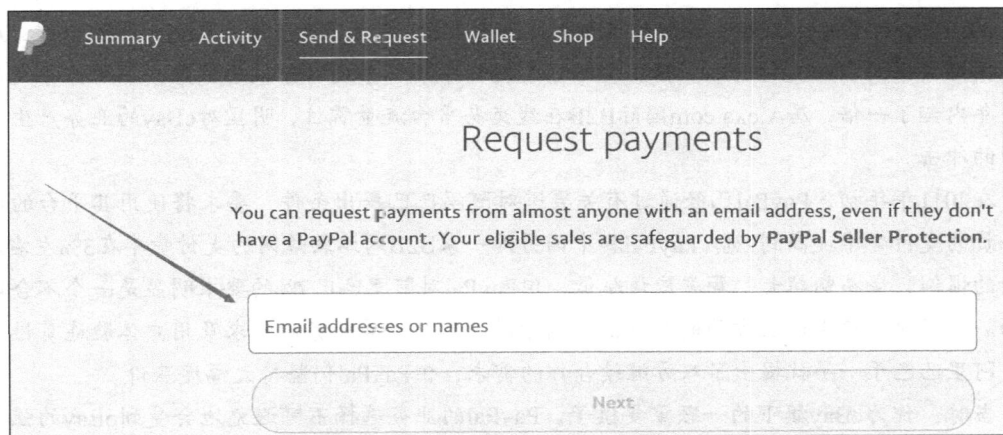

图 4-9　收款界面

四、任务评价

项目评价表如表 4-2 所示。

表 4-2　项目评价表

项目	学习态度（20%）	团队合作情况（20%）	步骤完成情况（50%）	其他表现（10%）	小计（100%）	综合评价
小组评分（30%）						
个人评分（30%）						
老师评分（40%）						
综合得分（100%）						

五、知识拓展

PayPal 主动和全球速卖通"复合"

PayPal和全球速卖通在"分手"6年之后，终于在2017年9月又重新复合。2016年，PayPal方面抛出橄榄枝，想要和阿里巴巴的全球速卖通（简称速卖通）重新建立合作关系。在2017年9月举办的PayPal 2017中国跨境电子商务大会上，PayPal和速卖通正式宣布携手合作，齐力备战速卖通"双11"及年终购物季。在此次大会上，速卖通方面表示，速卖通与PayPal的强强联合，将会给2017年下半年跨境电子商务旺季大促锦上添花，速卖通卖家可以在后台直接开通该功能。PayPal方面也表示，在速卖通上启动PayPal具有赢得全球卖家信任、无须支付任何额外费用、享受PayPal卖家保障及无账号关联风险等优势。

在此，有必要回顾一下两者的分分合合。

2010年，速卖通上线后，业绩增长强劲。同年4月，阿里巴巴宣布与PayPal开展合作，用以解决国际买家的在线支付问题。根据阿里巴巴2011年第一季度财务报告披露，该项业务交易额在半年内翻了一倍，居Alexa.com国际B2B在线交易平台流量首位，明显对eBay的业务产生了强有力的冲击。

在2011年年初，PayPal已经通过有关渠道对阿里巴巴提出条件，要求将使用其平台的速卖通会员的支付费率提高到7%。PayPal和中国另外一家B2B网站敦煌网的支付费率在3%左右。按通行的惯例，交易额越大，费率应该越低，但PayPal对阿里巴巴7%的要求明显是一个不合理的举动。但据接近阿里巴巴方面的人士说，出于对其客户发展业务的需求及用户体验连贯性的考虑，阿里巴巴于一早就提出了双方继续合作的需求，但PayPal仍坚持大幅度涨价。

当时，作为eBay旗下的一颗重要棋子，PayPal的业务选择不可避免地会受到eBay的强力控制，因而做出与阿里巴巴终止合作的此项举动并不难解读。

但在2015年，eBay分拆PayPal业务，并在政策上对PayPal实施疏离，给出时间表明确要将PayPal从eBay的支付后台赶出去的情形下，PayPal提升了自己的多样化，努力降低对eBay的业务依赖，从以前的30%左右的业务量降低到只有10%，对eBay的依赖显著降低。

"两条腿走路"

PayPal此番重新与阿里巴巴开启合作，一条主要路径是多年来在中国打下的跨境出口支付根基，另外一条旁枝是抓住海淘机遇拓展C端消费者——简而言之，就是PayPal在B端和C端消费者都想分一杯羹。

PayPal想从B端突破，可能也是迫于无奈，因为中国第三方支付有一种存在叫"支付宝"。

PayPal的2018年一季报显示，PayPal的活跃用户数为2.2亿。而这个数字支付宝早在2014年12月就达到了，目前支付宝的用户已经达到6亿。

移动支付的阵地上，2015年4月，支付宝的移动支付额就占总支付额的80%，半年前这个数字还只有50%。而PayPal呢，到今天也只有30%。

但是PayPal也没有放弃自己，在PayPal做中国市场拓展的负责人李秋林表示，"PayPal现在收购的很多是做移动支付的公司。"支付宝、PayPal用户数、移动占比的比较如图4-10所示。

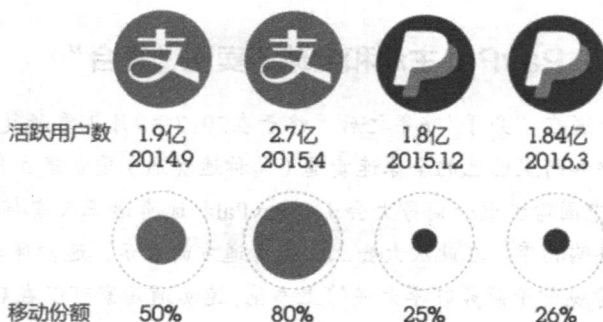

图4-10　支付宝、PayPal用户数、移动占比的比较

资料来源：雨果网

六、同步拓展

① 注册个人 PayPal 账户，了解 PayPal 账户中各栏目版块。

② 尝试用 PayPal 账户向朋友小额汇钱。

任务二　Western Union 跨境电子商务支付与结算分析

一、任务引入

阿根廷老客户向李刚下了一个 10 000 美元的锯链订单。客户希望通过 Western Union 付款，且愿意承担手续费。最终李刚收到了对方的汇款。

请分析，李刚是如何顺利收到阿根廷客户通过 Western Union 支付的款项的？

二、相关知识

（一）Western Union 的发展历程

西联汇款（Western Union）是百联国际汇款公司的简称，是世界上领先的特快汇款公司，迄今已有 150 年的历史。它拥有目前全球最大的电子汇兑金融网络，代理网点遍布全球近 200 个国家和地区。Western Union 公司是美国财富五百强之一的第一数据公司（First Data Corp，FDC）的子公司。中国光大银行、中国邮政储蓄银行、中国建设银行、浙江稠州商业银行、吉林银行、哈尔滨银行、福建海峡银行、烟台银行、龙江银行、温州银行、徽商银行、浦发银行等多家银行是 Western Union 的中国合作伙伴。Western Union 的 Logo 如图 4-11 所示。

图 4-11　Western Union 的 Logo

Western Union 成立于 1851 年，那时名为纽约和密西西比流域印刷电报公司；1856 年正式更名为 Western Union 电报公司；1871 年引入 Western Union Money Transfer 服务，并从此成为公司的主要业务；1996 年在科罗拉多州的英格伍德成立了北美总部，并在巴黎、维也纳和我国香港特区设立了新办事处。2006 年，Western Union 终止了在历史上非常重要的电报服务，并成功地完成了转型。

目前 Western Union 在中国的合作网点逾 280 001 个，服务覆盖全国 31 个省、自治区和直辖市。

（二）Western Union 的收付款方式

1. 汇款

Western Union 的取款和汇款的方法比较简单，只需到最近的 Western Union 合作网点办理即可（例如中国邮政储蓄银行、中国农业银行、浦发银行、中国光大银行、浙江稠州商业银行、吉林银行和福建海峡银行等）。

（1）填写汇款表单

客户需填写表单，然后向 Western Union 的合作伙伴出示身份证或其他证件。

（2）支付汇款手续费

客户需将要汇出的款额连同必要的服务费一起交给 Western Union 的合作伙伴。

（3）签名并接收收据

在确认收据上的所有信息均无误之后，需要签署一张收据。收据所打印的内容之一是客户的汇款监控号码（Money Transfer Control Number，MTCN）。客户可使用 MTCN 联机（在网上）跟踪汇款的状态。

（4）通知收汇人

Western Union 与收汇人取得联系，将一些必要信息告诉收汇人，如汇款人姓名、汇款金额、汇款监控号码（MTCN）和汇款国家或地区。如果是第一次使用直接发汇至中国的银行卡账户的服务，请注意，收汇人应在中国北京时间早 8:00 至晚 8:00 之间拨打中国服务 800 热线。

通知收款时，需核实如下信息。

① 收款人的中文名字和汇款监控号码（MTCN）。

② 收汇人的有效身份证号码。

③ 收汇银行名称和银行卡账号。

收汇人若不是第一次使用直接到账汇款服务，则不需再拨打中国服务热线核实必要信息。但如果收汇人的必要信息有所改变（例如，汇款至同一银行的另一银行卡账户），则需要拨打中国服务热线，核实其必要信息。

（5）跟踪汇款

单击 Western Union 网站主页上的"跟踪"链接，然后可通过输入客户姓名的拼音（汇款人姓名）和汇款监控码（MTCN）来跟踪汇款的状态。

（6）检查汇款的状态

可以拨打所属区域的热线电话来了解汇款状态。

2. 取款

（1）确认款项

在前往 Western Union 的合作网点之前，请确保汇款已经可以提取。可以直接联系汇款人进行确认，也可在网上跟踪汇款状态。

直接到账汇款服务核实如下信息。

① 收汇人的中文名字。

② 汇款监控号码（MTCN）。

③ 收汇人的有效身份证号码。

④ 收汇银行名称和银行卡账号。

（2）前往合作网点

这时需要确认如下信息：汇款人的姓名、汇款国家/地区、汇款金额、汇款监控号码（MTCN）和身份证。

（3）填写表单

只需填写该表单并向 Western Union 的合作伙伴提供汇款监控号码（MTCN）和身份证。

（4）签署收据

客户需要签收一张收据：阅读其全部内容后在上面签名。

（5）取款

Western Union 的合作伙伴随后会将款额连同收据一同交给您，交易完成。

（三）Western Union 的优缺点

Western Union 与普通国际汇款相比，有比较明显的优点。它不需要开立银行账户，1 万美元以下的业务不需要提供外汇监管部门的审批文件；汇款在 10 分钟内就可以汇到，简便快捷。而普通国际汇款需要 3～7 天才能到账，2 000 美元以上还须外汇监管部门的审批。其次是安全，可以先收钱后发货，对商家比较有利。这种汇款方式的缺点是：汇款手续费按笔收取，对于小额收款手续费高；很多时候买家会不信任，比如第一次与某个卖家合作，打款给卖家了，但是卖家迟迟不发货，导致买家受损。

（四）Western Union 的费率

Western Union 的费率如表 4-3 所示。

表 4-3　Western Union 的费率

Western Union 资费表	
发汇金额（美元）	手续费（美元）
500 以下	15.00
500.01～1 000.00	20.00
1 000.01～2 000.00	25.00
2 000.01～5 000.00	30.00
5 000.01～10 000.00	40.00

超过 10 000 美元，每增加 500 美元或其零数，加收 20.00 美元

Western Union 资费表（仅非洲）	
发汇金额（美元）	手续费（美元）
50 以下	13.00
50.01～100.00	14.00
100.01～200.00	21.00
200.01～300.00	27.00
300.01～400.00	32.00
400.01～500.00	37.00
500.01～750.00	42.00
750.01～1 000.00	47.00

Western Union 资费表（仅非洲）	
发汇金额（美元）	手续费（美元）
1 000.01～1 250.00	55.00
1 250.01～1 500.00	60.00
1 500.01～1 750.00	70.00
1 750.01～2 000.00	75.00
2 000.01～2 500.00	85.00
超过 2 500 美元，每增加 500 美元或其零数，加收 20.00 美元	

三、任务实施

（一）中国邮政储蓄银行网上银行开通流程

步骤一：柜台办理。这一步骤是很必要的，只有在柜台办理了才可以激活网上银行。携带有效身份证件和注册所需的卡/折，到银行任一营业网点办理注册手续。中国邮政储蓄银行营业厅如图 4-12 所示。

图 4-12　中国邮政储蓄银行营业厅

步骤二：在柜面开通网上银行后，需登录中国邮政储蓄银行个人网上银行。

步骤三：打开中国邮政储蓄银行网站后，输入证件号、登录密码和校验码，如图 4-13 所示。

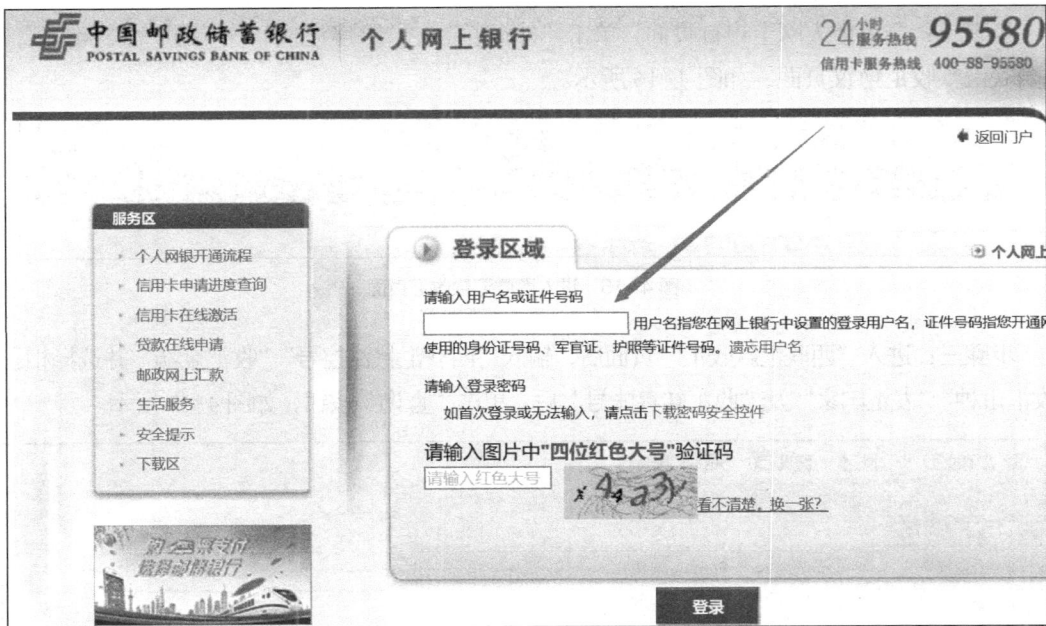

图 4-13 登录邮政储蓄银行网上银行

步骤四：接着填写个人基本信息，填写"预留信息"，选择预留图片，预留信息是为了让用户确认是本人登录的，当用户发现预留信息和自己预留的不符时，可以停止网上银行操作。

步骤五：网上支付开户成功。

（二）通过中国邮政储蓄银行个人网上银行办理 Western Union 收汇业务

步骤一：进入中国邮政储蓄银行官网，单击页面左侧上方的"个人网上银行登录"区域，如图 4-14 和图 4-15 所示。

图 4-14 个人网上银行登录

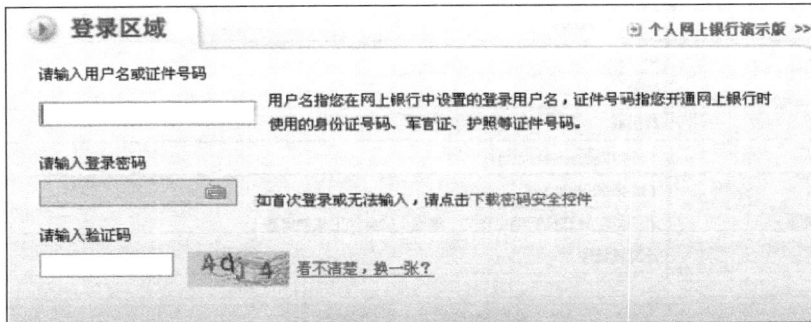

图 4-15 填写登录信息

步骤二：登录个人网上银行页面，单击"外汇通"→"跨境汇款"→"西联汇款收汇"，进入西联汇款收汇协议页面，如图 4-16 所示。

图 4-16　进入西联汇款收汇页面

步骤三：进入"西联汇款收汇"页面后，输入"西联汇款监控号""收汇金额"并选择相应的"收汇币种""发汇国家"及"收汇转存账号"后，单击"查询"按钮，如图 4-17 所示。

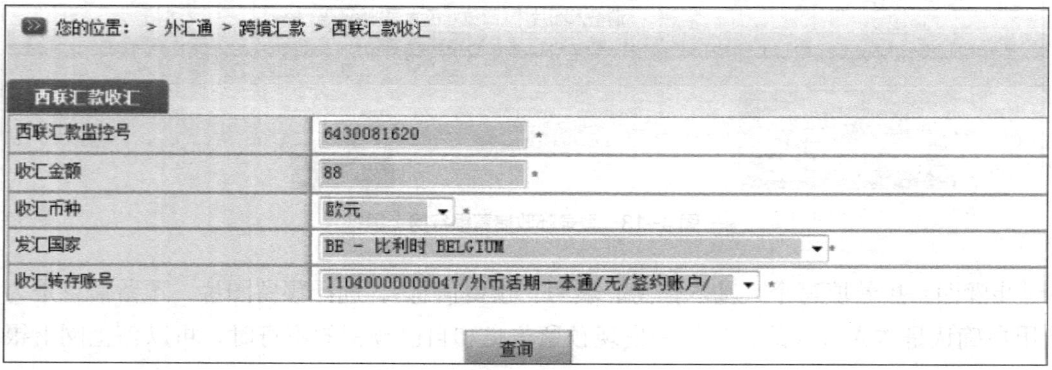

图 4-17　查询收汇

步骤四：进入查询结果页面，页面会显示汇款信息，输入收汇人信息及国际收支申报信息后，单击"确认"按钮。

步骤五：进入确认接收页面，页面会显示客户汇款信息、账户信息与国际收支申报信息，核对所有信息无误后，单击"确认"按钮进行收汇，如图 4-18 所示。

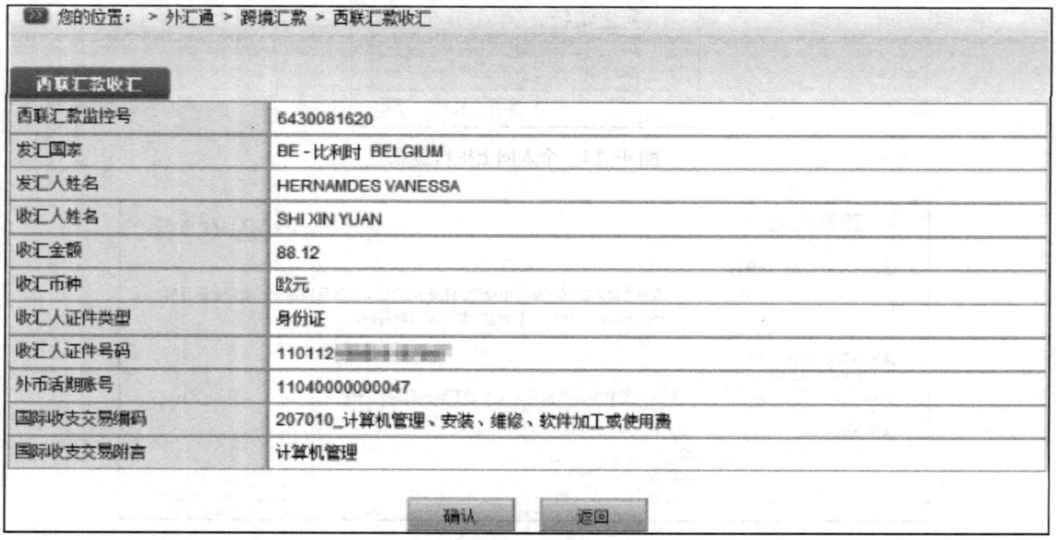

图 4-18　确认收汇

步骤六：进入收汇转存成功页面，页面会显示汇款信息和申报信息，交易成功，如图 4-19 所示。

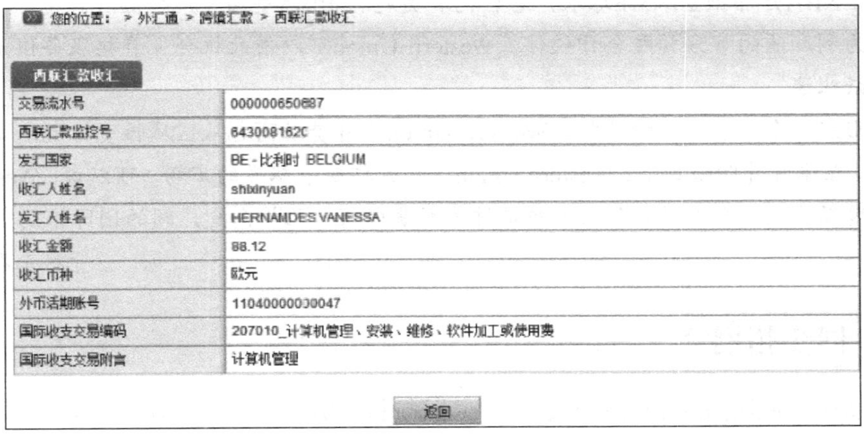

图 4-19　交易成功

四、任务评价

项目评价表如表 4-4 所示。

表 4-4　项目评价表

项目	学习态度（20%）	团队合作情况（20%）	步骤完成情况（50%）	其他表现（10%）	小计（100%）	综合评价
小组评分（30%）						
个人评分（30%）						
老师评分（40%）						
综合得分（100%）						

五、知识拓展

Western Union

Western Union 自 1995 年起在中国提供服务，现已成为中国最大的汇款服务供应商之一。

作为美国财富五百强第一数据公司（FDC）的子公司，Western Union 迄今已有 150 年的历史。它拥有目前全球最大的电子汇兑金融网络，代理网点遍布全球近 200 个国家和地区，在中国拥有多家银行合作伙伴。

多年来，Western Union 在体育赞助方面的探索也是越来越深入，从小众赛事走向大众资源。Western Union 发现，欧锦赛是世界上规模最大的俱乐部赛事，大约 130 个国家会参与欧锦赛的赛事，营销影响力也比较广，因此，Western Union持续赞助欧锦赛。

而随着时间的推移，Western Union的赞助项目也更加多样化。仅在2016年8月，Western Union就分别拿下NBA丹佛掘金队3年球衣广告合同和英超利物浦5年袖管广告协议。

而作为利物浦的官方转账合作伙伴，Western Union可以借此机会，直接服务俱乐部和世界各地的活跃球迷。

为了形成一个享誉全球的品牌，Western Union体育赞助商也从区域性资源逐渐走向顶级的国际资源。在体育赞助项目上，Western Union也在开拓越来越多的市场。可以说，Western Union通过体育赞助明确了自身的定位，也将通过体育赞助将自己推向更广阔的国际市场。

资料来源：中华网

六、同步拓展

① 注册中国邮政储蓄银行网上银行，并尝试进行 Western Union 收付款操作。

② 请到就近的中国邮政储蓄银行咨询 Western Union 收付款业务。

任务三 其他国外平台跨境电子商务支付与结算分析

一、任务引入

小高在全球速卖通上主要销售时尚男装，最近有个俄罗斯客户发来站内信，询问是否可以用俄罗斯当地的第三方支付工具 QIWI Wallet 付款下单。

请问，速卖通平台上有无接入 QIWI Wallet 付款通道，俄罗斯客户常用哪些第三方支付工具付款下单？

二、相关知识

（一）WebMoney

1. WebMoney 概况

WebMoney（简称 WM）是由成立于 1998 年的 WebMoney Transfer Techology 公司开发的一种在线电子商务支付系统，截至 2018 年 4 月，其注册用户已接近 3 000 万人，其支付系统可以在包括中国在内的全球 70 个国家和地区使用，在俄语系国家、日本、欧美国家都有相当的使用人群，尤其在俄语系国家，其是三大在线支付工具之一（另外两个是 Yandex Wallet 和 QIWI Wallet）。

2. WebMoney 特点

① 安全性：转账需要手机短信验证、异地登录 IP 保护等多重保护功能。

② 迅速性：即时到账。

③ 稳定性：俄罗斯最主流的电子支付方式之一，在俄罗斯各大银行均可自主充值取款。

④ 国际性：人人都能在网上匿名免费开户，可以零资金运行。

⑤ 方便性：只需要知道对方的账号即可转账汇款。

⑥ 隐私性：匿名申请，隐私保护。

⑦ 通用性：全球许多外汇、投资类站点、购物网站都接受 WebMoney 收付款。

3. WebMoney 费率

WMID 下不同钱包之间转账收取 0.8% 的手续费，由付款方支付，具体如下。

① WMZ（美元），收取 0.8% 转账手续费，最低 0.01WMZ，最多 50WMZ。

② WME（欧元），收取 0.8% 转账手续费，最低 0.01WME，最多 50WME。

③ WMR（卢布），收取 0.8% 转账手续费，最低 0.01WMR，最多 1 500WMR。

④ WMG（黄金），收取 0.8% 转账手续费，最低 0.01 克，最多 2 克。

还有其他一些账户，如 WMU、WMB、WMY、WMV 等。

4. WebMoney 支付介绍

WebMoney 支付介绍如表 4-5 所示。

表 4-5 WebMoney 支付介绍

项目	介绍
标志	
覆盖范围	俄罗斯、白俄罗斯、乌克兰、阿塞拜疆、格鲁吉亚、哈萨克斯坦、吉尔吉斯斯坦
交易币种	欧元、美元、人民币
交易限制	没有限制
支付特点	适用范围广；可线上线下付款，手续费低；无拒付，实时到账
支持银行	支持独立国家联合体（简称独联体）国家所有地区的支付终端、电子货币、预付卡和银行转账（银行卡）等方式充值
支付流程	使用 WebMoney 付款，只需要简单的 4 个步骤。 第 1 步：网站选择 WebMoney 支付方式，单击"支付"按钮 第 2 步：通过自助服务终端或在线上支付 第 3 步：确认支付完成 第 4 步：返回网站，交易完成
Tips	WebMoney 是在俄罗斯及独联体国家备受欢迎的支付系统之一。WebMoney 电子钱包的特点是其高度的保障水平和支付安全性

（二）QIWI Wallet

1. QIWI Wallet 概况

QIWI 是俄罗斯最大的支付服务商之一。俄罗斯互联网集团 Mail.ru 于 2007 年共同创立 QIWI。QIWI 在欧洲、亚洲、非洲和美洲的 22 个国家和地区开展业务。QIWI 的成功之处在于结合了当地人偏爱使用现金消费的习惯和只有 5% 的消费者拥有银行账户的现状。

QIWI 在俄罗斯运营着包括 15 万支付终端的巨型网络，涉及中国、巴西、印度、罗马尼亚、南非和其他许多国家和地区。通过这些终端，用户可以为移动运营商预付话费、偿还账单和贷款、购买线上游戏积点等。QIWI Wallet 是俄罗斯最大的第三方支付工具之一，其服务类似于支付宝，系统使客户能够快速、方便地在线支付水电费、手机话费、上网、网上购物和银行贷款。

用户可以通过 QIWI Wallet 即刻购买产品。QIWI Wallet 拥有较完善的风险保障机制，不会产生买家撤款。因此买家使用 QIWI Wallet 付款的订单，没有 24 小时的审核期限制，支付成功后卖家可立刻发货。

俄罗斯作为欧洲最大的网民国家，拥有 6 000 万互联网使用者，占欧洲 4 亿网民的近 15%，并且网民数量增长的速度非常快。所以，俄罗斯及其周边国家，在线市场容量和增速都比较大。QIWI 就像拉卡拉与支付宝的结合体，可以让用户在店铺里，或在线上，或在手机上完成支付。

俄罗斯人至今保持着使用现金的习惯，大约占到 94% 资金交易量，QIWI 也正生逢其时。每天超过 400 000 笔的交易足以证明 QIWI Wallet 的使用率及其强大的覆盖率，目前已有 20 多个国家和地区可以使用 QIWI 支付服务。2013 年 5 月，QIWI 成功登录纳斯达克，开盘价 17.01 美元，发行 1 250 万股。按照 17 美元计算，该公司市值 8.84 亿美元，融资 2.12 亿美元。

2. QIWI Wallet 的特点

① 无退款、拒付和伪冒，100% 保证交易安全。

② 无交易保证金。

③ 实时付款，实时收款。

④ 支持线上线下付款。

⑤ 无开户费、月费、单笔交易手续费。

⑥ 用户使用 QIWI Wallet 支付完全免费。

⑦ 拥有便利的自助支付终端，代理及网络范围广。

3. 限制及费率

QIWI Wallet 对于收款金额有限制：单笔交易额不能超过 15 000 卢布，每月交易额不能超过 60 万卢布，同时，其初始收款手续费率稍高，一般在 4% 左右。

4. QIWI Wallet 支付介绍

QIWI Wallet 支付介绍如表 4-6 所示。

表 4-6　QIWI Wallet 支付介绍

项目	介绍
标志	
覆盖范围	俄罗斯、乌克兰、白俄罗斯、哈萨克斯坦

项目	介绍
交易币种	欧元、美元、人民币
交易限制	单笔 15 000 卢布，每月 600 000 卢布
支付特点	无须保证金；无拒付；操作流程简便；目标群使用率高
支持银行	支持独联体国家所有地区的支付终端、电子货币、预付卡和银行转账（银行卡）等方式充值
支付流程	使用 QIWI Wallet 付款，只需要简单的 4 个步骤。 第 1 步：网站选择 QIWI Wallet 支付方式，单击"支付"按钮 第 2 步：通过自助服务终端或在线上支付 第 3 步：确认支付完成 第 4 步：返回网站，交易完成

（三）Boleto

1. Boleto 概况

Boleto 的全称是 Boleto Bancário，是受巴西中央银行监管的巴西官方的一种支付方式，每年大约有 20 亿笔交易，其中 30%的交易来自在线交易。由于在巴西申请可用于跨境交易的信用卡很困难，加上 Boleto 通常是公司及政府部门唯一支持的支付方式，所以可以说 Boleto 是跨境电子商务打通巴西支付的不二之选。国内对巴西跨境电子商务基本都支持 Boleto 支付。

Boleto 是巴西本地线上支付最常用的支付方式，主要是由于巴西的在线信用卡支付使用率不高。Boleto 是由多家巴西银行共同支持的一种使用 Bar Code 识别码的支付方式，在巴西占据主导地位，客户可以到任何一家银行或使用网上银行授权银行转账。

由于巴西政府对于本国信用卡的限制，只有 2%的信用卡可以用于跨境支付，而巴西本土发行的信用卡也只能在巴西境内使用，再加上 77%的巴西人非常担心信用卡信息泄露和欺诈风险，所以很多人会选择使用 Boleto 支付。它是巴西银行联合发行的一种支付方式，没有信用卡和银行账户的人也可以使用。巴西买家在网站下了单之后需要打印一份支付账单，在 3～5 天之内到银行、ATM、便利店、彩票网点或网上银行等进行支付。

2. Boleto 特点

（1）一旦付款，不会产生拒付订单和伪造订单，保证了商家的交易安全。

（2）支持线上线下付款，消费者需在网上打印付款单并通过网上银行、线下银行或其他指定网点进行付款。

（3）单笔支付限额为 3 000 美元，月累计支付不超过 3 000 美元。

（4）不是网上实时付款，消费者可以在 1～3 天内付款，各个银行需要 1～3 个工作日的时间完成数据交换，所以每笔交易一般需 2～7 天的时间才能支付完成。

3. Boleto 费率

Boleto 交易费用便宜，PayPal 对中国商家的费率是 4.3%+0.3 美元，另外还有每笔 30 美元的提现费用，而 Boleto 一般低于 4%。

4. Boleto 支付介绍

Boleto 支付介绍如表 4-7 所示。

表4-7　Boleto 支付介绍

项目	介绍
标志	Boleto
覆盖范围	巴西全境
交易币种	美元
交易限制	单笔 1～3 000 美元；每月不超过 3 000 美元
支付特点	无须保证金；无拒付；不是实时交易；操作流程简便；目标群使用率高
支持银行	巴西任何一家银行、ATM、彩票网点或使用网上银行授权银行转账
支付流程	使用 Boleto 付款，只需要简单的 4 个步骤。 第 1 步：网站选择 Boleto 为支付方式 第 2 步：消费者需在网上打印付款单并通过网上银行、线下银行或其他指定网点进行付款 第 3 步：Boleto 确定转账完成 第 4 步：返回网站，交易完成
Tips	Boleto 可以说是一种现金支付，买家需要在线打印一份发票，而发票中有收款人、付款人信息及付款金额等。付款人可以打印发票后去银行或邮局网点，以及一些药店、超级市场等完成付款，另外也可以通过网上银行完成付款

三、任务实施

WebMoney 是俄罗斯三大第三方支付方式之一。如今，国际上越来越多的用户在使用，也有越来越多的公司和网络商店开始接受 WebMoney 支付方式。下面介绍如何申请注册 WebMoney。

准备工作：一个电子邮箱、一个手机号码。

步骤一：进入 WebMoney 的官方网站，单击右边的"Sign Up Now"按钮进行注册，注意，注册需要用到的邮箱和手机号码一定要真实有效，否则收不到验证信息，如图 4-20 所示。

步骤二：后台提供迷你版、经典版、轻便版 3 个版本的用户提供用户注册，一般选择中间的经典版进行注册。

步骤三：填写个人资料。

图 4-20　注册 WebMoney

步骤四：核对个人资料。

步骤五：核对完毕后，如果信息有误，单击"Back"按钮返回上一个页面进行修改；如果核对无误，则继续单击"Proceed"按钮进入邮箱验证页面，如图 4-21 所示。

图 4-21　使用邮箱验证

步骤六：进入电子邮箱收取验证邮件，单击邮件的验证链接进行验证。

步骤七：通过上一步的单击验证链接，这时进入了要求输入验证码进行验证页面，验证码在验证邮件的"Your registration code"内容中获取。复制这个验证码粘贴到验证码框，然后单击"Proceed"按钮进行验证，如图 4-22 所示。

图 4-22　提交验证码验证

步骤八：手机验证码验证。

步骤九：注册完成。

注意：注册完成后会有 WebMoney 的客户端程序的下载提示，只需要按提示下载该程序并安装即可使用。

四、任务评价

项目评价表如表 4-8 所示。

表 4-8　项目评价表

项目	学习态度 （20%）	团队合作情况 （20%）	步骤完成情况 （50%）	其他表现 （10%）	小计 （100%）	综合评价
小组评分 （30%）						
个人评分 （30%）						
老师评分 （40%）						
综合得分 （100%）						

五、知识拓展

阿里巴巴合作 QIWI Wallet 挺进俄罗斯

阿里巴巴于2012年与俄罗斯市场最大的支付工具之一——QIWI Wallet签署了战略合作协议，俄罗斯用户可以借助这个支付工具在阿里巴巴各平台上购买中国产品。

"这是为了适应中国与俄罗斯电子商务快速发展的需求，让俄罗斯的用户更加便捷地在阿里巴巴平台购买产品，帮助国内卖家解决收款难题。"阿里巴巴表示。

QIWI Wallet是俄罗斯最大的第三方支付工具之一，其服务类似于国内的支付宝。俄罗斯买家可以很方便地对QIWI Wallet进行充值，再到阿里巴巴旗下的全球速卖通平台购买商品。

"我是做笔记本主板销售的，昨天收到一个俄罗斯客户的订单，客户下完单就直接通过QIWI Wallet付款了。"来自深圳的陈先生说。

阿里巴巴的数据显示，中国与俄罗斯之间的电子商务在线交易一年的客户数增长了6倍。目前，每天俄罗斯网民通过阿里巴巴旗下的在线交易平台——全球速卖通（aliexpress.com）从中国购买4 000多种、数以百万元计的商品。

"尽管现在是淡季，但是5月俄罗斯的交易量还是同比去年增长了20%多；在销售旺季，公司在俄罗斯的业务每个月就超过10万元人民币。"广州市蒂美贸易有限公司总经理邝俊元说。

不仅仅是广州蒂美贸易公司一家，很多中国的卖家都感觉到了俄罗斯市场快速成长带来的机会。

背靠俄罗斯经济的快速发展及互联网的普及，俄罗斯电子商务近年得到了飞速发展，在2017年，俄罗斯成了G20国家中电子商务发展速度最快的国家之一，达到20%的增长率。

权威预测，2019年的俄罗斯电子商务市场交易额将超过250亿美元。

资料来源：信息时报

电子商务"新秀"速卖通：搭建物流支付体系 助力品牌"出海"

"在全球速卖通进入俄罗斯的同时，我们把阿里巴巴的物流标准也输入到了俄罗斯。"速卖通商务拓展和供应链服务经理方超称："在这样一套体系建成之后，过去需要60天才能到达俄罗斯的货物，现在只需要15天左右。"

搭建物流体系

作为速卖通目前在海外拓展最为成功的国家之一，俄罗斯不仅已经建成了数个本地的菜鸟仓库，还正式落成了全俄罗斯最大的电子商务数据服务中心。

而在速卖通最初进入俄罗斯的时候，首先要面对的困难就是物流体系的搭建。

"和中国不同，在许多其他国家，邮政系统仍然是最强势也是最有效的物流体系，所以我们在进入外国时，首先考虑的就是和当地邮政系统的合作。"方超称，"俄罗斯就是这一合作模式最为典型的案例之一。"

"在搭建俄罗斯专线的时候，遇到的第一个问题就是面单自动化识别和干线优化，即货物到达海关后如何用更高效的方式通过飞机运输至俄罗斯。"方超表示，"菜鸟与俄罗斯方面紧密合作，用定制化面单优化来匹配俄罗斯邮政自动化分拣设备识别的需求，并选择具有一定实力的航空服务商为货物提供运输来解决以上瓶颈。"

融合支付习惯

与物流体系不同，支付在走出国门的时候，更多要适应当地的支付体系和习惯。"因为不同国家的支付情况和习惯是不一样的，所以我们要围绕当地消费者来确定具体的支付形式。"速卖通商务拓展经理杨辉称。

在杨辉经历过的全部国家中，巴西的Boleto支付是一个比较有趣的支付方式，消费者在速卖通上下单之后，会生成一个PDF格式的账单，需要将账单打印之后去ATM或便利店才能完成整个购买行为。

"这种支付方式和支付体系，实际上在拉美国家是普遍存在的，一般情况下我们会选择与当地市场占有率最高的支付公司进行合作，一起统一支付到我们这边来。"杨辉说。

助力品牌"出海"

作为中国最为知名的本土运动品牌之一——李宁，可能从来没有想到自己会在太平洋的彼岸销量猛增。

"在智利能够有这么多的消费者主动选择购买李宁，是他们从没想到的。事实上，在我们的工作中也会发现很多这种案例，中国的品牌尤其是服装品牌，在国外或许能创造非常好的成绩。"速卖通高级行业运营专家龙亚琦称。

"根据国内从淘宝到淘宝商城再到天猫的转变，可以发现电子商务在发展过程中是一定要经历这样的转型的，一点点把服务能力较差的品牌边缘化，那些服务能力强的品牌就会逐渐脱颖而出，既然国内已经验证这个过程是可行的，我们就可以把它搬到国外了。"龙亚琦说。

事实上，尽管这一过程在刚开始的半年内导致了速卖通平台交易量断崖式下降，但在短短几个月后，交易额迅速回弹，并重新保持了倍增的速度。

资料来源：21世纪经济报道

六、同步拓展

① 进入速卖通买家首页，搜索一款产品，打开产品链接后，查看总共有多少种支付方式。

② 搜索了解俄罗斯最大的搜索引擎 Yandex 及旗下的 Yandex Money。

项目五
跨境电子商务支付与结算
金融分析

项目情境引入

2017 年中国跨境金融服务行业分析

1. 跨境金融服务市场发展概况

跨境支付（Cross-border Payment）是指两个或两个以上的国家或地区之间因国际贸易、国际投资及其他方面所发生的国际间债权债务，借助一定的结算工具和支付系统实现的资金跨国和跨地区转移的行为。

因为受多种因素的制约，所以当前我国跨境支付市场尚处于发展初期，市场渗透较弱。根据中国电子商务研究中心发布的《2017年度中国电子商务市场数据监测报告》，2017年中国跨境电子商务交易规模为8万亿元，同比增长33.3%。有专家预测，到2020年，跨境电子商务交易规模有望翻番至15万亿元。目前，中国市场对跨境金融服务形式多元化的需求不断上升，且对跨境金融服务安全性和效率的要求越来越高。

最新数据显示，目前中国个人用户跨境电子商务支付场景主要分布于跨境网络购物、留学及境外线下消费活动，其中用于跨境网络购物与留学服务的金额比例最高，且分别会在11月与9月达到历史的最高点。

2. 跨境金融行业爆发式增长

最新数据显示，跨境电子商务的"红火"直接带来跨境外汇支付业务的爆发式增长。截至2018年6月，跨境交易量已经是2017年全年的总量，其中跨境外汇交易增长显著。

细分来说，不同币种间的跨境交易比也是有所不同的。根据易汇金的数据分析得出，从目前来说，我国消费者在跨境消费方面仍是以美元为主，比例高达78%，日元居第二，占比11%，如图5-1所示。一方面，目前世界外汇市场上重要外汇之间的基本格局是，大多数货币之间的基本定价关系仍以美元为主；另一方面，目前我国的跨境消费主要集中在美国这样发达的西方国家及东南亚国家。这是由消费习惯和地缘因素决定的。同时，其他很多国家的贸易也主要以美元结算为主。

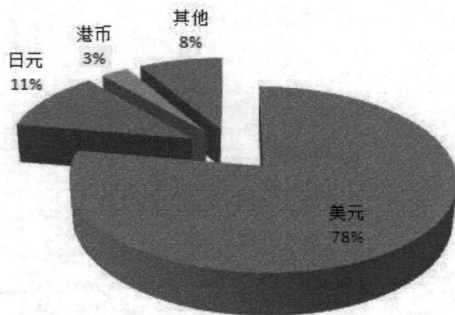

图 5-1　2017 年跨境金融币种占比

3. 中国互联网产业趋于成熟

跨境电子商务、投资移民、海外旅游、出国留学……随着越来越多的人走出国门，人们对跨境服务的需求也越来越多元化。最新数据显示，在这些跨境金融服务需求中，跨境网络购物与留学方面的需求比例较高，且网络购物有明显的上升趋势。

一方面，我国移动网民的规模在不断扩大，互联网产业趋于成熟；另一方面，随着跨境消费，尤其是跨境电子商务的快速发展，"购物国界"正在被打通，"买全球、卖全球"的理念渐渐成为我国消费者与商家的共识。在全球产业互联网化不断加深的情况下，海外消费者与中国消费者对跨境消费的需求不断上升。

4. 积极宽松的政策环境促进我国跨境电子商务支付市场发展

随着中国进出口贸易在全球市场重要性的提升和跨境电子商务的快速发展，我国跨境金融服务市场进入了新的发展阶段，政策监管也顺应市场需求进行了调整。总体来说，中国人民银行和国家外汇管理局等监管层面相继出台的政策都表现出积极态度：一方面，开放跨境金融服务市场准入，丰富跨境金融服务参与企业，多家企业获得政策许可；另一方面，主导跨境金融服务城市试点方案落地实施，推动我国跨境电子商务及跨境金融服务市场的发展。在政策的扶持下，跨境金融服务市场逐步成为第三方支付行业争夺的下一片蓝海市场。

资料来源：雨果网

问题：跨境金融主要包括哪些方面？跨境电子商务支付与结算与跨境金融有何关系？

项目任务书

项目任务书如表5-1所示。

表 5-1　项目任务书

任务编号	分项任务	职业能力目标	知识要求	参考课时
任务一	认知跨境电子商务支付与结算金融	了解跨境金融包含的内容	1. 跨境金融的定义 2. 我国跨境金融的形势	2
任务二	跨境电子商务支付与结算的金融因素分析	熟悉跨境电子商务支付与结算的主要金融因素	1. 支付许可 2. 汇率 3. 外汇管制	2
任务三	跨境电子商务支付与结算的金融风险及应对	能妥善应对跨境电子商务支付与结算的金融风险	1. 跨境电子商务支付与结算的金融风险 2. 应对措施	2

任务一　认知跨境电子商务支付与结算金融

一、任务引入

小高在申请亚马逊店铺的过程中，发现后台可以绑定连连支付、PingPong等跨境收款和结汇方式。因为小高已经了解过这几家公司的概况和费率等，知道跨境电子商务支付与结算和跨境金融息息相关，故开始思考跨境金融的含义及对跨境电子商务支付与结算的联系和影响。

如果你是小高，你觉得跨境金融的含义是什么？它从哪些方面影响跨境电子商务支付与结算？

二、相关知识

（一）跨境金融的定义

广义的跨境金融指的是国家和地区之间由于经济、政治、文化等联系而产生的货币资金周转和运动。狭义的跨境金融指的是因互联网兴起的，由跨境电子商务平台、跨境电子商务支付方式相联系而产生的跨境货币资金的周转和运动。

跨境金融与一国（或地区）的境内金融既有密切联系，又有很大区别。境内金融主要受一国（或地区）金融法令、条例和规章制度的约束，而跨境金融则受到各个国家（或地区）互不相同的法令、条例、国际通用的惯例和通过各国（或地区）协商制定的各种条约或协定的约束。由于各国（或地区）的历史、社会制度、经济发展水平各不相同，所以它们在对外经济、金融领域采取的方针政策有很大差异。这些差异有时会导致十分激烈的矛盾和冲突。跨境金融由跨境收支、跨境汇兑、跨境结算、跨境信用、跨境投资和跨境货币体系构成，它们之间相互影响，相互制约。譬如，跨境收支必然产生跨境汇兑和跨境结算；跨境汇兑中的货币汇率对跨境收支又有重大影响。跨境金融主要包括以下内容。

1. 货币制度

货币制度是自发或协商形成的有关国际交往中所使用的货币及各国（或地区）货币之间汇率安排的国际制度。这是跨境金融领域的重要组成部分。最初的国际货币制度是金本位制，随后建立了以美元为中心的国际货币体系。美元的优越地位使它成为各国（或地区）普遍接受的国际支付手段、国际流通手段和购买手段，并成为许多国家（或地区）外汇储备的重要组成部分。后来，其他国家（或地区）的货币也相继开始发挥与美元不相上下的作用。1973年，美元再度贬值以后，布雷顿森林会议建立的国际货币体系崩溃，浮动汇率制取代了固定汇率制。

2. 跨境汇兑

跨境汇兑是指因办理跨境支付与结算业务而产生的外汇汇率、外汇市场、外汇管制等安排和活动的总和。外汇一般指充当国际支付手段、国际流通手段和购买手段的外国（或地区）货币及外币支付凭证。金银成为货币后，作为跨境支付的主要手段是贵金属。票据出现后，其作为信用工具也可用来办理跨境支付。汇率是以一国（或地区）货币表示的另一国（或地区）货币的价格。实行金本位制时，各国（或地区）货币汇率波动不大，处于相对稳定状态。1929—1933年世界经济危机后，金本位制彻底崩溃，从此开始了不能兑换黄金的纸币制度。由于通货膨胀长期存在，纸币不断贬值，各国（或地区）汇率不稳定的状态日趋严重。随后，以美元为中心的国际货币体系，使美元与黄金挂钩，各国（或地区）货币与美元挂钩，据以订出各国（或地区）货币的固定汇率。1973年，以美元为中心的固定汇率制完全解体，各国（或地区）纷纷实行浮动汇率制。此后，由于不再有固定汇率制的限制，汇率波动频繁，波幅较大，对各国（或地区）的对外贸易影响极大。为此，世界各国（或地区）均对本国（或地区）汇率的动态实行某种程度的控制或干预。外汇管制是一个国家（或地区）为维护本国（或地区）经济权益和改善国际收支，对本国（或地区）与外国（或地区）的跨境汇兑、跨境结算等实施的限制和管理。当代几乎所有国家（或地区）都不同程度地实行有利于本国（或地区）的外汇制度，只是方式、方法和具体内容有所不同而已。

3. 跨境结算

跨境结算是指国际间办理货币收支调拨，以结清不同国家（或地区）中两个当事人之间的交易活动的行为。它主要包括支付方式、支付条件和结算方法等。跨境结算所采用的方式方法是在各国（或地区）经济交往中自发产生的，汇款、托收、信用证等主要跨境结算方式都是历史的产物。20世纪60~80年代，广泛采用电子计算机等现代化手段，结算的技术水平大大提高。国际结算是一项技术性很强的跨境金融业务，且涉及许多复杂的社会、经济问题。社会制度不同、经济发展水平相异的国家（或地区），对国际结算方式的要求和选择经常发生各种矛盾和冲突，各国（或地区）都力争采用对本国（或地区）最为有利的结算方式。

（二）我国跨境金融的形势

随着全球经济一体化的进一步强化、自由贸易试验区的设立、企业和个人走出国门欲望的日益强烈，以及互联网跨境电子商务业务的蓬勃发展，人们对跨境金融的关注和需求越来越大。

一般而言，跨境金融是包括跨境投资、跨境贸易支付与结算、跨境理财等在内综合性的金融业务，以下从对公和对私两方面来介绍目前我国跨境金融的形势。

对公业务，即针对企业提供的跨境金融业务。自2000年国家正式提出"走出去"战略开始，不少中国企业已成功走出国门，成为具有世界影响力的跨国企业，以及最近几年跨境电子商务的兴起，跨境金融在其中功不可没。但是，当前中国企业"走出去"的程度远远不如发达国家，若想成为具有世界水平的跨国公司还有很长的路要走。这一过程中，创新的跨境金融业务、跨境金融服务，能为企业更好地"走出去"提供支撑。

对私业务，即针对中高端客户的跨境理财投资需求和更加大众化的跨境留学、跨境旅游等需求提供的服务。零售业务领域里的跨境金融业务，过去主要是针对高端客户的跨境财富管理服务的，为高净值人士提供海外移民、海外投资、海外置业等跨境业务，只有少数群体才能享受。当前出境旅游、出国留学等热潮持续红火，个人跨境电子商务业务持续开展，各种跨境金融国际化产品不断涌入国内。跨境金融业务需求的主体亦呈现出越来越大众化的趋势。

然而，从整体情况看，国内金融机构的海外机构较少且布局不均，跨境金融服务体系不完善，服务水平落后于企业"走出去"的步伐；其次，国内跨境金融服务提供商提供的跨境金融服务主要是国际贸易结算、跨境汇兑等，而欧美国家不仅为企业提供跨境融资安排、全球资金调拨、外汇交易、现金管理，还为企业提供跨境金融咨询、杠杆收购、保险等一系列服务。

因此，国内跨境金融服务企业应及时进行战略调整，扩大跨境金融业务范围，创新跨境金融产品，努力培养相关专业人员，跟上企业"走出去"的步伐，满足越来越广泛的跨境金融业务需求。

三、任务实施

阅读以下材料，回答文后问题。

杭州跨境电子商务金融突围样本：跨境收款手续费降至1%

2018年3月7日，中国杭州跨境电子商务综合试验区（杭州综试区）成立3周年。

跨境电子商务已成为杭州产业转型升级的新引擎和外贸出口增长的新动能。目前，杭州综试区内已有6 000多家企业上线经营。2016年实现跨境电子商务进出口总额81.12亿美元，其中跨境电子商务出口60.6亿美元，占杭州全市总额的13.2%，拉动外贸出口15.2%。

杭州市委常委佟桂莉表示，跨境电子商务生态圈建设是杭州综试区的核心竞争力，3年来新招引跨境电子商务企业885家，龙头企业210家，绝大多数是带动性强的平台型企业。

比如，杭州不仅有阿里巴巴、网易考拉等本土跨境电子商务龙头，Google（谷歌）、eBay（易贝）、Newegg（新蛋）、京东、中国制造网、敦煌网、大龙网、环球市场等知名跨境电子商务平台也有落户，Amazon、Wish等全球知名平台也与综试区有合作。

在跨境电子商务迅猛发展的背后，跨境金融与物流的基础设施短板凸显。比如，境外收款中，支付公司和银行手续费高、到账慢，还有汇差损失；又如，跨境电子商务企业需要融资，因无抵押物而无法在银行贷款，只能通过其他渠道高价获得资金等。

在上述背景下，一些本土金融机构尝试探索新路径。

跨境收款手续费节约2/3

以专注于跨境收款解决方案的PingPong为例，该公司总部位于杭州，是一家为中国跨境电子商务企业提供境外收款服务的公司，持有美国支付牌照，在境内与银联合作，提现后1个工作日内即直达境内客户账户。

此前，境内电子商务的在线支付体系已较为成熟，但跨境电子商务由于涉及跨境转账，问题就复杂了。比如说，在出口跨境电子商务生意链中，中国公司通过Amazon将产品卖给美国消费者，消费者付款给Amazon，但出于"反洗钱"制度设计，Amazon不能直接把钱打到中国公司银行账户。

基于跨境电子商务的小额、高频特点，境外买家的支付渠道主要通过境外支付机构而非银行。然而，跨境电子商务企业大多是中小商户，大部分没有能力在美国开设离岸公司和美国银行账户，也没有能力与三大支付公司议价。因此，此前中国跨境电子商务的境外收款被国外大机构垄断，中国卖家需要支付3%甚至更高的费率。

通过PingPong、Amazon、Wish平台上的中国卖家如果需要收款，资金先后经过美国、中国的"反洗钱"审查，就能顺利划入境内账户。更重要的是，PingPong能把费率降至1%以下，为跨境中小企业节约了2/3的成本，并促使境外机构也降低费率。

PingPong联合创始人、首席营销官卢帅表示，PingPong在2015年成立，2016年3月6日上线，随后第二季度就收获1亿多元的结汇金额，第四季度突破20亿元；预计2018年可能突破400亿元到600亿元。

对于呼声最高的跨境电子商务融资问题，银行业人士表示，传统信贷体系下短期内或难以解决。某大行浙江省分行相关人士表示，在融资产品方面，银行目前的贸易融资信贷政策及产品局限于传统贸易项下，对采用线上交易的跨境电子商务模式尚未有相关融资产品及信贷政策支持。

首部跨境电子商务地方性法规落地

杭州市综试区办公室常务副主任王翀表示，杭州综试区先后推动两批85条制度创新清单的落地，2018年3月1日全国首个地方跨境电子商务的促进条例也在杭州生效。这是全国首部跨境电子商务的地方性法规。

2017年，杭州综试区将联合全国乃至全球知名的平台企业，鼓励和支持其创新信用保障、物流、金融、培训等全产业链产品，把服务半径覆盖至杭州的各个乡镇（街道），实现对杭州传统制造和外贸企业的"互联网基因改造"全覆盖，用互联网外贸更好地服务实体经济的转型升级。

以传统制造业企业为例，巨星科技是一家专注做五金工具的传统制造企业，在杭州综试区的帮助下，巨星科技从2016年上半年开始做跨境电子商务贸易，半年间做到500万美元的交易额，今年一季度已达到500万美元。

佟桂莉表示，巨星这样的传统企业能搭上互联网的快车，是实体经济转型升级的一条非常好的现实路径。目前跨境电子商务的渗透率在杭州已达70%以上。

资料来源：21世纪经济报道

【思考】

① PingPong已经在本书项目三中介绍过，请谈谈你对PingPong的认识。

② 通过此阅读材料，你觉得跨境金融对跨境电子商务的作用体现在哪些方面？

四、任务评价

项目评价表如表5-2所示。

表5-2　项目评价表

项目	学习态度（20%）	团队合作情况（20%）	步骤完成情况（50%）	其他表现（10%）	小计（100%）	综合评价
小组评分（30%）						
个人评分（30%）						
老师评分（40%）						
综合得分（100%）						

五、知识拓展

中国工商银行陶能虹：跨境电子商务新形势下的金融之道

在"2018中国（成都）跨境电子商务出口峰会"上，中国工商银行总行国际业务部副总经理陶能虹发表了题为《跨境电子商务新形势下的金融之道》的公开演讲。他指出，目前我们的跨境电子商务从数据上来讲主要是B2B对外出口的方向。中国工商银行总行国际业务部副总经理陶能虹的演讲内容如下。

我的演讲分两个部分，第一个部分是让大家感受一下整个跨境电子商务蓬勃发展的大的场景；第二个部分想向大家介绍一下中国工商银行在跨境电子商务金融服务方面做的工作。

第一部分是整个跨境电子商务蓬勃发展的大的场景。回顾历史，我国跨境电子商务的发展时间并不长，到现在也就10多年时间。这10多年的发展大致可以分为三个阶段。第一个阶段是2004年以前的早期阶段。那时候主要是在网上做一些产品的展示。第二个阶段是从2004年到2012年，这个阶段开始实现电子商务的线上化。第三个阶段为2012年至今。商务部明确表态支持跨境电子商务的发展之后，跨境电子商务各种业态相继出现，市场蓬勃发展。到现在为止，数据显示，国内整个跨境电子商务的业务平均每年保持了30%的增速。从结构上来看，这30%的增速到2016年大概是5.4万亿元，主要是B2B对外出口，接近10%的进口方向主要是B2C，也就是海外海淘和零售业务。

从这两个方向可以看出，目前我们的跨境电子商务主要是B2B对外出口的方向。

从行业发展来看有四个好态势，第一是监管方面，整个政策面和制度建设持续向好。2012年商务部明确支持跨境电子商务的发展之后，2015年杭州设立了综试区，后续又公布了12个综试区城市。2017年12月，《电子商务"十三五"发展规划》发布，顶层设计方面给跨境电子商务的发展打造了非常好的环境。

检验检疫方面，国家针对跨境电子商务出台了一些优惠支持政策。

第二是税收方面，在我国整个税收体制下，明确了跨境电子商务综合税的安排，包括在税率方面，政府给了很多的支持。

第三是支付方面，目前整个跨境电子商务出口方向B2B的业务占了90%。这方面主要是银行进行支付的支持。另外在零售方面，进口的B2C环节，第三方支付公司起到了主要的作用。在外汇支付领域，全国267家支付牌照公司有29家可以做外汇的支付，更不要说背后还有大量的银行可以做跨境人民币和外汇的支持业务。

第四是物流方面，大量的物流公司在蓬勃发展，很多企业的规模已经非常大了，比如顺丰控股，在全球都具有领先地位。

从2017年的发展来讲，国家对出口方向的跨境电子商务的支持力度很大，但在进口方向，特别是对于B2C跨境电子商务的发展，2016年出台了"48新政"，就是几个部委在2016年联合出台了"18号文"。这个文件对于进口电子商务的跨境电子商务有一定的制约，主要包括：税收方面，政策更加收紧，现在税收征管更加严格；正面清单和限额的管理；检验检疫的要求比原来提高了，这样直接导致原来做进口方向的跨境电子商务在业务方面受到了一些制约，业务量有所萎缩。但是这几个部委又迅速出台了过渡期的安排，把过渡期延长到5月11日，现在又到了年底，从整个政策环境来讲，还是非常有利于跨境电子商务发展的。

作为一家商业银行，我们在这个过程中主要发挥了两个方面的作用。第一是搭建桥梁，让跨境电子商务可以"跑"起来。比如，尽管大家可以通过支付宝和腾讯的平台去做跨境电子商务的支付，但是背后如果没有银行作为清算通道，整个清算过程是无法完成的。

第二是我们可以给跨境电子商务插上翅膀，让跨境电子商务"飞"起来。在整个跨境电子商务流转的过程中，资金一方面是从买卖双方互相流转，另一方面资金的总量单就买方和卖方来讲是有限的，这个过程中无论是买家还是卖家都需要一定的融资支持。

接下来想给大家介绍一下我们4个比较有代表性的金融服务方案。

① 中国工商银行对接跨境电子商务的公共服务平台。跨境电子商务发展当中，通关和检疫是关键环节，而其中最重要的是效率和时间。在这个过程中，如果一家一家电子商务平台跟海关进行对接，这个效率是不高的，费时费力。到目前为止，我国境内可以做到的地区就是上海和成都，由政府出面建立一个公共服务平台，通过这个平台直接和海关对接，使物流、信息流和资金流"三流合一"。

② 对于支付机构，中国工商银行可以提供的服务是提供跨境资金的清算、集中结售汇、国际收支申报。

③ 为跨境电子商务中的出口商或大的进口商提供B2B收款业务。

④ 为跨境电子商务贸易融资和供应链融资提供服务。

资料来源："2018中国（成都）跨境电子商务出口峰会"演讲实录

六、同步拓展

① 登录中国工商银行网站，浏览其跨境金融业务。
② 跨境贸易离不开跨境支付与结算和跨境金融，谈谈你对这三者的看法。

任务二　跨境电子商务支付与结算的金融因素分析

一、任务引入

2018年第一季度，小高的跨境电子商务店铺已经做了4万美元的销售额，预计2018年全年将达到20万美元的销售额，但国家外汇管理局规定个人每自然年度只有5万美元的结汇额度。

请问：小高用什么方式可以把2018年的销售收入都顺利结汇出来？

二、相关知识

（一）跨境电子商务支付许可

1. 跨境电子商务支付许可的定义

国家外汇管理局于2015年颁布的《支付机构跨境外汇支付业务试点指导意见》指出，支付机构跨境电子商务支付业务是指国家外汇管理局许可支付机构通过银行为电子商务（货物贸易或服务贸易）交易双方提供跨境互联网支付所涉的外汇资金集中收付及相关结售汇服务。

跨境电子商务支付机构办理"贸易外汇收支企业名录"登记后可试点开办跨境电子商务外汇支付业务。支付机构申请"贸易外汇收支企业名录"登记，应符合下述条件。

① 具有中国人民银行颁发的《支付业务许可证》，许可业务范围应包括互联网支付。

② 近2年内无重大违反人民币及外汇管理规定的行为。

③ 有完备的组织机构设置、业务流程规定、风险管理制度。

④ 具备采集并保留交易信息数据的技术条件，并能保障交易的真实性、安全性。

2013年10月正式下发了《关于开展跨境电子商务外汇支付业务试点的批复》，批准17家第三方支付机构开展跨境电子商务外汇支付业务试点。

2014年2月18日，中国人民银行上海总部发布《关于上海市支付机构开展跨境人民币支付业务的实施意见》，上海银联、通联、东方电子、快钱、盛付通等5家第三方支付机构取得了首批跨境人民币支付业务资格。

2015年1月20日，国家外汇管理局发布《国家外汇管理局关于开展支付机构跨境外汇支付业务试点的通知》，在全国范围内开展支付机构跨境电子商务外汇支付业务的试点，将跨境电子商务单笔限额由等值1万美元提升至5万美元。

根据规定，支付机构开展跨境电子商务外汇支付业务首先需要有中国人民银行颁发的"支付业务许可证"，其次需要国家外汇管理局准许开展跨境电子商务外汇支付业务试点的批复文件。跨境人民币支付业务不需要国家外汇管理局的批复，由各地中国人民银行分支机构发布相关文件即可。

跨境支付牌照是由国家外汇管理局发放给支付机构的一种凭证。这种凭证就是允许支付机构可以进行跨境电子商务外汇支付业务的许可证明。2013年，国家外汇管理局下发了支付机构跨境电子商务外汇支付业务试点指导意见，决定在一线城市开展试点工作，允许参加试点的一些支付机构办理跨境收付汇和结售汇业务。如果货物贸易单笔交易金额不超过等值1万美元，可以为客户集中办理收付汇和结算汇业务。

那么办理跨境支付牌照申请的流程难不难呢？

2. 申请跨境支付牌照的条件

申请跨境支付牌照的第三方支付机构需要满足以下几个条件才具备申请的资格。

① 在中华人民共和国境内依法设立的有限责任公司或股份有限公司，而且是非金融机构法人。

② 具有符合规定的注册资本最低限额；符合办法规定的出资人。

③ 有5名以上熟悉支付业务的高级管理人员。

④ 有符合要求的支付业务设施。

⑤ 有符合相关要求的反洗钱措施。

⑥ 有健全的组织机构和内部控制制度及相应的风险管理措施。

⑦ 有符合要求的营业场所和安全保障措施。

⑧ 申请人和高级管理人员在最近3年内没有因为利用支付业务实施违法犯罪活动，或因违法犯罪活动办理支付业务等受到过惩罚。

满足以上条件的第三方支付机构经过所在地中国人民银行分支机构整合之后，可以报中国人民银行批准。

目前，有 30 多家支付机构获得跨境支付牌照，其中前 30 家如表 5-3 所示。

表 5-3　30 家跨境电子商务支付企业名单

序号	公司名称	范围	地区
1	汇付天下	货物贸易、留学教育、航空机票及酒店住宿	上海
2	通联	货物贸易、留学教育、航空机票及酒店住宿	上海
3	银联电子支付	货物贸易、留学教育、航空机票及酒店住宿	上海
4	东方电子支付	货物贸易	上海
5	快钱	货物贸易、留学教育、航空机票及酒店住宿	上海
6	盛付通	货物贸易、留学教育、航空机票及酒店住宿	上海
7	环迅支付	货物贸易、留学教育、航空机票及酒店住宿	上海
8	富友支付	货物贸易、留学教育、航空机票及酒店住宿	上海
9	财付通	货物贸易、航空机票及酒店住宿	深圳
10	易极付	货物贸易	重庆
11	钱宝科技	货物贸易	深圳
12	支付宝	货物贸易、留学教育、航空机票及酒店住宿	上海
13	贝付科技	货物贸易及留学教育	杭州
14	易宝支付	货物贸易、留学教育、航空机票、酒店住宿、国际运输、旅游服务、国际展览	北京
15	钱袋宝	货物贸易、留学教育、航空机票及酒店住宿	北京
16	银盈通	货物贸易、航空机票及酒店住宿	北京
17	爱农驿站	货物贸易、留学教育、航空机票、酒店住宿、国际运输、旅游服务、国际会议、国际展览、软件服务	北京
18	首信易支付	货物贸易、留学教育、航空机票、酒店住宿、国际会议、国际展览、软件服务	北京
19	北京银联商务	货物贸易、留学教育和酒店住宿	北京
20	网银在线	货物贸易、留学教育、航空机票及酒店住宿	北京
21	拉卡拉	货物贸易、留学教育、航空机票、酒店住宿、旅游服务、国际展览	北京
22	资和信	货物贸易、留学教育、航空机票及酒店住宿	北京
23	联动优势	货物贸易、旅游服务、酒店住宿、航空机票、留学教育、国际展览、通信服务、国际运输及软件服务	北京

序号	公司名称	范围	地区
24	连连支付	货物贸易、留学教育、航空机票、酒店住宿及旅游服务	杭州
25	网易宝	货物贸易、留学教育、航空机票及酒店住宿	杭州
26	易付宝	货物贸易、留学教育、航空机票及酒店住宿	南京
27	智付电子支付	货物和服务贸易	深圳
28	海南新生	货物贸易、留学教育、航空机票、酒店住宿、国际贸易物流、旅游服务、国际会议会展	海口
29	摩宝支付	货物贸易	成都
30	宝付	货物贸易	上海

以上信息由支付圈整理发布，仅供参考，具体以官方文件为准。

从获得跨境支付牌照的跨境电子商务支付平台的城市分布来看，北京和上海以压倒性的优势领跑全国，其中，北京的跨境电子商务支付平台数量为 10 家，上海为 10 家，杭州、深圳、重庆处在第二梯队，跨境电子商务支付公司数量分别为 3 家、2 家、2 家，而成都、海口、南京则各为 1 家。

（二）汇率

1. 汇率的定义

汇率（又称外汇利率，外汇汇率或外汇行市）是指两种货币之间的对换比率，亦可视为一种货币对另一种货币的价值。汇率会因为利率、通货膨胀和每个国家（或地区）的经济等原因而变动。外汇市场开放给不同类型的买家和卖家以做广泛及连续的货币交易（外汇交易除周末外每天 24 小时进行，即从格林尼治时间周日 8:15 至格林尼治时间周五 22:00。即期汇率是指当前的汇率，而远期汇率则指于当日报价及交易，但于未来特定日期支付的汇率）。

一国（或地区）外汇行市的升降，对进出口贸易和经济结构、生产布局等会产生影响。汇率是国际贸易中最重要的调节杠杆，汇率下降，能起到促进出口、抑制进口的作用。

例如，一件价值 100 元人民币的商品，如果人民币对美元的汇率为 0.150 2，则这件商品在美国的价格就是 15.02 美元。如果人民币对美元的汇率降到 0.142 9，也就是说美元升值，人民币贬值，用更少的美元可买此商品，这件商品在美国的价格就是 14.29 美元。所以该商品在美国市场上的价格会变低。商品的价格降低，竞争力变高，便宜好卖。反之，如果人民币对美元的汇率升到 0.166 7，也就是说美元贬值，人民币升值，则件商品在美国市场上的价格就是 16.67 美元，此商品的美元价格变高，买的就少了。

2. 汇率的影响因素

（1）国际收支

如果一国（或地区）国际收支为顺差，则外汇收入大于外汇支出，外汇储备增加，该国（或地区）对于外汇的供给大于对于外汇的需求，同时外国（或地区）对于该国（或地区）货币需求增加，则该国（或地区）外汇汇率下降，本币对外升值；如果为逆差，则有相反的效果。

需要注意的是，美国的巨额贸易逆差不断增加，但美元却保持长期的强势。这是很特殊的情况，也是许多专业人士正在研讨的课题。

（2）通货膨胀率

任何一个国家（或地区）都有通货膨胀，如果本国（或地区）通货膨胀率相对于外国高，则本国（或地区）货币对外贬值，外汇汇率上升。

（3）利率

利率水平对于外汇汇率的影响是通过不同国家（或地区）的利率水平的不同，促使短期资金流动导致外汇需求变动的。如果一国（或地区）利率提高，外国（或地区）对于该国（或地区）货币需求增加，该国（或地区）货币升值，则其汇率下降。当然，利率影响的资本流动是需要考虑远期汇率影响的，只有当利率变动抵消未来汇率不利变动且仍有足够的好处时，资本才能在国际间流动。

（4）经济增长率

如果一国（或地区）为高经济增长率，则该国（或地区）货币汇率高。

（5）财政赤字

如果一国（或地区）的财政预算出现巨额赤字，则其货币汇率将下降。

（6）外汇储备

如果一国（或地区）外汇储备高，则该国（或地区）货币汇率将升高。

（7）投资者的心理预期

投资者的心理预期在国际金融市场上表现得尤为突出。汇兑心理学认为外汇汇率是外汇供求双方对货币主观心理评价的集中体现。评价高、信心强，则货币升值。

3. 汇率变动对跨境电子商务的影响

自2017年以来，人民币累积升值了将近5%，汇率变动对跨境电子商务的主要影响是利润空间压缩。由于跨境出口电子商务很多是以美元计价，再结汇成人民币的，原本整个行业的净利率只有5%～15%，人民币升值对跨境出口企业来说影响确实不小。

人民币升值对跨境出口企业最直接的影响是利润空间压缩，但这背后涉及了跨境出口电子商务产品议价、外汇结算方式、外汇风险管理、采销模式等因素。

目前，跨境出口企业在境外市场主要以多品类拼价格的覆盖模式，赚的是价差，并没有很强的品牌影响力和供应链管理能力，导致了对终端零售的议价能力较弱，人民币升值的情况下，也不敢轻易提价，利润空间自然被压缩。

另一个导致跨境电子商务企业容易受人民币汇率波动影响的原因是跨境电子商务目前大部分是单向资金流采购。例如，跨境出口企业环球易购是主做出口业务，境内用人民币采购，境外用外币收款，这就导致了境外子公司收到的外币除了支付一些本地物流、营销、人员管理等成本之后，要快速转移回境内，用于支付采购和各种费用。

在这种模式中，外币资金在结汇过程中不可避免地受到汇率波动的影响。假如跨境出口企业可以选择一些境外供应商，用外币支付采购费用的话，那么人民币汇率波动的影响可以大大减少。像通拓、有棵树等涉及跨境进出口业务的企业在人民币升值的过程中，受到的影响会比只做出口业务的企业小一些。

4. 积极应对

跨境电子商务收款以亚马逊收款为例,目前亚马逊美国站官方支持的收款方式有三大类:第三方收款工具卡(如 World First)、中国香港地区的银行账户和美国银行账户。

在人民币升值的情况下,对不同收款方式的选择及操作使用显得更为重要。例如,近期对资金需求比较多而且收款时限要求严格的企业,可以选第三方收款工具进行结汇(World First 在结汇时效和综合费率方面在业界均处于领先水平),而暂时资金需求不是很多且有美国银行账户的企业可以选择延迟结汇,将美元资金用于支付境外营销推广、物流仓储、人员管理等的费用。

随着跨境出口企业在境外市场的不断拓展,以前只有大型跨国企业才会重视的外汇风险管理逐渐成为跨境出口企业关注的重点。在人民币汇率时有波动的情况下,做好外汇风险管理将会成为跨境电子商务企业的必修课。

随着人民币国际化进程的推进,特别是纳入 SDR(Special Drawing Right,特别提款权)之后,人民币在国际市场的地位会逐步提升,短期内的汇率波动不会改变人民币汇率整体稳定可控的局面。作为跨境出口企业,在做好用户体验升级的同时,要积极适应并掌握在汇率波动下多样化的风险规避手段,提升企业经营效率。

跨境电子商务不应该只是价格战,还需要从各方面提升自己的综合竞争能力,这样才能有效减少汇率变动对自身的影响。同时,国家政策的制度支持对跨境电子商务企业也是颇为重要的,具体如下。

(1)能力建设

数字化转型包括技术和商业模式的不断迭代创新,甚至出现了颠覆性的变化,这对企业管理者和员工的认识及能力提出了更高要求。

(2)基础设施建设

当前跨境电子商务的目标市场正在从欧美发达经济体向更多发展中国家扩大,而后者的互联网、电信基础设施的不完善,以及物流、支付体系的不健全,对电子商务企业的业务拓展形成障碍。

(3)政策

政策变化给跨境电子商务企业造成了很大的困惑。当前,欧盟国家、俄罗斯、澳大利亚等都在调整跨境电子商务政策,企业须紧跟政策变化。

(4)品牌、质量、服务

目前,跨境电子商务同质化竞争现象明显,企业要以消费者为核心,通过数据积累和分析,在提升产品、服务和国际竞争力方面下功夫,增加产品附加值,在产品的差异化、个性化、国际化、品牌化上找方向,同时注重知识产权保护。

总之,只有跨境电子商务相关各方一起努力,积极应对汇率波动,才能减少汇率变动对各方的影响。

(三)外汇管制

1. 外汇管制的定义

外汇管制(Foreign Exchange Control)是指一国(或地区)为平衡国际收支和维持本国(或

地区）货币汇率而对外汇进出实行的限制性措施。

外汇管制分为数量管制和成本管制。前者是指国家外汇管理机构对外汇买卖的数量直接进行限制和分配，通过控制外汇总量达到限制出口的目的；后者是指国家外汇管理机构对外汇买卖实行复汇率制，利用外汇买卖成本的差异，调节进口商品结构。

2. 外汇管制的作用

（1）促进国际收支平衡或改善国际收支状况

长期的国际收支逆差会给一国（或地区）经济带来显著的消极影响，所以维持国际收支平衡是政府的基本目标之一。政府可以用多种方法来调节国际收支，但是对于发展中国家（或地区）来说，其他调节措施可能意味着较大代价。例如，政府实行紧缩性财政政策或货币政策可能改善国际收支，但它会影响经济发展速度，并使失业状况恶化。

（2）稳定货币汇率，抑制通货膨胀

汇率频繁地大幅度波动所造成的外汇风险，会严重阻碍一国（或地区）对外贸易和国际借贷活动的进行。拥有大量外汇储备的国家（或地区），或有很强的借款能力的国家（或地区），可以通过动用或借入储备来稳定汇率。对于缺乏外汇储备的发展中国家（或地区）来说，外汇管制是稳定本币对外币的汇率的重要手段。

（3）防止资本外逃或大规模的投机性资本流动，维护该国（或地区）金融市场的稳定

经济实力较弱的国家（或地区），存在着非常多的可供投机资本利用的缺陷。例如，在经济高速发展时，商品价格、股票价格、房地产价格往往高于其内在价值。在没有外汇管制的情况下，这会吸引投机性资本流入，会显著加剧价格信号的扭曲。一旦泡沫破灭，投机性资本外逃，又会引发一系列连锁反应，造成经济局势迅速恶化。外汇管制是这些国家（或地区）维护该国（或地区）金融市场稳定运行的有效手段。

（4）任何国家（或地区）都需要持有一定数量的国际储备资产

国际储备不足的国家（或地区）可以通过多种途径来增加国际储备，但是其中多数措施需要长期施行才能取得明显成效。外汇管制有助于政府实现增加国际储备的目的。

（5）有效利用外汇资金，推动重点产业优先发展

外汇管制使政府拥有更大的对外汇运用的支配权。政府可以利用它限制某些商品进口，以保护该国（或地区）的相应幼稚产业；或者向某些产业提供外汇，以扶植重点产业优先发展。

（6）增强该国（或地区）产品国际竞争能力

在企业不足以保证产品的国际竞争能力的条件下，政府可以借助外汇管制为企业开拓国外市场。例如，规定官方汇率是外汇管制的重要手段之一，当政府直接调低本币汇率时，或限制短期资本流入时，都有助于该国（或地区）增加出口。

（7）增强金融安全

金融安全指一国（或地区）在金融国际化的条件下，具有的抗拒内外金融风险和外部冲击的能力。开放程度越高，一国（或地区）维护金融安全的责任和压力越大。影响金融安全的因素包括不良贷款、金融体制改革和监管等内部因素，也涉及外债规模和使用效益、国际游资冲击等涉外因素。发展中国家（或地区）的经济发展水平较低，经济结构有种种缺陷，特别需要把外汇管制作为增强该国（或地区）金融安全的手段。

3. 外汇管制的弊端

① 破坏国际分工，阻碍国际贸易的发展。

② 破坏外汇市场机制，限制市场调节作用的发挥。

③ 手续繁多，交易成本上升。

④ 不利于平衡外汇收支和稳定汇率。

⑤ 价格机制失调，资源难以合理配置。

我国作为一个外汇管制国家，根据外汇管理局的《个人外汇管理办法》规定，境内公民个人结汇，每人每年的额度是等值 50 000 美元。然而，对于跨境电子商务企业来说，这可谓是一大难题。跨境电子商务主要是 B2C 贸易，物流通常通过快递，不像传统 B2B 可以通过公司收款结汇，于是很多跨境电子商务企业为了结汇，经常由财务带上全公司数十张个人身份证，通过透支每人 5 万美元额度的方法进行结汇，相对麻烦。但是，根据外汇管理新规，个人为了规避购结汇额度真实性管理，两次出借本人额度协助他人，或直接借用他人额度购结汇的，外管局会对这些人实施"关注名单"管理，列入"关注名单"的当年及之后连续 2 年，不再享有 5 万美元额度的便利化措施，情节严重的，会处以罚款，甚至可能会被移送司法机关。所以，以后不管是亲戚朋友，还是员工，可能都不敢再将身份证借出去帮别人或者公司结汇了。这样一来，对于跨境电子商务企业来说，结汇又变成了一个迫在眉睫的问题。

针对这样的现实情况，国内出现了连连支付、PingPong 等经过国家外汇管理局、中国人民银行批准试点的合法合规的大型跨境电子商务支付与结算企业，帮助跨境电子商务企业进行大额收付款及结汇。

三、任务实施

阅读以下材料，回答文后问题。

汇率波动给跨境电子商务进口浇了一盆冷水

劳动密集型商品和传统大宗商品的出口量大，人民币贬值能使其成本得到相应降低，但由于跨境出口电子商务平台的出口量较小，很难因汇率下调获得实质性增长，因此短期内很难有立竿见影的效果。人民币贬值能对跨境出口电子商务产生一定利好，加速其增长，但会增加跨境进口电子商务的成本压力。

因模式而异

TMT 独立评论人王如晨称，人民币贬值对于不同类型的跨境电子商务因模式不同，影响程度各异。

据其介绍，目前的跨境电子商务主要存在两种模式：一是自营模式；二是平台模式。而它们的发货方式，通常包括保税仓与海外直邮两种。两种发货方式优缺点各有不同，保税进口模式，它适合那种标准化、库存深、大批量的商品品类。通常，这类商品价格有一定的价格优势，规模能摊薄部分价格与部分运费成本。而直邮型为主的平台电子商务，则侧重小量多样，品类丰富，弹性供应。

自营类跨境电子商务多选择保税进口方式，比如京东、蜜淘、亚马逊等；而平台类跨境电子商务，则以直邮为主+部分保税进口为辅，比如洋码头等。

王如晨认为，汇率的变动对保税仓模式的影响较大。"人民币贬值，中国一般贸易进口遭遇阻力。自营、保税仓服务模式，某种程度上有着类似一般进口贸易的压力：进口量较大，汇率变动会成倍放大对单个商品价格的影响，最终体现为商品价格的上浮。传导到供应端，会弱化上游的议价权。在保税模式价格战仍是主流竞争趋势的背景下，商家或平台的毛利率会受到较大影响，差价很容易转嫁到买方。"

相比之下，在汇率波动的情况下，具有平台化特征、以海外直邮为主兼有保税仓补充的模式可能影响更小。

"这可以化解自营、保税仓服务模式的弊端：海外直邮，可以消除商品品类有限制的尴尬，维持小量多样的非标模式；保税仓出货，可以保证浅库存、标准化供应。两者结合，既有品类优势，又有浅库存支撑，供应链呈现弹性，能最大限度地适应外部压力。"王如晨表示。

他也强调，类似洋码头这样的平台模式，并非没有挑战，尤其是海外商品端，有较高的考验：丰富的个性化商品信息、买手服务、精准的爆款选择、严格而审慎的品质管控、高效的国际物流服务等。

洋码头的相关负责人称，洋码头以平台模式为主，结合保税备货和海外直邮两种不同的发货方式，后者所占比重较大。柔性供应链、实时定价体系和用户价格敏感度不高等特点，使得洋码头并未受到汇率波动的太多影响。

天猫国际方面也表示："汇率波动导致成本变化，天猫国际上的海外品牌方还是可以消化和承受的，能够保持价格稳定性。采购模式的自营平台可能受到的影响会大一些，因为人民币贬值意味着买贵了，要保持价格稳定利润就相应变薄。"

不过，在王如晨看来，受汇率影响较大的保税仓模式在应对汇率变化方面也有自己的应对措施。

"网易一直拥有较大规模的外汇储备，网易考拉海购是依托这些外汇储备进行采购的，所以人民币贬值并不会增加我们的采购成本，我们也不会因此调整在售商品的价格。"网易考拉相关负责人王崝表示。

王崝称，网易考拉海购在成本的缩减方面是全环节的。比如，从采购上，网易考拉利用外汇储备，坚持原产地批量直采，对接境外品牌方、上游批发商，缩减中间环节。等于说网易考拉拿到的采购价已经是"海外批发价"，所以部分商品在售价格比海外终端超市还要低。在运输环节，网易考拉海购依托合作伙伴，进行集中大规模的海运或空运，使每一单商品的运费尽可能地降低。所以，人民币贬值对网易考拉短期内并不会产生影响。

洗牌加速

分析人士认为，持续的人民币贬值会进一步加剧行业的洗牌，一些中小型跨境电子商务可能会消失。

"目前国内的跨境进口平台大多在亏钱抢市场，模式同质化严重，综合成本很高。因此人民币的贬值会使跨境进口平台的进口成本大大增加，亏损额也会急剧上升，跨境进口行业的洗牌将提前到来。"中投顾问高级研究员薛胜文表示，只有模式创新、拥有核心竞争力的跨境进口平台才有可能有效抵御人民币贬值的冲击，洗牌结束后，跨境电子商务行业的市场混乱状况有可能得到改善。

那么，究竟怎样的企业才能在这轮洗牌中存活下来？

"像天猫、京东、苏宁及亚马逊等，这些企业无论从哪方面讲都要比中小企业强很多。"易观国际分析师王小星表示，运营跨境电子商务本身成本就比较高，门槛比较高，未来可能还是会由巨头企业来分食这块诱人的蛋糕，掌控这个市场。

薛胜文则认为，那些能够获得融资的电子商务往往会走得更远，而他们之所以吸引资金，是因为他们有强大的境外商品组织和货源整合能力、在境内有较好的流量获取和转化能力、有擅长运营和境外供应链管控的人才以及正确的战略模式等。

"只有能够掌控供应链，获取流量并最终转化为销售的电子商务才能把握市场竞争格局，在行业洗牌中生存下去。"不过，薛胜文提醒，在监管趋严形势下，跨境电子商务合规风险进一步加大，投资者的观望情绪加重。

在电子商务天使投资人李成东看来，跨境电子商务未来行业加快整合是大势所趋。"跨境电子商务市场今后仍是大平台主导，但在进口方面，细分领域会有1～2家比较大的垂直电子商务崛起。出口方面，大平台最大的竞争来自境外，比如美国的eBay、亚马逊等。传统生产商转型做跨境出口应更注重输出品牌，这也是国家政策导向。"

资料来源：国际金融时报

【思考】

① 国内知名的跨境进口电子商务平台有哪些？

② 结合此材料，你觉得跨境进口电子商务平台应如何积极面对汇率波动？

四、任务评价

项目评价表如表5-4所示。

表5-4　项目评价表

项目	学习态度（20%）	团队合作情况（20%）	步骤完成情况（50%）	其他表现（10%）	小计（100%）	综合评价
小组评分（30%）						
个人评分（30%）						
老师评分（40%）						
综合得分（100%）						

五、知识拓展

跨境电子商务如何应对汇率之变

跨境电子商务"扁舟"如何在波动的汇率"海洋"中避开险流，行稳致远？日前，KVB昆仑国际集团、凤凰网和凤凰卫视，以"乘风破浪：新汇率时代跨境电子商务再起航"为主题举办了高端金融论坛。与会专家围绕人民币国际化、跨境电子商务行业发展机遇与挑战、跨境电子商务企业如何管理外汇风险等热点议题进行了交流与研讨。

人民币国际化步伐并未停滞

中国金融四十人论坛高级研究员、国家外汇管理局国际收支司原司长管涛的发言如下。

根据中国人民银行发布的数据，2016年中国外汇储备累计下降3 198.44亿美元，储备量逼近"3万亿"关口。在此背景下，政府收紧了跨境资本的流动空间。2017年前8个月，伴随着人民币汇率企稳，中国外汇储备上升了810亿美元，除了正估值效应外，根本原因还是资本外流势头得到缓解。

未来，推进人民币国际化可选择的着力点包括以下几方面。

第一，实现跨境资本有序流动，最终实现市场和政府双赢。

第二，人民币汇率市场化是人民币国际化必须迈过的坎儿。当前采取的一些保持汇率稳定的措施是特殊时期的临时手段，是在为未来的改革争取时间。人民币要想真正国际化，未来汇率必须实现清洁浮动。

第三，人民币国际化离不开金融市场的国际化。

第四，人民币的国际化有一个很重要的配套条件，那就是要提高中国人民银行的治理能力，包括中国人民银行货币政策决策和执行能力，中国人民银行货币政策的可信度、市场声誉，中国人民银行对市场的引导和沟通能力。

跨境电子商务发展直面四大挑战

阿里巴巴跨境电子商务研究中心主任、阿里研究院资深专家欧阳澄的发言如下。

当前，跨境电子商务已成为中国经济增长的新业态、新动力，也是改革开放的新窗口。跨境电子商务交易额在外贸总额中的占比不断提升：2012年跨境电子商务交易额在外贸总额中的占比为8.2%，2017年已升至30%，预计到2020这一数字会进一步提升至40%以上。未来国际贸易就是跨境电子商务。

跨境电子商务的核心价值不是简单地为企业提供新的市场、降本增效和创新模式，而是通过对消费者需求和市场变化的前瞻预见，为制造业和服务业转型升级提供方向引导和机遇。可以预见，未来跨境电子商务将迎来长足发展并呈现四大趋势：跨境电子商务B2B平台将由信息平台向交易平台升级，跨境电子商务零售将成为与B2B并驾齐驱的贸易方式，跨境电子商务服务生态将更加繁荣和健康，跨境电子商务将促进国际贸易新规则和新秩序的形成。

跨境电子商务发展前景光明，但当前也需直面以下4个方面的挑战。

一是能力建设。数字化转型，包括技术和商业模式的不断迭代创新，甚至出现了颠覆性的变化。这对企业管理者和员工的认识以及能力提出了更高要求。

二是基础设施建设。当前跨境电子商务的目标市场正在从欧美发达经济体扩大到更多发展中国家，后者互联网和电信基础设施的不完善，以及物流、支付体系的不健全，对电子商务企业的业务拓展形成障碍。

三是政策变化。政策变化给跨境电子商务企业造成了很大的困惑。当前，欧盟、俄罗斯、澳大利亚等都在调整跨境电子商务政策，企业须紧跟政策变化。不仅如此，中国也应积极通过"官产学"研究和国际交流合作，引导跨境电子商务政策走向。

四是市场竞争。目前，跨境电子商务同质化竞争现象明显。企业要以消费者为核心，通过数据积累和分析，在提升产品、服务和国际竞争力方面下功夫，增加产品附加值，在产品的差异化、个性化、国际化、品牌化上找方向，同时注重知识产权保护。

跨境电子商务需积极应对汇率波动

KVB昆仑国际集团全球交易总监郑晓嵘的发言如下。

过去，跨境电子商务的发展，无论是利润率，还是交易模式，都在发生激烈的竞争。一些跨境电子商务企业在海外建立了海外仓。在此背景下，跨境电子商务如何在不同国家管理好外汇仓位以及外汇现金流就成了一个必须面对的问题。首先就是头寸的管理和外汇现金流的管理。管理者需要了解所有的外汇的敞口、外汇的风险在哪个水平上。如果管理者对风险敞口没有基本的认识，规避风险和管理也就无从谈起。

资料来源：中国商务新闻网

六、同步拓展

① 请问申请国家外汇管理局的跨境支付牌照需要满足哪些条件？

② 目前在跨境电子商务企业较多的地区，已经有部分银行可以为跨境电子商务企业和个人办理结汇业务，且没有 5 万美元的限制。请课后了解一下杭州、义乌等地有哪些银行可以办理此项业务？

任务三　跨境电子商务支付与结算的金融风险及应对

一、任务引入

最近，小高的一位客户通过 PayPal 支付了 5 000 美元的货款，PayPal 手续费由客户承担。最近美元对人民币在历史低位 6.3。

如果小高现金流充足，那么，你觉得小高是现在将美元兑换成人民币妥当，还是持有一段时间美元更妥当？

二、相关知识

（一）跨境电子商务支付与结算的金融风险

1. 跨境电子商务支付与结算的金融风险的概念

近几年来，我国跨境电子商务进出口业务蓬勃发展，交易量车年大幅增长，跨境电子商务支付与结算的损失案例并不少见，其中暴露出的金融风险也越来越多。虽然政府已经出台了不少制度政策来规避跨境电子商务支付与结算的金融风险，但是因为牵涉不同国家（或地区）、不同平台，而且各国（或地区）、各个平台政策也经常改变，跨境电子商务的金融风险始终是跨境电子商务企业要认真对待的课题。

跨境电子商务支付与结算的金融风险是指在跨境电子商务的交易过程中，在跨境电子商务支付与结算的各个环节，存在的汇率变动、外汇管制、支付许可、结汇成本、拒付欺诈、流动性等金融风险，这些金融风险不光对个体企业产生损失，也对我国跨境电子商务行业，乃至国家进出口贸易都产生较大的影响。

2. 跨境电子商务支付与结算的主要金融风险

（1）汇率变动

汇率变动对跨境电子商务进出口的影响有两面性。比如，人民币对美元贬值，一方面，跨境进口商品的性价比有所下降，跨境进口相关平台如天猫国际、网易考拉海购、京东全球购等平台的销售额会有所下跌；另一方面，对于出口跨境电子商务而言，人民币贬值反而是大好事。主要提供欧美出口的跨境电子商务，一般业务采用美元核算、人民币结算的方式，人民币汇率走低后钱反而更值钱了，跨境电子商务更加有利可图，行业更加具有吸引力。

整体而言，汇率波动对跨境电子商务的影响不容小觑，特别是中小企业，将会面临价格竞争与汇率波动的双重压力，稍不注意就有可能在市场整合中被淘汰出局。如果一家跨境电子商务企业的净利率在 5%～10%，汇率的波动可能吃掉整个企业一年的盈利，甚至可能会导致企业亏损，所以跨境电子商务企业必须进行汇率风险管控。

（2）外汇管制

我国目前的资本项目尚未完全放开，经常项目基本处于可自由兑换状态。但对于个人结售汇实行年度限额管理，个人年度结售汇限额不超过等值 5 万美元。通过第三方支付机构进行的跨境电子商务支付，境内消费者在完成订单确认后，需要向第三方支付机构付款，再由第三方机构向银行集中购汇，银行再按照第三方支付机构的指令，将资金划入目标账户。一方面，第三方支付机构只能获取交易双方有限的交易信息，如订单号、银行账号等，银行无法获取个人信息，这样就很难执行个人年度结售汇管理政策。另一方面，如何认定分拆结售汇也存在一定困难。从国家外汇管理局前期试点监测情况来看，试点业务多为 C2C 个人"海淘"等小额交易，人均结售汇金额不足 60 美元。境内消费者一天之内几次或十几次小额购物，算不算分拆结售汇？对此，很多银行默认了 PayPal 等支付企业使用虚拟电子账户来识别用户，默认了这些跨境电子商务支付与结算企业帮助跨境电子商务企业和个人规避结售汇限额。

但是，中国人民银行和国家外汇管理局已经意识到这些现象有可能隐藏洗钱和外汇流失等问题，总体的制度设计是包容审慎，但是不排除未来随着跨境电子商务交易规模的扩大，对个人年度结售汇限额进行收紧的可能性。试想如果国家外汇管理局要求严格执行个人年度结售汇限额每年每人为 5 万美元，如果一个跨境电子商务企业一年的销售额达到 1 000 万美元，那将对跨境电子商务企业产生非常大的影响。

（3）支付许可

虽然国内外有很多的跨境电子商务支付与结算企业获得了本国、外国的支付牌照，但是随着行业的发展，以及各国（或地区）政治经济环境的变化，这些跨境电子商务支付与结算企业的支付许可也有可能重新洗牌。届时，跨境电子商务企业跨境电子商务支付与结算环节必然发生相应的改变。

（4）结汇成本

结汇成本在排除汇率波动的成本后，还包括结算平台手续费和结算的时间成本。纵观目前专做支付或结汇的主要平台，虽然已经有如连连支付、PingPong 这样的企业提供高效、廉价的结算服务，但是整个行业的平均结汇手续费还是会超过 1%。这使跨境电子商务企业的利润率也大大降低。

（5）拒付欺诈

与传统外贸相比，跨境电子商务给广大中小企业提供了很多商机和便利，商家可以足不出户便把产品销往世界各地。然而，随着电子商务的发展和成熟，网上交易欺诈也偶有出现，给一些卖家带来一定的困扰。根据国际惯例以及 Visa、MasterCard 等卡组织的规定，在使用国际信用卡进行网上支付时，如果在交易过程中出现问题，180 天之内持卡人都可以提起拒付（Chargeback，CB）。某种情况下，买家提起的恶意拒付会给卖家造成经济损失，即使电子商务平台帮助卖家向卡组织进行申诉，但由于交易时间较久远，有可能物流方已没有订单跟踪信息，这样也会导致卖家败诉。

（6）流动性

跨境电子商务支付结算会伴随资金到账的时间问题，一般资金不能立即到账，需要经过结算银行购汇或结汇支付，一般支付平台完成交易资金清算常需要 7～10 天。这可能会导致企业的资金周转出现问题。比如，企业需要交易所得的货款来支付职工工资、生产产品、购买原材料等，但是由于资金在支付过程中停滞了一段时间，那么就会造成企业的经营周转出现问题，造成了企业经营的流动性风险。

（二）跨境电子商务支付与结算金融风险的应对措施

针对跨境电子商务支付与结算的一系列风险，企业以及第三方支付平台可以采取以下措施来防范风险。

1. 汇率风险

对于汇率风险，跨境电子商务企业可以通过密切关注汇率变动、适当提高产品售价、适当储备美元等方式来应对，主要还是靠跨境电子商务企业树立品牌、保障产品质量来抵御，因为汇率波动不受个体企业的控制，跨境电子商务企业主要还是靠自身挖掘潜力，修炼内功。

2. 外汇管制风险

对于外汇管制风险，因为当前我国对跨境电子商务的包容审慎态度，所以暂时还不会出台过分收紧的政策，中小企业仍然可以通过多个个人账户或部分银行的支持政策规避。

3. 支付许可风险

对于支付许可风险，虽然部分跨境电子商务支付与结算企业获得了国家的认可和支持，但是因为其中隐藏的风险因素，相关部门仍然有可能对相关跨境电子商务支付行业进行整理整顿。尤其是对于业务增长比较迅速的跨境电子商务企业来说，开立境外账户仍然是一种性价比不高但至少合法合规的做法。

4. 结汇成本风险

对于结汇成本风险，除了汇率损失以外，结汇成本还包括结汇手续费等。因为各个跨境电子商务企业和跨境电子商务支付与结算企业之间复杂的竞争合作关系，跨境电子商务企业和跨境电子商务支付与结算企业之间往往关系微妙，收款和结汇等成本也随之波动。对于结汇成本，此处建议用户在绑定收款和结汇工具时，考虑其与所在平台之间的关系，以及该跨境电子商务支付与结算公司本身的规模大小。如果该跨境电子商务支付与结算公司与所在跨境电子商务平台之间是从属或者密切合作关系，且本身规模和影响力较大，则可以考虑用此方式收款、结汇。

5. 拒付欺诈风险

对于拒付欺诈风险，目前有效的做法是购买拒付欺诈险等保险。例如，近日，敦煌网"拒付欺诈货物损失保障"服务正式上线，降低了卖家因买家拒付欺诈带来的风险。购买拒付欺诈保障服务的卖家，在出现买家恶意拒付欺诈情况时，将得到一定比例的保险补偿，其过程是发卡行或卡组织将付款撤单消息反馈给敦煌网平台，然后敦煌网平台在一周内对卖家进行补偿，并建立不良买家黑名单。

6. 流动性风险

对于流动性风险，可以用加入提前收款计划、获得跨境电子商务平台或银行贷款等方式加以规避。比如，速卖通卖家在满足一定的运营条件后，可以申请加入提前收款计划，提前获得货款。另外，不少跨境电子商务平台都为卖家提供信用贷款，基于卖家最近一年的销售数据，给予年销售额 10%左右的信用贷款。卖家个人或企业也能从部分银行获得信用贷款额度。这对于流动资金也是很好的补充。

三、任务实施

阅读以下材料，回答文后问题。

2017年，中国跨境电子商务市场继续保持良好的增长势头，跨境电子商务交易规模持续扩大，在我国进出口贸易中所占比重越来越高。据中国电子商务研究中心监测数据显示，2017年上半年中国跨境电子商务交易规模4.5万亿元，其中，出口跨境电子商务交易规模3.3万亿元，同比增长31.5%。在整个跨境电子商务中，出口跨境电子商务因其配套设施的不断完善、第三方平台门槛低等因素，依然占据跨境电子商务主导地位，也持续受到资本青睐。

以下为中国电子商务研究中心对2017年中国出口跨境电子商务七大投融资案例所进行的盘点，包括：通拓科技、价之链、萨拉摩尔、有棵树、赛维电子商务、PingPong、洋葱海外仓等企业。

【事件一】华鼎股份斥资29亿元并购"通拓科技"

事件概述： 2017年4月17日，华鼎股份宣布，拟通过发行股份及支付现金方式购买通拓科技100%股权，交易对价29亿元，同时拟配套融资约12.57亿元。2018年1月17日，华鼎股份正式宣布完成并购通拓科技。

主要模式： 通拓科技是一家基于"泛供应链""泛渠道"模式经营的跨境电子商务公司，致力于把中国优质供应链产品，通过eBay、亚马逊、速卖通、敦煌网、Wish、自有网站等多种渠道销售到世界各地，其主营产品包括游戏配件、电脑配件、手机配件、家居、健康美容、汽车配件、摄影器材、影音视频、服饰、玩具、户外等数十个品类。

专家点评： 对此，中国电子商务研究中心B2B与跨境电子商务部主任、高级分析师张周平表示，随着对通拓科技的整合，华鼎股份能够利用自己在纺织行业的市场地位，大力支持通拓科技发展目前还较为缓慢的服饰类SKU（Stock Keeping Unit，库存量单位）的跨境电子商务业务，并将帮助其开拓义乌地区以及长三角的优质供应链资源，通过行业和区域的资源整合，实现两家公司的优势互补并发挥协同效应，从而增强公司的持续盈利能力。

【事件二】浔兴股份斥资11亿元收购"价之链"65%股权

事件概述： 2017年6月23日，价之链发布公告，浔兴股份拟以现金方式向公司现有股东收购公司约65%的股份，收购总价预计不超过11亿元。

主要模式： 价之链是一家以"品牌电子商务+电子商务软件+电子商务社区"为主的B2C跨境出口企业，主要将国内的高质量、高性价比的产品销售到美国及欧洲市场，于2016年8月8日在新三板挂牌。

专家点评： 通过此次收购，浔兴股份将有机会借助深圳价之链跨境电子商务股份有限公司的运营经验，在原有B2B业务基础上新增B2C业务，实现产业链延伸，整合产业上下游，直接面向终端消费者。价之链也可借助上市公司浔兴股份的品牌影响力，丰富产品品类，提升品牌打造能力，浔兴股份、价之链有望实现良好的协同效应。

【事件三】山鼎设计11亿元收购"萨拉摩尔"100%股权

事件概述： 2017年11月30日，上市公司山鼎设计发布公告，拟作价11亿元购买萨拉摩尔100%股权。在本次交易中，山鼎设计将以现金方式支付4.4亿元，以41.16元/股价格发行1 603万股支付6.6亿元。

主要模式： 萨拉摩尔是一家主要从事电子配件、服装、饰品、创意家居、户外用品等产品的出口跨境电子商务。商业模式为通过eBay、Wish、亚马逊等电子商务平台将商品销往全球各地。

专家点评： 山鼎设计收购萨拉摩尔将为公司提供在跨境电子商务领域快速实现业务布局提供强大助力。同时，山鼎设计将有效优化和改善现有业务结构，降低房地产行业宏观政策调控对公司经营业绩的影响程度，实现公司综合竞争能力和持续盈利能力的全面提升。

【事件四】"有棵树"获方正和生、中信金石等4亿元C+轮融资

事件概述： 2017年1月9日，新三板挂牌企业有棵树宣布完成C+轮融资。该轮融资由10家机构共同投资，方正和生、中信金石分别以1.15亿元、0.5亿元领投，华益资本8 125万元、盛世景6 000万元、天星资本3 000万元等8家跟投，总金额约4亿元。

主要模式： 有棵树旗下主要业务涵盖了出口板块及进口板块海豚供应链，出口方面以B2C模式为主，在亚马逊、eBay、Wish、速卖通等各大老牌、新兴第三方电子商务平台上拥有约300家店铺、10万个在线SKU（Stock Keeping Unit，库存量单位），覆盖100多个国家和地区。进口板块品牌海豚供应链以B2B模式为主，拥有1万多国内B端客户和4 500多万的C端用户。

专家点评： 本轮融资后，有棵树的业务模式将全面升级，从中国对其他国家的进出口贸易，升级为全球任意国家（或地区）间的在线零售商品流通网络。通过深度布局跨境电子商务全产业链，有棵树进出口双向模式将会持续发力，公司竞争力将持续提高，保持行业领先地位。

【事件五】"赛维电子商务"新三板定向增发融资2.22亿元

事件概述： 2017年8月29日，新三板挂牌企业赛维电子商务发布股票发行情况报告书表示，本次发行人民币普通股888万股，募集资金规模为2.22亿元。本次定向发行的对象为鑫瑞集泰，其认购数量为888万股。

主要模式： 赛维电子商务以外贸B2C电子商务运营为核心业务，包括自营平台运营，在亚马逊等第三方平台运营、自有品牌运营和开放物流服务，品牌产品主要覆盖服装服饰、家居、运动、电子等。

专家点评： 赛维电子商务此次发行股票募集的资金主要用于补充公司运营所需的流动资金，本次股票发行完成后，赛维的整体财务状况将得到进一步改善，财务实力增强。同时，股票发行募集资金有利于扩大赛维生产经营规模，增强公司的市场竞争力，提升公司整体经营能力，增强公司的综合竞争能力。

【事件六】"PingPong"获广发信德等数亿元B1轮融资

事件概述： 2017年3月14日，跨境电子商务支付企业PingPong金融宣布完成B1轮融资，金额达数亿元。新领投方为广发证券全资子公司广发信德，而PingPong A轮投资方全球最大共同基金Fidelity继续跟投，还有多家机构也同时跟投。

主要模式： PingPong金融成立于2015年6月，是中国（杭州）跨境电子商务综试区的一家专业专门从事跨境收款业务的金融服务公司。2016年9月，PingPong与移动电子商务平台Wish建立合作关系，成为Wish的官方收款渠道。

专家点评： PingPong金融作为国内首家从事跨境收款业务的公司，其服务对象是B端的跨境电子商务企业，商业模式通过降低跨境电子商务卖家收款费率，为卖家提供更合规、更安全的跨境金融服务以及多种重量级产品，搭建走出去的桥梁，帮助优化资金使用效率，为卖家创造更大的利润空间。

【事件七】"洋葱海外仓"获险峰旗云等过亿元B轮融资

事件概述： 2017年3月23日，洋葱海外仓宣布完成过亿元B轮融资，由国内基金险峰旗云、欢聚时代YY旗下独立基金亦联资本一同参与本轮融资，星汉资本担任本轮独家财务顾问。

主要模式： 洋葱海外仓有自己的一套健康稳定的分销体系，上有全球聚合供应链，中有仓储物流清关实力做支撑，在渠道拓展、销售运营、品牌推广、培训管理、客户服务等渠道运营综合模块不断深入开拓运营发展。洋葱海外仓目前的运营项目包括洋葱跨境云分销微店、洋葱连锁直营店、洋葱跨境专柜、洋葱小区体验馆4个。

专家点评： 洋葱海外仓后端供应链采取自采、自选、自制造的方式以差异化选品策略及规模化体量，进一步压缩供应成本，并借助智能化运营、内容、SAAS（Soft Ware-as-a-Service，软件即服务）、仓配、客服等多维度的体系建设，连接上下游，互相赋能，搭建从商品到数据双通的完整社交零售闭环，填充和推动新零售格局的多元化发展。

资料来源：电子商务研究中心

【思考】

① 请问为何跨境电子商务企业相对于国内电子商务企业的资金需求更显强烈，现金流更显紧张？

② 结合此材料，并查看通拓科技的官网，你觉得这些大型跨境电子商务企业在获得资金支持后，会在哪些方面完善提升？

四、任务评价

项目评价表如表5-5所示。

表5-5 项目评价表

项目	学习态度（20%）	团队合作情况（20%）	步骤完成情况（50%）	其他表现（10%）	小计（100%）	综合评价
小组评分（30%）						
个人评分（30%）						
老师评分（40%）						
综合得分（100%）						

五、知识拓展

春风来临，跨境电子商务亟需哪些"金融装备"？

借助"一带一路"倡议建设稳步推进的东风，跨境电子商务更为迅速地发展起来。这不仅体现在一些跨境电子商务逐渐强化与"一带一路"沿线国家市场的联系，推动贸易往来，也体现在银行业金融机构不断创新金融服务对接国家战略，以促进跨境电子商务做大、做强。

"跨境电子商务具有轻资产的特点，且大多为初创期，对银行传统的授信管理、风险防控是个挑战。"浙江银监局（原中国银行业监督管理委员会下属单位，现更改为浙江银行保险监督管理委员会）相关负责人表示，跨境电子商务在融资、跨境电子商务支付结算、结售汇、汇率避险等方面需要金融支持，且因为其"线上经营"的特点，也需要银行提供的服务能够便捷化、高效化和网络化。

在浙江杭州下沙跨境电子商务园区，琳琅满目的商品整齐地码放在仓库两旁。工作人员正在验收各种入库商品，并把货物与订单一一对应地放进一个个小筐中，打包完成后，由快递公司送往全国各地。"现在我们的商品已在中国工商银行'融e购国际频道'上架，最近的一批已被订购一空。"澳创电子商务有限公司董事长楼创红说，未来中国工商银行浙江省分行还打算根据企业需要提供资金支持。

"融e购国际频道"是中国工商银行自建的跨境电子商务平台，其西班牙馆等由中国工商银行境外分行筹建的国家馆已陆续上线。中国工商银行浙江省分行副行长吴翔江表示，凭借庞大的客户群，银行做跨境电子商务可以通过电子商务平台将原来单点、单向的金融服务进行融合，发挥客户规模的群聚效应。

另据悉，杭州银行与宁波跨境电子商务综合平台合作推出了"e+生活圈"，开展跨境购，并配套提供企业融资、个人分期付款、交易结算等一揽子金融服务，截至2018年9月末已拥有注册用户5万人。光大银行与网易考拉海购在跨境电子商务领域开展合作，依托银行网点建立线下体验馆，探索"线下体验"模式。

创新产品提供融资支持

浙江电子商务起步发展较早，有大批电子商务企业从事跨境业务。作为全球最大的小商品基地，浙江义乌登记的电子商务经营主体有3万家左右。刘浩君就是其中之一，他开办了阿里速卖通网店，从事跨境电子商务业务，因为没有固定资产，也难以找到担保人，获得银行信贷支持并不容易。

据了解，以往跨境电子商务的申贷之路不畅不仅是因为缺少抵押物，在资金期限上也不匹配，银行信贷期限比较固定，而电子商务卖家所需资金只用一小段时间，平摊下来融资成本偏高，且申办手续也比较复杂。

为此，各商业银行不断创新针对跨境电子商务的融资服务模式，通过分析跨境电子商务资金流水、订单数据等，提供无担保小额流动资金贷款，创新线上贷款业务。

不断推进综合金融服务

在跨境电子商务交易中，跨境电子商务支付是重要一环。浙江各银行与支付宝、贝付科技等具有外汇支付牌照的第三方支付公司对接，开展跨境电子商务支付结算。

除了支付与结算，各银行基于自身服务特色和优势，提供汇率避险、结售汇等金融服务。比如，杭州银行为跨境出口企业提供出口退税账户托管项下远掉期结售汇等规避汇率风险的服务；稠州银行与义乌跨境电子商务监管中心合作，利用中心数据为跨境电子商务办理贸易结汇；建设银行浙江省分行利用"跨境e汇"平台，对接杭州跨境电子商务综合试验区"单一窗口"，提供综合金融服务。

个人突破5万美元结汇限额的方式

从事国际贸易的大部分企业、个人，大多注册了离岸公司，但因受个人5万美元结汇额度的限制，离岸账户大量沉积的资金难以结汇并转入境内账户，是不少客户头疼的问题。

注册义乌个体工商户能有效解决离岸账户大额结汇问题。

义乌是中国国际贸易综合改革金融试点城市，正在实施个人贸易外汇管理改革试点，在政策上获得了支持。义乌是世界性的小商品市场，因此，为满足当地众多中小微企业的贸易金融，当地主管部门对个体工商户和中小企业的金融结汇进行了创新改革，每年可进行一定额度的外币结汇。

在义乌，不同银行政策略有所区别，如中国农业银行每年结汇不超过500万美元，稠州商业银行结汇一般无限制。

资源来源：亿邦动力

六、同步拓展

① 登录敦煌网卖家贷款页面，查看卖家申请贷款的条件、流程、金额及利率等。

② 登录新浪财经美元频道，查看美元对人民币汇率变化。

③ 义乌是中国国际贸易综合改革金融试点城市，个人贸易外汇管理改革试点城市，注册义乌个体工商户能有效解决离岸账户大额结汇问题。请百度搜索义乌的部分银行（如稠州银行等），了解它们对义乌个体工商户大额结汇的优惠便利措施。

Item 6

项目六
跨境电子商务支付与结算
税务分析

项目情境引入

财政部 海关总署 国家税务总局
关于跨境电子商务零售进口税收政策的通知

各省、自治区、直辖市、计划单列市财政厅（局）、国家税务局，新疆生产建设兵团财务局，海关总署广东分署、各直属海关：

为营造公平竞争的市场环境，促进跨境电子商务零售进口健康发展，经国务院批准，现将跨境电子商务零售（企业对消费者　即B2C）进口税收政策有关事项通知如下：

一、跨境电子商务零售进口商品按照货物征收关税和进口环节增值税、消费税，购买跨境电子商务零售进口商品的个人作为纳税义务人，实际交易价格（包括货物零售价格、运费和保险费）作为完税价格，电子商务企业、电子商务交易平台企业或物流企业可作为代收代缴义务人。

二、跨境电子商务零售进口税收政策适用于从其他国家或地区进口的、《跨境电子商务零售进口商品清单》范围内的以下商品：

（一）所有通过与海关联网的电子商务交易平台交易，能够实现交易、支付、物流电子信息"三单"比对的跨境电子商务零售进口商品；

（二）未通过与海关联网的电子商务交易平台交易，但快递、邮政企业能够统一提供交易、支付、物流等电子信息，并承诺承担相应法律责任进境的跨境电子商务零售进口商品。

不属于跨境电子商务零售进口的个人物品以及无法提供交易、支付、物流等电子信息的跨境电子商务零售进口商品，按现行规定执行。

三、跨境电子商务零售进口商品的单次交易限值为人民币2 000元，个人年度交易限值为人民币20 000元。在限值以内进口的跨境电子商务零售进口商品，关税税率暂设为0%；进口环节增值税、消费税取消免征税额，暂按法定应纳税额的70%征收。超过单次限值、累加后超过个人年度限值的单次交易，以及完税价格超过2 000元限值的单个不可分割商品，均按照一般贸易方式全额征税。

四、跨境电子商务零售进口商品自海关放行之日起30日内退货的，可申请退税，并相应调整个人年度交易总额。

五、跨境电子商务零售进口商品购买人（订购人）的身份信息应进行认证；未进行认证的，购买人（订购人）身份信息应与付款人一致。

六、《跨境电子商务零售进口商品清单》将由财政部商有关部门另行公布。

七、本通知自2016年4月8日起执行。

特此通知。

财政部 海关总署 国家税务总局

2016年3月24日

海关总署公告 2016 年第 26 号
关于跨境电子商务零售进出口商品有关监管事宜的公告

为做好跨境电子商务零售进出口商品监管工作，促进电子商务健康有序发展，根据《海关法》和国家有关政策规定，以及《财政部 海关总署 国家税务总局关于跨境电子商务零售进口税收政策的通知》（财关税[2016]18号）、《财政部等11个部门关于公布跨境电子商务零售进口商品清单的公告》（2016年第40号）的有关规定，现就相关海关监管问题公告如下：

一、适用范围

（一）电子商务企业、个人通过电子商务交易平台实现零售进出口商品交易，并根据海关要求传输相关交易电子数据的，按照本公告接受海关监管。

二、企业管理

（二）参与跨境电子商务业务的企业应当事先向所在地海关提交以下材料：

1. 企业法人营业执照副本复印件；

2. 组织机构代码证书副本复印件（以统一社会信用代码注册的企业不需要提供）；

3. 企业情况登记表，具体包括企业组织机构代码或统一社会信用代码、中文名称、工商注册地址、营业执照注册号，法定代表人（负责人）、身份证件类型、身份证件号码，海关联系人、移动电话、固定电话，跨境电子商务网站网址等。

企业按照前款规定提交复印件的，应当同时向海关交验原件。

如需向海关办理报关业务，应当按照海关对报关单位注册登记管理的相关规定办理注册登记。

三、通关管理

（三）跨境电子商务零售进口商品申报前，电子商务企业或电子商务交易平台企业、支付企业、物流企业应当分别通过跨境电子商务通关服务平台（以下简称服务平台）如实向海关传输交易、支付、物流等电子信息。

进出境快件运营人、邮政企业可以受电子商务企业、支付企业委托，在书面承诺对传输数据真实性承担相应法律责任的前提下，向海关传输交易、支付等电子信息。

（四）跨境电子商务零售出口商品申报前，电子商务企业或其代理人、物流企业应当分别通过服务平台如实向海关传输交易、收款、物流等电子信息。

（五）电子商务企业或其代理人应提交《中华人民共和国海关跨境电子商务零售进出口商品申报清单》（以下简称《申报清单》），出口采取"清单核放、汇总申报"方式办理报关手续，进口采取"清单核放"方式办理报关手续。

《申报清单》与《中华人民共和国海关进（出）口货物报关单》具有同等法律效力，相关数据填制要求详见附件1、附件2（本书中不做引用）。

（六）电子商务企业应当对购买跨境电子商务零售进口商品的个人（订购人）身份信息进行核实，并向海关提供由国家主管部门认证的身份有效信息。无法提供或者无法核实订购人身份信息的，订购人与支付人应当为同一人。

（七）跨境电子商务零售商品出口后，电子商务企业或其代理人应当于每月10日前（当月10日是法定节假日或者法定休息日的，顺延至其后的第一个工作日，第12月的清单汇总应当于当月最后一个工作日前完成），将上月（12月为当月）结关的《申报清单》依据清单表头同一收发货人、同一运输方式、同一运抵国、同一出境口岸，以及清单表体同一10位海关商品编码、同一申报计量单位、同一币制规则进行归并，汇总形成《中华人民共和国海关出口货物报关单》向海关申报。

（八）除特殊情况外，《申报清单》《中华人民共和国海关进（出）口货物报关单》应当采取通关无纸化作业方式进行申报。

《申报清单》的修改或者撤销，参照海关《中华人民共和国海关进（出）口货物报关单》修改或者撤销有关规定办理。

四、税收征管

（九）根据《财政部 海关总署 国家税务总局关于跨境电子商务零售进口税收政策的通知》（财关税[2016]18号）的有关规定，跨境电子商务零售进口商品按照货物征收关税和进口环节增值税、消费税，完税价格为实际交易价格，包括商品零售价格、运费和保险费。

（十）订购人为纳税义务人。在海关注册登记的电子商务企业、电子商务交易平台企业或物流企业作为税款的代收代缴义务人，代为履行纳税义务。

（十一）代收代缴义务人应当如实、准确向海关申报跨境电子商务零售进口商品的商品名称、规格型号、税则号列、实际交易价格及相关费用等税收征管要素。

跨境电子商务零售进口商品的申报币制为人民币。

（十二）为审核确定跨境电子商务零售进口商品的归类、完税价格等，海关可以要求代收代缴义务人按照有关规定进行补充申报。

（十三）海关对满足监管规定的跨境电子商务零售进口商品按时段汇总计征税款，代收代缴义务人应当依法向海关提交足额有效的税款担保。

海关放行后30日内未发生退货或修撤单的，代收代缴义务人在放行后第31日至第45日内向海关办理纳税手续。

五、物流监控

（十四）跨境电子商务零售进出口商品监管场所必须符合海关相关规定。

监管场所经营人、仓储企业应当建立符合海关监管要求的计算机管理系统，并按照海关要求交换电子数据。

（十五）跨境电子商务零售进出口商品的查验、放行均应当在监管场所内实施。

（十六）海关实施查验时，电子商务企业或其代理人、监管场所经营人、仓储企业应当按照有关规定提供便利，配合海关查验。

（十七）电子商务企业或其代理人、物流企业、监管场所经营人、仓储企业发现涉嫌违规或走私行为的，应当及时主动报告海关。

六、退货管理

（十八）在跨境电子商务零售进口模式下，允许电子商务企业或其代理人申请退货，退回的商品应当在海关放行之日起30日内原状运抵原监管场所，相应税款不予征收，并调整个人年度交易累计金额。

在跨境电子商务零售出口模式下，退回的商品按照现行规定办理有关手续。

七、其他事项

（十九）在海关注册登记的电子商务企业、电子商务交易平台企业、支付企业、物流企业等应当接受海关后续管理。

（二十）本公告有关用语的含义：

"参与跨境电子商务业务的企业"是指参与跨境电子商务业务的电子商务企业、电子商务交易平台企业、支付企业、物流企业等。

（二十一）以保税模式从事跨境电子商务零售进口业务的，应当在海关特殊监管区域和保税物流中心（B型）内开展，除另有规定外，参照本公告规定监管。本公告自2016年4月8日起施行，施行时间以海关接受《申报清单》申报时间为准，未尽事宜按海关现行规定办理。

自本公告施行之日起，海关总署公告2014年第56号同时废止。

特此公告。

中华人民共和国海关总署

2016年4月6日

问题：你觉得新的跨境电子商务进口税则和以前的税则区别在哪里？你觉得海关总署对跨境电子商务零售进出口商品的监管和对B2B贸易方式进出口商品的监管有何区别？

项目任务书

项目任务书如表6-1所示。

表6-1　项目任务书

任务编号	分项任务	职业能力目标	知识要求	参考课时
任务一	认知跨境电子商务支付与结算税务	了解跨境税务的概况	1. 跨境税务的定义 2. 我国跨境税务的特点	2
任务二	跨境电子商务支付与结算的税务因素分析	熟悉跨境进出口税务政策	1. 出口税务 2. 进口税务 3. 增值税	2
任务三	跨境电子商务支付与结算的税务风险及应对	能妥善应对跨境电子商务支付与结算的税务风险	1. 跨境电子商务支付与结算的税务风险 2. 应对措施	2

任务一　认知跨境电子商务支付与结算税务

一、任务引入

小高平时也喜欢在网上海淘，亚马逊、eBay、天猫国际、网易考拉海购、小红书、洋码头都是他了解的海淘网站。最近几年，他感觉海淘比以前便宜了。

为何小高会有这样的感觉？跟国家新的跨境电子商务零售进口税务法规有什么联系？

二、相关知识

（一）跨境税务的定义

广义的跨境税务是指各个国家和地区的征税机构向跨境进出口商品征收相关税费的业务。狭义的跨境税务指的是因互联网兴起的，各个国家和地区的征税机构向跨境电子商务零售进出口商品征收相关税费的业务。跨境电子商务是一种跨越关境的交易行为，其中环节涉及输出国（或地区）和输入国（或地区）的海关，包括多种税务：关税、增值税、退税等。跨境电子商务的税务问题引起各国（或地区）的重视，最近欧盟国家频频出手，大棒挥舞，在税务问题上大力管制。跨境进口税务主要涉及关税、进口增值税、进口消费税、行邮税。跨境出口税务主要涉及出口退税。

（二）我国跨境税收政策发展历程

目前我国跨境电子商务有 3 个特征：一是交易规模不断扩大，在我国进出口贸易中所占有的份额日趋提高；二是跨境电子商务以出口业务为主，出口跨境电子商务延续快速发展态势；三是跨境电子商务以 B2B 业务为主，B2C 跨境模式逐渐兴起且有不断扩大的趋势。据中国电子商务研究中心发布的《2016—2017 年中国出口跨境电子商务发展报告》披露，2017 年中国跨境电子商务交易规模达到 8 万亿元，同比增长 30%，其中，出口跨境电子商务交易规模为 6.5 万亿元，同比增长 26%。为了对跨境电子商务交易主体进行法律约束，防止偷税、漏税等行为，保证我国财政收入的稳定增长，规范行业发展、市场需求稳定，推进跨境电子商务向健康方向发展，我国正在修改跨境电子商务税收政策和税收制度。

2013 年 8 月 21 日，国务院办公厅《关于实施支持跨境贸易电子商务零售出口有关政策意见的通知》中提出，完善跨境电子商务相关税收征管政策，委托国家财政部和税务总局制定了行邮税相关实施细则。行邮税是进口关税、进口环节增值税、进口环节消费税的一种综合，对个人非贸易性入境物品征收。行邮税按照从价计征方式征收，计算公式为：应纳税额=完税价格×行邮税税率。行邮税税率共设 10%、20%、30%、50%四挡。行邮税是进口商品价格的组成部分。在海关规定数额和金额以内的个人自用进境过关物品，免征行邮税；超过规定数额但仍在合理数量以内的个人自用进境过关物品，纳税义务人在进境物品通行前按照规定缴纳该货物的行邮税。

（三）我国跨境电子商务税收新政

从 2013 年开始，我国按照《海关法》来实施对跨境物品征税，规定由海关进行征税，但并未涵盖跨境电子商务这一新兴贸易方式的税收征管问题，法律的滞后给税收征管带来诸多困难。从征税对象的角度看，我国《海关法》虽然对传统货物贸易的征税方法做了相关规定，但是跨境电子商务与传统跨境贸易有着本质的区别，少部分人利用我国跨境电子商务税收法规上的空白，逃避海关手续与相关税负。

根据财政部、海关总署、国家税务总局 2016 年 3 月 24 日发布的《关于跨境电子商务零售进口税收政策的通知》，自 2016 年 4 月 8 日起，跨境电子商务进口物品取消按邮寄物品征收行邮税纳税方式，改为按货物征收关税、进口环节增值税、消费税。跨境电子商务彻底告别"免税时代"，使用"跨境电子商务综合税"代替了行邮税。最新政策规定，跨境电子商务零售进口商品的单次交易的临界值为人民币 2 000 元，个人一年的交易临界值为人民币 20 000 元。在规定的金额以内，跨境电子商务零售进口商品关税税率暂设为 0%；进口环节增值税、消费税取消免征税额，暂按法定应纳税额的 70% 征收。超过单次规定的金额、累加后超过个人年度规定的金额的交易，以及完税价格超过 2 000 元限值的单个不可分割商品，均按照一般贸易方式全额征税。而按之前的行邮税标准，对低于 1 000 元人民币的跨境电子商务零售进口商品征收行邮税，根据进口物品种类，分别征收 10%、20%、30%、50% 的行邮税，大多数商品的行邮税在 10%，且税额不超过 50 元时，海关还免征相关税费。虽然限制每笔 1 000 元，但是对消费笔数并无限制。

按照调整后的计税方式，不同产品税率有升有降。以化妆品为例，增值税税率的 70% 是 11.9%，再加上消费税税率的 70% 是 21%，新税制之后，税率就比之前 50% 的行邮税税率要低。但食品、母婴类产品的税率就都提高了。因为按照现在行邮税的计税方式，因有 50 元的免税额度，这些产品基本都不用交税。但对 100 元以上的化妆品，需要交 50% 的行邮税，执行新政之后就小于 50%，消费者承担的税收成本其实是下降的。税改前后税率对比如表 6-2 所示。

表 6-2 税改前后税率对比

品类	改前行邮税	改后综合税
食品、饮料、书刊等	10%（消费 500 元以内免税）	11.9%
相机、服装、自行车等	20%（消费 250 元以内免税）	11.9%
高尔夫、高档手表等	30%（消费 166 元以内免税）	32.9%
烟酒、化妆品等	50%（消费 100 元以内免税）	32.9%

下面用实例进行说明。

一款税前售价为 120 元人民币的纸尿裤，如果按行邮税征收，税费是 12（120×10%）元，50 元内免征，实际税费为 0 元；如果按照综合税征收，税费是 14.28（120×11.9%）元，即税改后贵了 14.28 元。而低单价的进口化妆品以及轻奢服饰等商品还将承担更高的税费。

一款税前价格为 99 元的化妆水，如果按照行邮税征收，税费是 49.5（99×50%）元，符合 50 元内免征规定；如果按综合税征收，税费是 32.57 元（99×32.9%），即税改后贵了 32.57 元。但是，一款税前价格为 200 元的化妆水，如果按照行邮税征收，税费是 100 元（200×50%）；如果按照综合税征收，税费是 65.8 元（200×32.9%），税改后反而便宜了 34.2 元。

若个人单次购买跨境商品价格超过限额 2 000 元，均按照一般贸易方式全额征税。例如，以一款 15 000 元的经典手包为例，按照旧政策，其需要的行邮税为 10%，为 1 500 元；新政实施后则和普通过关商品相同，需缴纳的增值税为 15 000×1.13×0.17=2 881.5 元，税负增加。

（四）跨境电子商务税收旧政策和新政策的影响

1. 行邮税的弊端

随着跨境电子商务的不断发展，行邮税的漏洞日趋显现出来，其影响到了国家税收及财政收入。"拆单""分包"等方式是规避正常税负的常用手段。部分外贸企业会利用这样的政策漏洞将一般货物贸易转移到网上交易，并按照规定限额进行分割，以达到逃税、避税的目的。

另外，行邮税也具有不公平性。一是跨境电子商务与传统货物贸易相比，所负担的税收成本要低于传统货物贸易，导致其在价格上有了更大的空间。这样一般货物贸易就处于劣势，跨境电子商务成了未来跨境贸易的必然趋势。二是销售商品受到增值税的影响，境内商品要交 17% 的增值税，而跨境电子商务却不用考虑这些。三是受到行邮税试点城市政策的影响，只有部分城市享受行邮税试点政策，使得地区间不公平竞争，从试点城市到非试点城市的物流调运往往增加了物流成本，使其价格上的竞争力受到了不小的影响。

2. 税收新政带来的影响

此次税收新政策对处于免征税额内的单价 500 元以下的商品影响最大，增加相关税负后，这些商品的购物成本上升。对于一般贸易进口商来说，其缴纳的绝大部分进口环节增值税通过抵扣实现了税负转嫁。税收新政中明确个人作为纳税义务人，而又规定了电子商务企业、平台或者物流企业可以代扣代缴相关税费。税收新政在短时间内对跨境电子商务造成一定影响，主要会使跨境电子商务在价格方面丧失部分吸引力，降低了与传统贸易形式的竞争力。但对跨境电子商务的中长期发展是绝对利好的。这次税改明确了跨境电子商务的贸易属性，能引导该行业进入规模化、规范化的发展轨道。

另外，税收新政的实施，使得之前行邮税的整体低税负水平变成了税负水平较高的跨境电子商务综合税，增加了国家税收收入。另外，取消 500 元免征额也在很大程度上控制了原先税收漏洞，使传统贸易方式与跨境电子商务方式之间、境内商品和境外商品之间的税负水平在同一起跑线上，更显公平性。另外，此次税收新政取消了在试点城市的税收优惠，改为在全国范围内试用。这一举措，国内各城市又趋于回归同一起点。

税收新政实施所引发的部分进境货物成本上涨，对大型跨境电子商务企业总体影响不大，但对中小跨境进口电子商务则影响较大，可能致使他们退出市场。新的税收政策出台后，他们要经过一个整合期，过去行邮税时代已经过去，跨境电子商务将进入另一个税制改革的发展轨道。

（五）我国跨境电子商务税收政策之完善

我国对待跨境电子商务税收征管方面应该坚持税收中性原则，不再对其征收新税或者附加的税种，尽量把跨境电子商务税收征管范围约束在现有的税收体制内。只有让跨境电子商务这一贸易形式更好的发展，才能促进我国实体经济的不断发展，才能从根本上扩大税基，否则，我国跨境电子商务的税收征管将会变成无源之水。

跨境电子商务的存在加大了税务机关对于居民企业和居民自然人的监控难度，无论是纳税义务人还是征税对象，都更容易逃避。因此，我国需要建立适应跨境电子商务的税收征管系统。由于在税务登记时就可以对居民企业涉及税种、税率等进行统计，对居民企业的征管较为容易，但对于居民自然人，尤其是个体工商户等，个人转账行为与贸易之间转账行为很难识别，所以要建立一套行之有效的税收征管系统，对居民自然人加以管控，防止税收流失。

随着互联网的发展，各国经济关系日益密切，再加上各国税收制度和税负的差异，纳税人利用税收法律漏洞进行逃税、避税，尤其是电子商务新形势带来的新漏洞，使得各国税务机关更加难以监控和防范发生在其领土之外的逃税、避税问题。因此，各国税务机关更需加强国与国之间的税务合作交流，通过分享最新税务政策，尽可能多地规避逃税、避税的行为。基于此，我国应结合国情，在尊重国际税收管理的前提下，积极参与国际税收协调，协助相关组织制定出符合税收公平、效率、中性原则的国际税收协定，以此来维护国家主权，在全球税收协调中获取更大的利益。

三、任务实施

阅读以下材料，回答文后问题。

一般贸易进口和跨境电子商务进口税收及监管之区别

商务部新闻发言人就跨境电子商务零售进口过渡期后监管总体安排发表谈话，谈话指出，我国跨境电子商务零售进口过渡期政策到期后，于2018年1月1日起采取新的监管模式。新模式将更加强化电子商务企业主体责任。

2016年4月8日，我国对跨境电子商务零售进口商品实施新税制（以下简称"4.8新政"），并实行清单管理。经国务院批准，2016年5月，我国出台了跨境电子商务零售进口有关监管要求过渡期政策。2016年11月，过渡期进一步延长至2017年年底。

目前，进口商品进入国内市场有三种正规途径，分别为一般贸易进口、跨境电子商务进口和海外直邮，其中，一般贸易进口和跨境电子商务进口的不同点如下。

一、性质不一样

一般贸易进口属于进口贸易，大多数是企业之间的一种商业行为，因此需要进出口合同、发票等基本商业单据，还需要提单等一系列货运单据。

跨境电子商务面对的一般是直接的消费者，而对于一般消费者而言，完成进口货物的通关是一件非常耗时耗力的事情，同时对于海关来说，也需要占用大量的行政资源。跨境电子商务从本意上是国家想对跨境电子商务实现有效监管，消除"海淘""海代"等对进口市场的冲击，进行规范性的引导。

二、税收制度不一样

首先引入一个关键词"税制"，与大多数国家不同，我国在进出口环节实行的并非单一税制，而是对进境商品进行区分性质征收货物税和物品税。货物税就是针对一般进出口贸易行为产生的进出境货物所征税，其征税标准是《税则》，包括确定税号、完税价格、监管证件等一系列行为，征收的税种包括关税、增值税、消费税、双反税等。物品税则是指对个人携带进出境的行李物品、邮寄物品征收的税（《海关法》第46条），征税标准是《进境物品税目表》，分商品类别，确定几挡征税，征收的税种就是进境物品税（行邮税）。

跨境电子商务常接触的一个词"保税备货"，关于这个问题，比较复杂，规范的说法是"保税进、行邮出"（海关总署公告2014年第56号有详细解释），简单说就是"商品免税进入保税区，出区的时候征收行邮税"。关于进境货物税和物品税，孰高孰低不能一概而论，但总体从税额上来说，物品税可能较低。

三、监管方式不一样

"4.8新政"提出要在跨境电子商务领域推行一般贸易监管模式，在跨境电子商务行业引发了一场强震，并有可能成为压死综合试验区内跨境电子商务"正规军"的最后一根稻草。

一般贸易进口的监管更严格，手续要求更严格、更烦琐，耗时更长。关于一般贸易检验检疫的繁复，以食品为例：办理通关单需随附原产地证书、卫生证书、食品成分分析表、进口许可证、企业首次进口食品类的追口声明、出入境食品包装备案书、安全性评估材料等10余种单据，还需办理境外生产企业注册、境外出口商备案等前置性审批，不仅手续繁杂、办理时间长，且未能满足前置性审批条件的商品将无法进口。郑州综试区的一家跨境电子商务企业员工小初称，以食品为例，仅准备一张通关单就需要备齐9份材料，最短也需要两个月的时间。进口新的化妆品时间更长，需在食品药品监管部门备案，而备案没有一年时间是根本不可能办下来的。而"4.8新政"之前的跨境电子商务监管模式采取物品监管的模式，比较简单。

此外，跨境电子商务的进口渠道与一般贸易有很大不同。一般贸易通常都是从生产厂家直接进货，所以能够提供原产地证、合同、发票、装箱单以及相关批文等，但跨境电子商务的供应链组织模式多为采购团队或买手在境外商超、卖场等大量购买商品。这种模式下，跨境电子商务只能拿到商品的销售发票，无法取得原产地证及合同等单证。

跨境电子商务与一般贸易的根本不同在于其小额化、碎片化、及时性等特点，且跨境电子商务的供应和采购渠道也有别于一般贸易，所以采取一般贸易的监管方式是不符合这个特殊和新型贸易方式发展特点的。"4.8新政"倾向于将跨境零售进口按照一般贸易监管，但也不完全是一般贸易，比如，税收要比一般贸易优惠，但监管单证是趋同于一般贸易的，而这恰恰与跨境电子商务的供应链模式相悖，有许多跨境零售产品是很难提供授权许可和原产地证明的。

跨境电子商务与一般贸易的本质区别就是以消费者需求为导向，产品更强调满足消费者的及时性、个性化的需求特点，销售模式是碎片化、批量多和小规模化，而一般贸易主要是以生产为主导的，根据产品寻找有需求的消费者，且数量多、规模化。因此，一般贸易更易监管，而跨境电子商务对监管的要求会更高，需要投入的监管设备、人力、物力更大。目前，我国的监管模式还是倾向于一般贸易监管方式，有一定的传统路径依赖。对于跨境电子商务这一创新方式，我国完全可以在国际市场领先，应该加快形成新的监管模式，为跨境电子商务提供便利化，帮助跨境电子商务提升国际竞争力，占领国际制高点。

【思考】

① 结合本案例，你觉得在国家政策出台前，一般贸易方式进口商比跨境电子商务零售进口商吃亏在哪里？

② 你觉得未来跨境电子商务零售进口的优势会消失吗？为什么？

四、任务评价

项目评价表如表6-3所示。

表6-3　项目评价表

项目	学习态度 （20%）	团队合作情况 （20%）	步骤完成情况 （50%）	其他表现 （10%）	小计 （100%）	综合评价
小组评分 （30%）						
个人评分 （30%）						
老师评分 （40%）						
综合得分 （100%）						

五、知识拓展

"力度最大"关税下降，"人肉代购"等海淘没省多少钱

从2017年12月1日起，187项进口商品的关税下调，其中刚刚为人父母的家长们最关心的婴儿尿布及配方婴幼儿奶粉进口关税甚至降为零。曾一度引发海淘热潮的智能马桶盖的进口关税也从16%降至10%。

进口商品关税下调甚至有商品降为零，这是什么概念？"剁手党"们是不是应该关注一下海淘市场？看看有没有可以出手的机会？对国内各大海淘电子商务平台来说，是不是新一波海淘浪潮将至？

降税后部分进口商品成本降低

此次降税产品的一大特点是降幅明显，其中，唇膏、眼影、香水等化妆品关税由10%降至5%，咖啡机、智能马桶盖由32%降至10%，矿泉水由20%降至10%。

中国电子商务研究中心主任曹磊认为："当前我们国家的进口关税、增值税、消费税等还是蛮高的，像很多化妆品，税率高达1/3到一半。通过降低关税除了能够拉动国内的消费，对跨境电子商务平台来说也是利好。"

个人渠道购买海外商品"不受影响"

一位刚刚托朋友从英国购买了一件大衣的消费者抱怨道："刚交完30%的税，税率就下降了。"

对此，一位海关工作人员向记者解释："此次关税调整主要适用于面向跨境贸易企业，个人通过物流公司海淘的商品属于个人物品，需要身份证清关。"因此，个人通过物流公司购买的海外商品并不受此次调整影响。

目前，海外购物主要通过4种方式：通过代购买手购买；通过跨境电子商务进口平台购买；在线下商超中购买一般贸易进口商品；直接出国购买产品。

中国电子商务研究中心分析师余思敏称，此次关税下调主要影响中间两种方式的价格，"对跨境电子商务的影响是正面的，对代购来说，也就失去了价格的优势，更多的消费者会通过跨

跨境电子商务支付与结算

156

境电子商务购买产品。"

独立跨境电子商务洋码头表示，关税在进口和跨境业务中的占比其实是比较低的。与其他贸易相比，一般贸易价格高在于营业税、商业地产税、人工店面等费用较高。

"人肉代购"等海淘将减少

"通过降税，使得通过一般贸易过来的商品价格上有优势，将减少从国外直接海淘或者'人肉代购'这种行为。这样的话能够实现交易消费在国内，税收在国内，数据在国内，品质也能够更有把控，可以从一定程度上缓解国内的消费外流。如之前的海外代购等方式，被曝光出来的各类造假的商品，很难监管。而通过进口跨境电子商务通道进来的商品，从报关、质检、仓储等都更加安全、放心。"中国电子商务研究中心主任曹磊表示。

消费品进口关税"四连降"

自2017年12月1日起，"降税"的范围共涉及187个8位税号，涵盖了食品、保健品、药品、日化用品、衣着鞋帽、家用设备、文化娱乐、日杂百货等各类消费品。

从2015年以来，我国已经3次降低了消费品进口关税，分别是2015年6月、2016年1月和2017年1月。降低关税的产品主要是我国居民在境外购买意愿较强、关税税率较高的消费品。

资源来源：腾讯财经

六、同步拓展

① 请在天猫国际、网易考拉、小红书等平台上有过海淘购物经历的同学分享经验，商家、平台和消费者被征税了吗?

②"4.8新政"后，如在平台上海淘，税费是否比以前有所下降?

任务二 跨境电子商务支付与结算的税务因素分析

一、任务引入

小高开通亚马逊欧洲站后，随着欧洲订单的增多，他打算在英国通过合作的海外仓发货，此时需要注册增值税，以便后续申报和纳税。

小高申请注册增值税的流程是怎样的?

二、相关知识

（一）跨境进口税务

1. 跨境进口税务的定义

跨境进口税务是指进口国（或地区）海关在境外商品输入时，对进口商品征税的业务。跨境进口税务通常是境外商品进入关境，在办理海关手续时根据海关税则征收。进口国（或地区）通过征收进口税，可以提高境外进口商品的价格，削弱进口商品在境内市场的竞争能力，达到减少或限制境外商品的进口，进而保护本国经济的目的。跨境进口相关税务主要包括以下几类。

（1）关税

进口关税是一个国家（或地区）的海关对进口货物和物品征收的关税。目前，各国（或地区）已不使用过境关税，出口税也很少使用。通常所称的关税主要指进口关税。使用过高的进口关税，会对进口货物形成壁垒，阻碍国际贸易的发展。进口关税会影响出口国（或地区）的利益，因此，它成为国际间经济斗争与合作的一种手段，很多国际间的贸易互惠协定都以相互减让进口关税或给以优惠关税为主要内容。由于关税是通过市场机制调节进出口流量的，在目前阶段，进口关税仍然是各国（或地区）保护本国（或地区）经济的常用手段。

（2）进口增值税

进口增值税是指进口环节征缴的增值税，属于流转税的一种。不同于一般增值税将在生产、批发、零售等环节的增值额作为征税对象，进口增值税是专门对进口环节的增值额进行征税的一种增值税。

（3）进口消费税

进口消费税是以进口消费品的流转额作为征税对象的各种税收的统称，其是政府向进口消费品征收的税项，可从批发商或零售商征收。进口消费税实行价内税，在进口消费品的进口环节缴纳，在以后的批发、零售等环节，因为价款中已包含消费税，因此不用再缴纳消费税，税款最终由消费者承担。进口消费税的纳税人是我国境内进口《中华人民共和国消费税暂行条例》规定的应税消费品的单位和个人。

（4）行邮税

行邮税是行李和邮递物品进口税的简称，是海关对入境旅客行李物品和个人邮递物品征收的进口税，由于其中包含了进口环节的增值税和消费税，故也为对个人非贸易性入境物品征收的进口关税和进口工商税收的总称。课税对象包括入境旅客、运输工具，服务人员携带的应税行李物品、个人邮递物品、馈赠物品及以其他方式入境的个人物品等。

2. 我国跨境进口的税务模式和税务处理

鉴于 B2B 的跨境进口按一般进口贸易处理，本书主要介绍跨境电子商务零售进口业务。跨境零售进口最初的模式是海淘，即境内消费者直接在境外 B2C 平台上购物，并通过转运或直邮等方式将商品邮寄回境内。大部分海淘的商品无法直邮送达，需要通过在境外设有转运仓库的转运公司代为收货（即在网上下单时，收货地址是转运仓库），再由转运公司将货物自行或委托第三方物流公司运至境内，耗时较长。因语言、支付方式等限制，最初的海淘在实际操作中较有难度，于是出现了代购。在"分分钟买遍全世界"的概念促使下，海淘与代购的业务量与日俱增，随着天猫国际、京东全球购等大型电子商务平台的上线，消费者海淘更为便捷。

目前，跨境零售进口的模式还可分为"直购进口"与"保税进口"。"直购进口"模式是指符合条件的电子商务平台与海关联网，境内消费者跨境网购后，电子订单、支付凭证、电子运单等由企业实时传输给海关，商品通过海关跨境电子商务专门监管场所入境。"保税进口"模式又称 B2B2C 模式或备货模式，是指商家预先将海外商品大批量运至国内保税仓备货，当消费者在网上下单后，由国内保税仓进行配货打包，并为单个订单办理通关手续，再委托国内物流公司派送到消费者手中。

"直购进口"模式与"保税进口"模式对比如表 6-4 所示。

表 6-4 "直购进口"模式与"保税进口"模式对比

对比项目	直购进口	保税进口
模式类型	进口 B2C 模式	进口 B2B2C 模式
海关监管特色	电子订单、支付凭证、电子运单实时传输,实现阳光化清关	货物存放在海关监管场所,可实现快速通关
适用企业	代购、品类宽泛的电子商务平台、海外电子商务	品类相对专注、备货量大的电子商务企业
发货地点	国外	保税港、保税区
时效	7~10 天	5 天以内
商品种类	更丰富	有限制

对于跨境零售进口电子商务业务,相关主体的税务处理如下。

(1)电子商务平台

电子商务平台的收入主要有平台服务费;直营、直采取得的产品差价收入;广告收入。

① 平台服务费。电子商务平台可卖家收取的平台服务费及按照卖家交易量收取的佣金手续费均按"信息技术服务——信息系统增值服务(电子商务平台服务)"科目缴纳增值税。

② 自营、直采取得的产品差价收入。有些电子商务平台产品全部或部分为自营,获取商品购销差价,对此按照销售货物缴纳增值税。

③ 广告收入。电子商务平台提供的各类视频、链接等广告服务,除按"文化创意服务——广告服务"科目缴纳增值税外,还需缴纳文化事业建设费。

(2)境内消费者

《关于跨境电子商务零售进出口商品有关监管事宜的公告》(海关总署公告 2016 年第 26 号)和财政部、海关总署、国家税务总局《关于跨境电子商务零售进口税收政策的通知》(财关税[2016]18 号)出台后,境内个人消费者通过天猫国际等跨境电子商务平台购物,需按进口货物征收关税、进口环节增值税与消费税(以下简称"新规")。

新规适用于属于《跨境电子商务零售进口商品清单》范围内的以下商品。

① 所有通过与海关联网的电子商务交易平台交易,能够实现交易、支付、物流电子信息"三单"比对的跨境电子商务零售进口商品。

② 未通过与海关联网的电子商务交易平台交易,但快递、邮政企业能够统一提供交易、支付、物流等电子信息,并承诺承担相应法律责任进境的跨境电子商务零售进口商品。

个人消费者是进口货物的纳税义务人,电子商务企业、电子商务交易平台企业或物流企业可作为代收代缴义务人。实务中,一般由电子商务平台或电子商务企业(卖家)代收代缴税费,境内消费者支付的款项中包含了进口环节的税收。

个人单次交易限值为人民币 2 000 元,年度交易限值为人民币 20 000 元。在限值以内进口的跨境电子商务零售进口商品,关税税率暂设为 0%;进口环节增值税、消费税暂按法定应纳税额的 70% 征收。超过单次限值、累加后超过个人年度限值的单次交易,以及完税价格超过 2 000

元限值的单个不可分割商品，均按照一般贸易方式全额征税。这里的完税价格是指实际交易价格（包括货物零售价格、运费和保险费）。未超限额、超过限额的跨境电子商务零售进口商品税率的计算，如表6-5所示。

表6-5　未超限额、超过限额的跨境电子商务零售进口商品税率的计算

	未超限额	超过限额
关税	0	关税=实际交易价格×关税税率
增值税	增值税=（实际交易价格）÷（1-消费税税率）×增值税税率×70%	增值税=（实际交易价格）÷（1-消费税税率）×增值税税率
消费税	消费税=（实际交易价格）÷（1-消费税税率）×消费税税率×70%	消费税=（实际交易价格）÷（1-消费税税率）×消费税税率

海关放行后30日内未发生退货或撤单的，代收代缴义务人在放行后第31日至第45日内向海关办理纳税手续。自海关放行之日起30日内退货的，个人可申请退税，并相应调整个人年度交易总额。

根据财关税[2016]18号文件，不属于跨境电子商务零售进口的个人物品以及无法提供交易、支付、物流等电子信息的跨境电子商务零售进口商品，按现行规定执行。这里的按现行规定执行，是指对于无法提供三单比对的进口商品或非个人自用的物品，征收行邮税。行邮税不是一个独立的税种，是指对旅客行李物品、个人邮递物品以及其他个人自用物品，除另有规定以外，均由海关按照《入境旅客行李物品和个人邮递物品进口税税率表》征收的进口税（包括关税和增值税、消费税）。根据海关总署公告2010年第43号的规定，应征进口税税额在人民币50元（含50元）以下的，海关予以免征。新规出台的同时，行邮税税率相应调整，从原先的10%、20%、30%和50%四档税率调整为15%、30%和60%。最新行邮税税率如表6-6所示。

表6-6　最新行邮税税率

税号	物品名称	税率（%）
1	书报、刊物、教育用影视资料；计算机、视频摄录一体机、数字照相机等信息技术产品；食品、饮料；金银；家具；玩具、游戏品、节日或其他娱乐用品	15
2	运动用品（不含高尔夫球及球具）、钓鱼用品；纺织品及其制成品；电视摄像机及其他电器用具；自行车；税目1、税目3中未包含的其他商品	30
3	烟、酒；贵重首饰及珠宝玉石；高尔夫球及球具；高档手表；化妆品	60

对于非个人的企业跨境进口商品，按一般进口货物的相关规定征收关税、进口环节增值税与消费税。

（3）境外商家

境外商家不适用于我国境内税法的相关规定。

（4）其他服务提供商

在跨境进口业务中，物流与支付结算是两个关键环节。

物流公司收取的运输费用按"交通运输服务"缴纳增值税，其中，涉及国际运输服务的可适用增值税零税率。如果是以无运输工具承运方式提供国际运输服务的，则免征增值税。物流公司收取的仓储费用按"物流辅助服务——仓储服务"科目缴纳增值税，增值税一般纳税人可以选择适用简易计税方法适用征收率3%。

结算公司收取的费用按"金融服务——直接收费金融服务"科目缴纳增值税。

（二）跨境出口税务

1. 跨境出口税务的定义

跨境出口税务是出口国（或地区）海关在本国（或地区）产品输往境外时对出口商品征税的业务。由于征收出口税会提高本国（或地区）产品在境外市场的销售价格，降低竞争能力，因此各国（或地区）很少征收出口税，更多的是涉及出口退税提升本国（或地区）商品的国际竞争能力。

跨境出口相关税务主要指出口退税。出口退税是指对出口货物退还其在境内生产和流通环节实际缴纳的增值税、消费税。出口货物退税制度是一个国家（或地区）税收的重要组成部分。出口退税主要是通过退还出口货物的境内已纳税款来平衡境内产品的税收负担，使本国（或地区）产品以不含税成本进入国际市场，与境外产品在同等条件下进行竞争，从而增强竞争能力，扩大出口创汇。

2. 我国跨境出口的税务模式和税务处理

1999年，阿里巴巴实现了跨境出口的互联网化，发展至今，跨境出口电子商务经历了信息服务、在线交易、全产业链服务三个阶段。根据对象不同，跨境出口电子商务可分为B2B、B2C、C2C。根据服务方式的不同，跨境出口电子商务可分为第三方开放平台、自营型平台和两者的结合。随着跨境出口电子商务的发展，物流是跨境出口电子商务的关键环节，常见的物流品牌有EMS、中邮小包、易邮宝、TNT、UPS等。为了改善用户体验、降低物流成本，越来越多的卖家开始自建或寻找第三方海外仓备货。

对于跨境出口电子商务相关主体的税务处理如下。

（1）电子商务平台

根据电子商务平台性质的不同、提供服务的差异，电子商务平台通常涉及下列收入。

① 平台服务费。跨境出口电子商务平台一般会收取刊登费（如eBay）、平台月费（如亚马逊）、技术服务费（如速卖通）等，均需按"信息技术服务——信息系统增值服务"科目计算缴纳增值税。值得一提的是，阿里巴巴的速卖通自2016年1月开始，按照所属行业，分别收取技术服务费，收取的服务费将按不同的行业，以不同的年销售总额来进行返还。对此，速卖通在收到技术服务费时缴纳增值税，当根据销售业绩返还一定比例的服务费时，按照《财政部、国家税务总局关于全面推开营业税改征增值税试点的通知》（财税[2016]36号）规定的销售折扣折让处理，开具增值税红字发票冲减销售收入、增值税销项税额。

② 成交手续费。跨境出口电子商务平台会根据各自的业务规则收取不同比例的成交手续费，例如亚马逊根据不同行业收取不同比例的佣金，如表6-7所示。

表 6-7　亚马逊平台佣金

商品分类	佣金比例
金条、银条	5%
手机通信、数码、数码配件、计算机、办公用品、大家电、个护健康、美容化妆、食品	8%
图书、音乐、服装鞋靴、箱包配饰、运动户外休闲、家居（床上用品、卫浴、厨具、家居装修、园艺、工具）、小家电、玩具、母婴、酒类、乐器、汽车用品、其他	10%
宠物用品、钟表	12%
珠宝首饰	15%

③ 其他。境内商家入驻境外的跨境电子商务平台出口商品，例如，我国境内商家入驻 Wish 平台时，平台向境内的单位或个人收取的服务费，属于财税[2016]36 号文件第十三条规定的"境外单位或者个人向境内单位或者个人销售完全在境外发生的服务"不征增值税。《国家税务总局关于外贸综合服务企业出口货物退（免）税有关问题的公告》（国家税务总局公告 2014 年第 13 号）规定，为国内中小型生产企业出口提供物流、报关、信保、融资、收汇、退税等服务的外贸企业为外贸综合服务企业，该类企业以自营方式出口国内生产企业与境外单位或个人签约的出口货物，符合文件规定的具体条件的，可由外贸综合服务企业按自营出口的规定申报退（免）税。据此，一达通、外贸综合服务等 B2B 平台即可以外贸综合服务平台的身份提供出口贸易服务并申报退免税。

（2）境内商家

根据《财政部、国家税务总局关于跨境电子商务零售出口税收政策的通知》（财税[2013]96 号）的规定，电子商务出口企业出口货物（财政部、国家税务总局明确不予出口退（免）税或免税的货物除外，下同），同时符合下列条件的，适用增值税、消费税退（免）税政策。

① 电子商务出口企业属于增值税一般纳税人并已向主管税务机关办理出口退（免）税资格认定。

② 出口货物取得海关出口货物报关单（出口退税专用），且与海关出口货物报关单电子信息一致。

③ 出口货物在退（免）税申报期截止之日内收汇。

④ 电子商务出口企业属于外贸企业的，购进出口货物取得相应的增值税专用发票、消费税专用缴款书（分割单）或海关进口增值税、消费税专用缴款书，且上述凭证有关内容与出口货物报关单（出口退税专用）有关内容相匹配。

根据财税[2013]96 号的规定，不符合上款规定，但同时符合下列条件的，适用增值税、消费税免税政策。

① 电子商务出口企业已办理税务登记。

② 出口货物取得海关签发的出口货物报关单。

③ 购进出口货物取得合法有效的进货凭证。

从事一般跨境出口业务（非零售业务），即 B2B 的境内商家，其向境外销售商品按一般货物出口办理，根据具体情况进行增值税退免税。

跨境电子商务 B2C 卖家符合条件可以申请出口退税，国家对通过一般贸易交易方式出口的货物可以按规定办理退（免）税。

（3）境外消费者

境外消费者不适用于我国境内税法的相关规定。

（4）其他服务提供商

同"跨境进口电子商务"部分。

（三）VAT

1. VAT 的定义

VAT 全称是 Value Added Tax，这是欧盟国家及英国普遍使用的售后增值税，也即是指货物售价的利润税。当货物进入如英国、德国等国家，货物缴纳进口税；当货物销售后，商家可以退回进口增值税，再按销售额交相应的销售税。VAT 增值税适用于那些使用海外仓的卖家们，因为产品是从该国境内发货并完成交易的。VAT 销售增值税和进口税是两个独立缴纳的税项，在商品进口到如英国海外仓时，缴纳过商品的进口税，但在商品销售时产生的 VAT 销售增值税也需要缴纳。如果产品使用英国本地仓储进行发货，就属于英国的 VAT 增值税应缴范畴，那就要尽早注册 VAT 号码并申报和缴纳税款。这样才能合法地使用英国本地仓储发货和销售。

2. 英国 VAT 注册流程

商家在采用英国仓储服务开展跨境电子商务业务时，可以选择在英国注册成立公司，以该公司申请注册 VAT，也可以以境外商业机构或者个人名义申请注册英国 VAT，就其在英国销售货物或提供劳务进行申报及缴纳税金。

（1）在英国注册公司，注册 VAT，开具银行账户

优势：商家在平台上收取的英镑可直接提现至当地银行账户；正规化运作，提高品牌知名度及公司信用。

劣势：成本费用增加，涉及运营成本（办公费用、人工费用）、会计税务服务（账务记录、税务申报以及公司年检）。

（2）以非英国公司注册 VAT

优势：成本费用简单，不需要专人在英国，当地运营成本低，不需要提供会计报表，不需要进行公司年检。

劣势：品牌效应不及当地注册公司，业务发展壮大之后亦可能受限。

注册英国 VAT 的流程（以出口易为例）如图 6-1 所示。

步骤一：申请者提供资料。

（1）签订注册服务合同。

（2）填写注册申请表格。

（3）填写授权委托书。

（4）提供身份证复印件、公司注册证书复印件、申请单位董事或者申请个人的地址证明复印件。

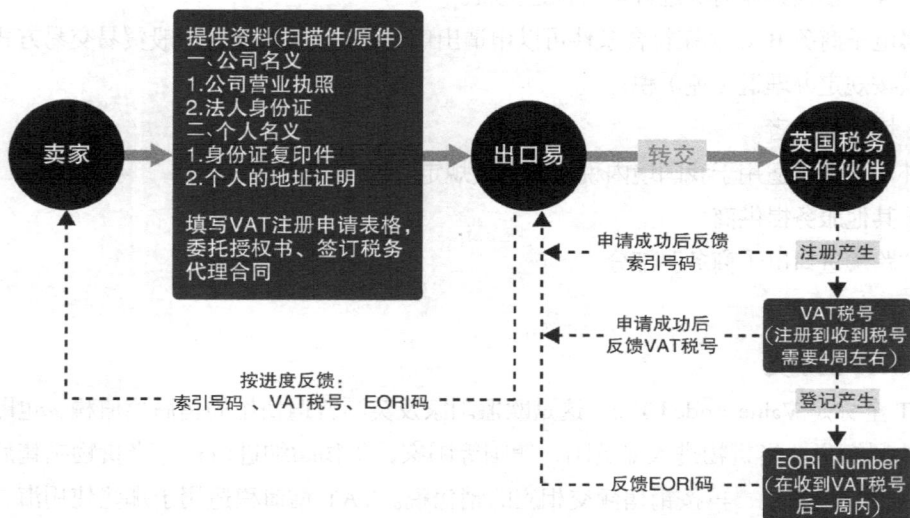

图 6-1 注册英国 VAT 流程（以出口易为例）

步骤二：HMRC（Her Majesty's Revenue and Customs，英国税务局）接到申请文件之后反馈。

步骤三：HMRC 审批。资料提交给 HMRC 后，可能需配合提交额外信息，比如提供银行账号、网站、销售产品等。

步骤四：取得英国 VAT 号码。

对于非英国注册商业机构或个人申请的英国 VAT 号码，出口易提供英国 VAT 代理申报服务。商家需要在申报期间满后一个月内，完成申报以及缴纳税款工作。

下面以第三方公司出口易的协助申报为例，介绍非英国公司 VAT 申报流程，如图 6-2 所示。

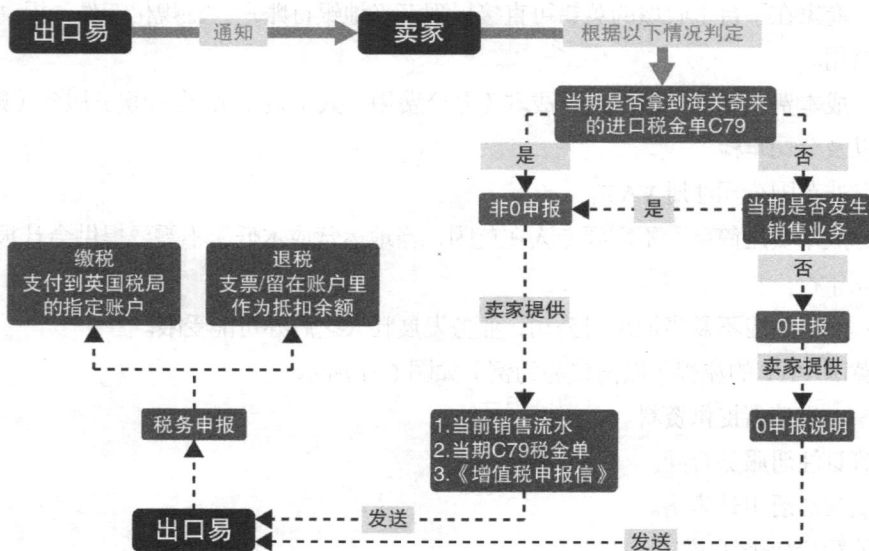

图 6-2 英国 VAT 申报流程

步骤一：商家填写申报表格（包含）。

（1）申报期间该 VAT 号所销售的物品货物金额。

（2）销售物品的 VAT 金额。

（3）当期采购进口金额。

（4）当期采购进口包含的 VAT 金额。

步骤二：提供证明文件。

（1）销售金额的证明文件。对于当期销售额，商家需提供所有的销售发票，或者电子商务平台下载的当期所有销售数据。

（2）采购金额包含 VAT 的证明文件。此类证明文件主要为发票以及进口报关税金单据。该发票必须有商家的 VAT 号码信息。

步骤三：申报资料提交时限。

为了及时申报和缴纳税款，商家需要在每个申报期满后，8 天以内提交申报表格及证明文件。

步骤四：缴纳税款。

申报完成之后，商家需要向 HMRC 支付本期应缴纳税款。商家可以从非英国的银行通过网银支付到 HMRC 的收款账号，也可以将其在英国开通的银行账户绑定付款服务，让 HMRC 定期从其银行账户扣款，需签订协议。为了及时付款，建议在申报缴纳期限届满前一周支付。

3. 税金计算

（1）税率

英国增值税标准税率为 20%，对于特殊货物及服务，有优惠税率 5%及 0 税率。

（2）销售税金计算

销售商品税金的计算一般是根据货物销售价格乘于税率。

【举例】

商家在 eBay 卖产品 A1 件，从买家收取的总价格为 120 元。商家需要拆分两个金额，货物销售价格为 100 元，税金为 20 元。

如果商家从 eBay 下载其销售数据，PayPal 收款的金额均包含了货款与税款，在准备销售记录以及销售发票时，需要将收取的总金额拆分为货物销售价以及税金。

如果当月收款 10 000 元，则当月的销售价格为 10 000/（1+20%）=8 333 元，销售税金为 8 333×20%=1 667 元。也就是说，不是把总收款乘于税率计算，而是要将收款拆分之后再根据销售货价乘于税率。

（3）采购进口所包含的 VAT

需要将所取得的所有采购发票、进口税金上所列明的 VAT 加总。发票必须是开给商家所对应的 VAT 号码的。

（4）当期应付税款计算

当期应付税款=销售税金-采购进口税金。

【举例】

商家 A 当期总销售总收款 10 000 元（与银行记录一致），当期的销售税金为 10 000/（1+20）×20%=1 667 元。

当期进口取得的税金发票列明 VAT 200。

当期英国当地采购服务，取得当地发票，列明 VAT 300。

当期商家 A 应交税款为 1 667-200-300=1 167 元。

其他举例如下。

进口 VAT 的计算公式：（申报价值+FREIGHT+DUTY）×20%

【举例】

申报价值：100.00

运费：10.00

关税：（100×0.03）=3（关税率3%）

应缴进口 VAT=（100+10+3）×20%=22.60

货物成本合计：100+10+22.6+3=135.60

销售 VAT 的计算公式：销售价格÷（1+20%）×20%

【举例】

销售价：250.00

不含税销售价：250.00÷（1+20%）=208.4

销售 VAT=250.00÷（1+20%）×20%=41.7

进口 VAT 已缴纳：22.6

还应缴纳销售税=41.7-22.60=19.1

4. 申报方式

（1）零申报

零申报指在一个申报期间内，商家在英国当地没有销售业务。这时，商家需要填写委托说明书并签名，还需提供扫描件。

（2）非零申报

非零申报指在一个申报期间内，商家在英国当地发生了销售业务。

提供资料：填写零申报委托说明书、签名、提供扫描件。

当期应付 VAT 税款=销售 VAT-进口所交的 VAT-当地采购或接受服务被收取的 VAT。

三、任务实施

注册VAT分两个渠道，一是线上注册，二是线下邮寄注册。

线上通过在税务局官网申请HMRC Gateway Account来完成注册，并在以后通过此Account来进行申报。

线下注册通过填写纸质表格并邮寄给税务局完成注册。

线上注册全程可跟踪查询，线上注册可申请加入Flat Rate Scheme与Annual Accounting Scheme，而且线上注册可同时申请EORI号码。

线下注册只要确保资料完整准确，VAT号码便会准时下发。若想加入Flat Rate Scheme与Annual Accounting Scheme，则可后期通过注册GatewayAccount申请加入。

下面介绍线上自助注册VAT的方法。

① 进入英国政府网站，如图6-3所示。

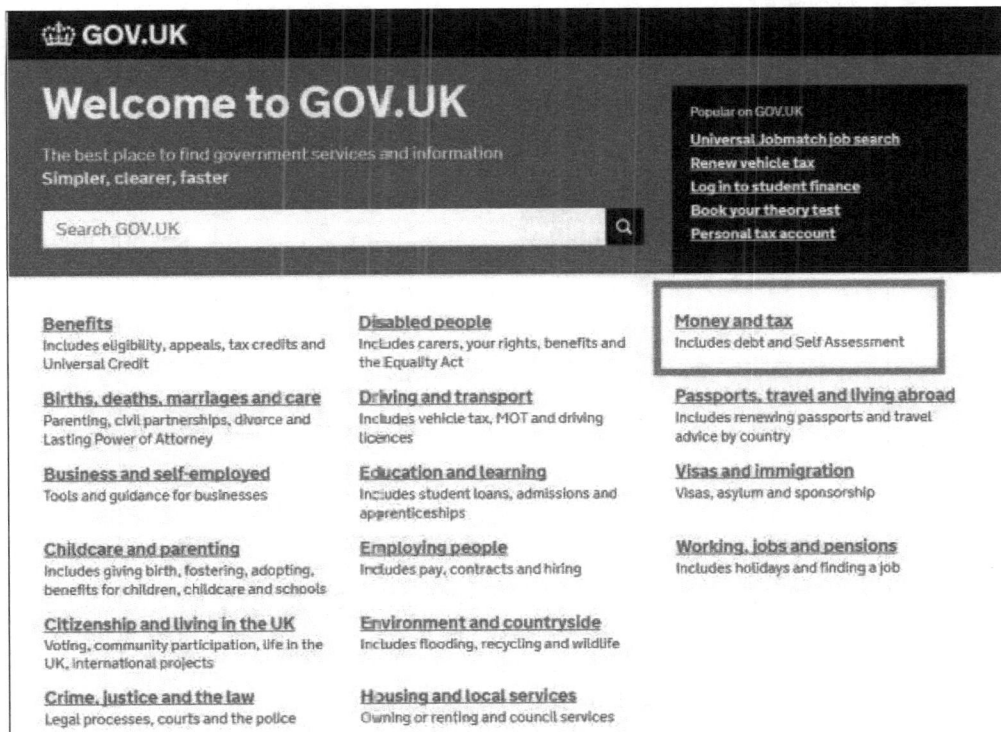

图6-3　进入英国政府网站

② 单击"Money and tax"，进入英国税务局网站，然后单击"VAT"，如图6-4所示。

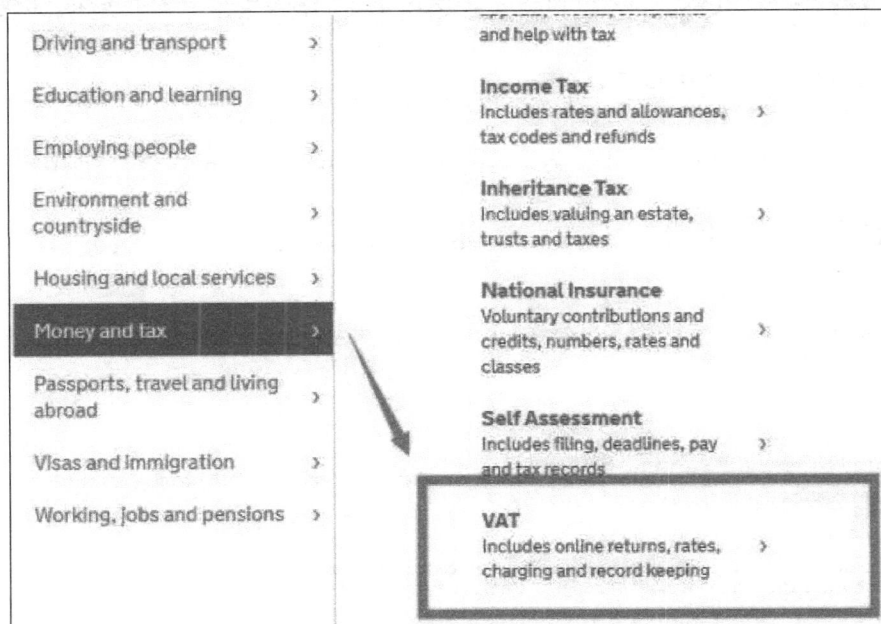

图6-4　找到VAT入口

③ 在列表中找到"VAT registration"，如图6-5所示。

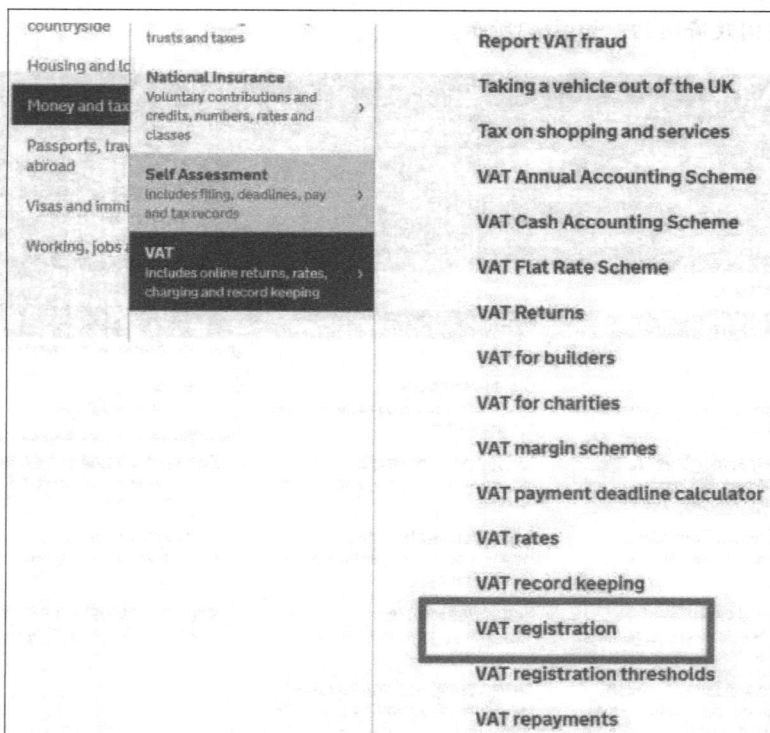

图6-5 找到 VAT registration

④ 然后就进入注册页面，如图6-6所示。

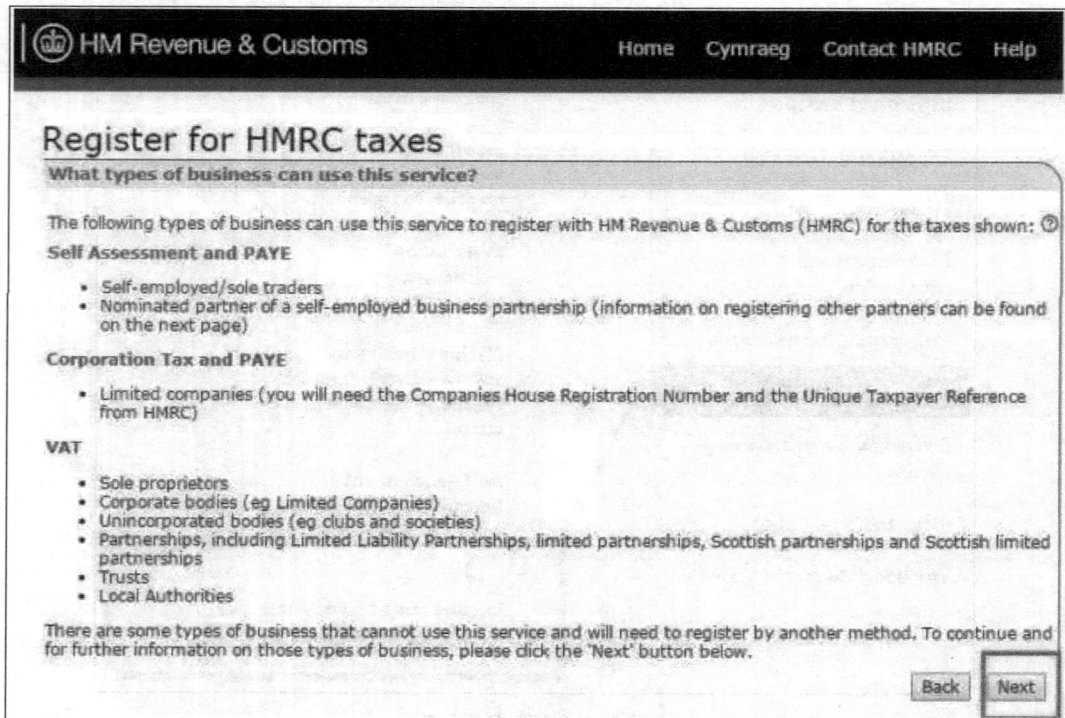

图6-6 进入注册页面

⑤ 单击"Next"按钮之后，需要创建一个Gateway账号，以后就要通过登录该账号来完成税务相关事项。一个账号只能用于一个税种，如图6-7所示。

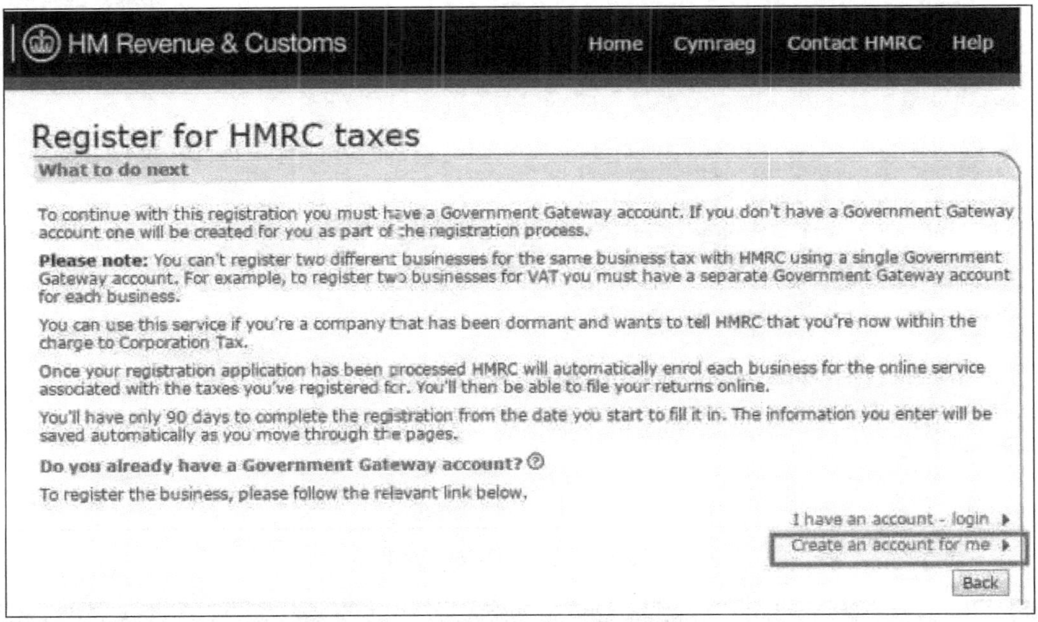

图 6-7　开始创建 Gateway 账号

⑥ 创建Gateway账号只需简单填写姓名、email、密码等信息，姓名与VAT主体一致，而以公司主体注册VAT的用法人姓名，如图6-8所示。

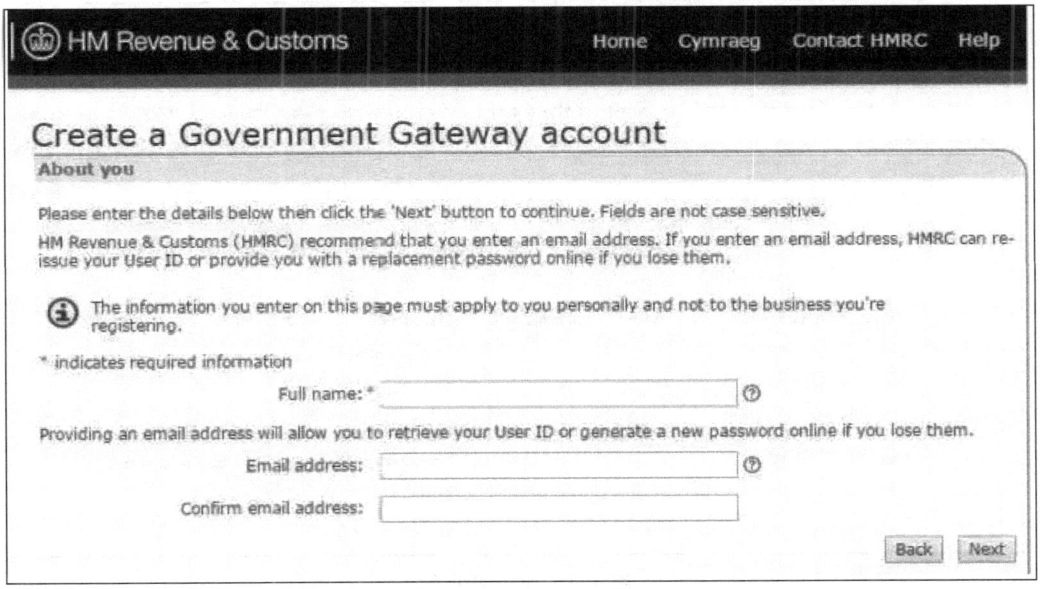

图 6-8　填写相关信息

⑦ 创建完毕，登录账号继续注册VAT，并选择税务类型"VAT"，如图6-9所示。

⑧ 根据实际情况进行选择，个人注册选择"Sole proprietor"，公司注册选择"Corporate Body"，如图6-10所示。

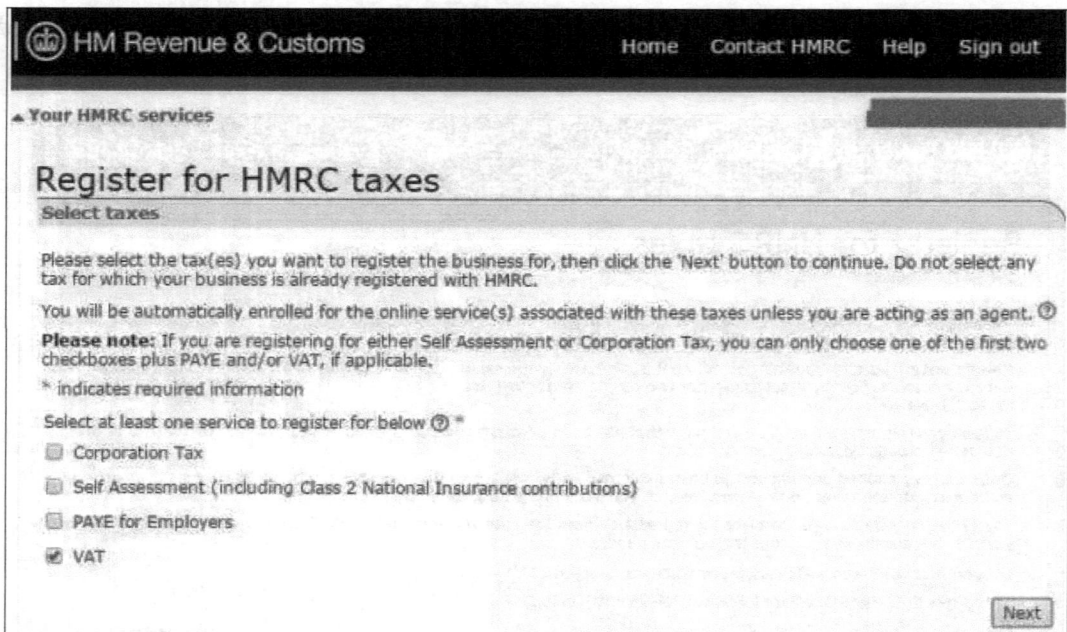

图6-9 选择税务类型 VAT

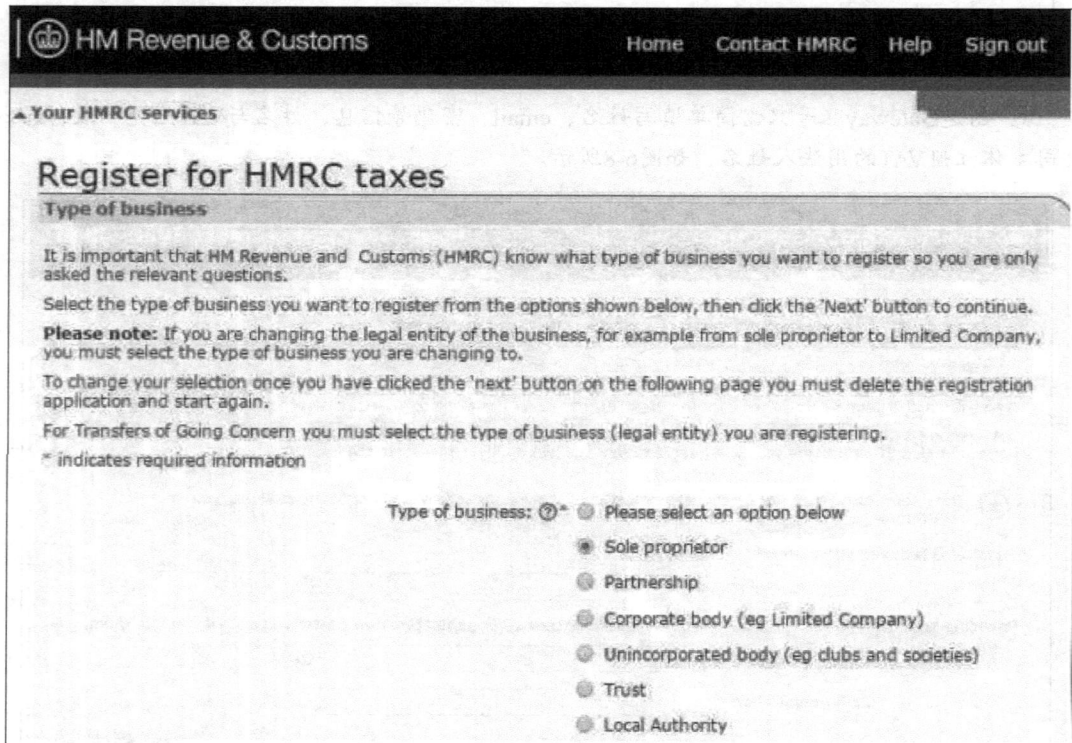

图6-10 选择商业类型

⑨ 申请VAT原因选择"Making or intending to make taxable supplies",如图6-11所示。

⑩ 接下来提示申请VAT需要提供哪些信息资料,这里我们选择的是个人注册申请,所以资料是对应个人的,如图6-12所示。

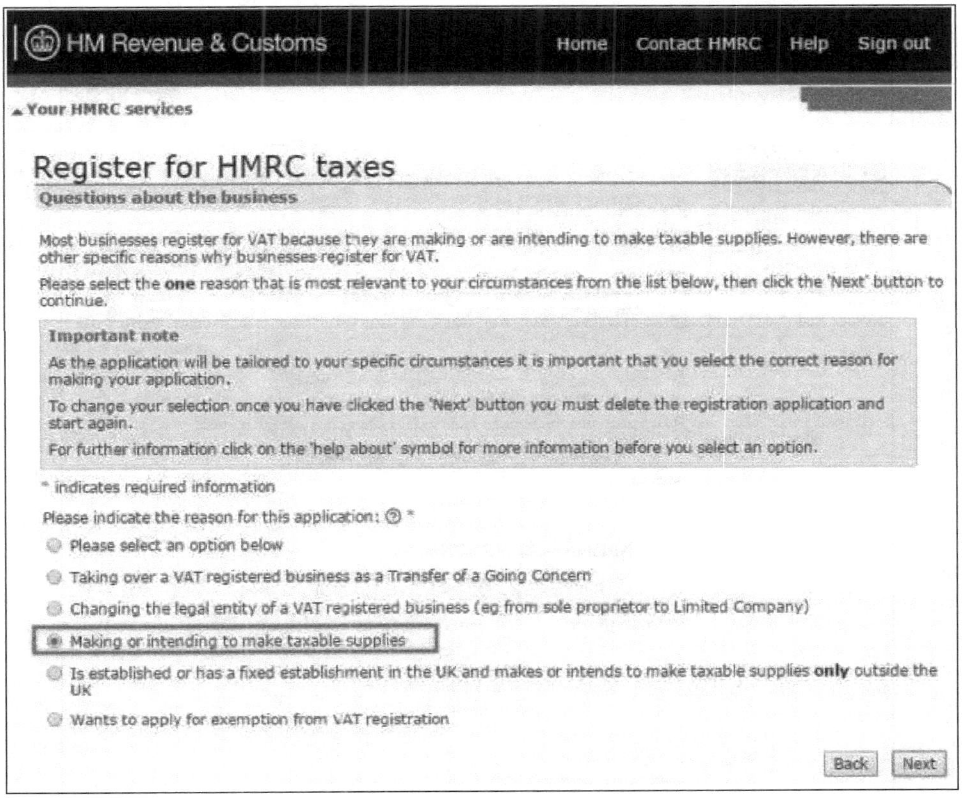

图6-11　选择申请VAT原因

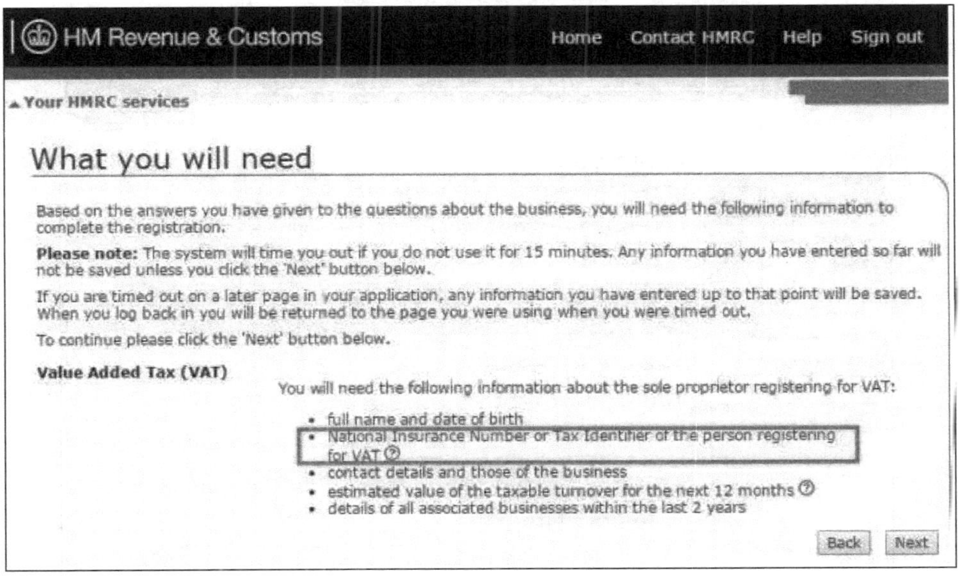

图6-12　个人申请所需资料

⑪ 如实完整地填写以下资料，里面包括联系方式、住址、营业地址、经营范围，如图6-13所示。

⑫ 第一项"About you"，勾选"I do not have a National Insurance number"，然后在下面选择China，在"Tax identification number"那行输入纳税编号，最后一框留空，如图6-14所示。

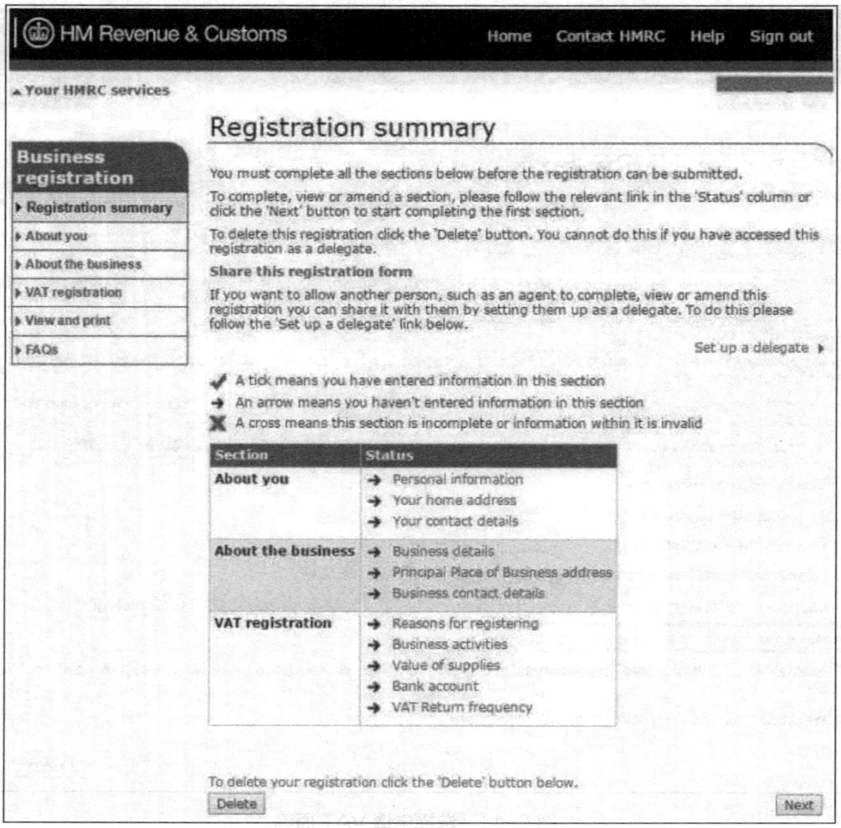

图 6-13　如实填写相关信息

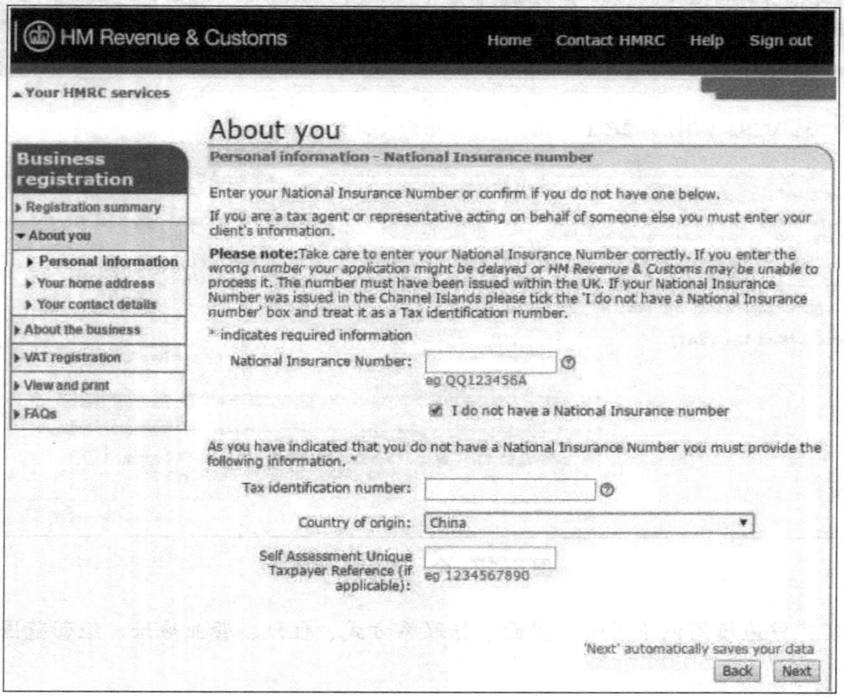

图 6-14　填写 About you 信息

⑬ 提供纳税编号的，需要提供相关证明及其他证件资料，包括护照、驾照、身份证扫描件（三选一）；贷款证明（房贷）、租赁合同、出生证明、结婚证、法院相关证书（判决、传票等）、劳动合同（需包括出生日期及纳税编号）扫描件（五选二），如图6-15所示。

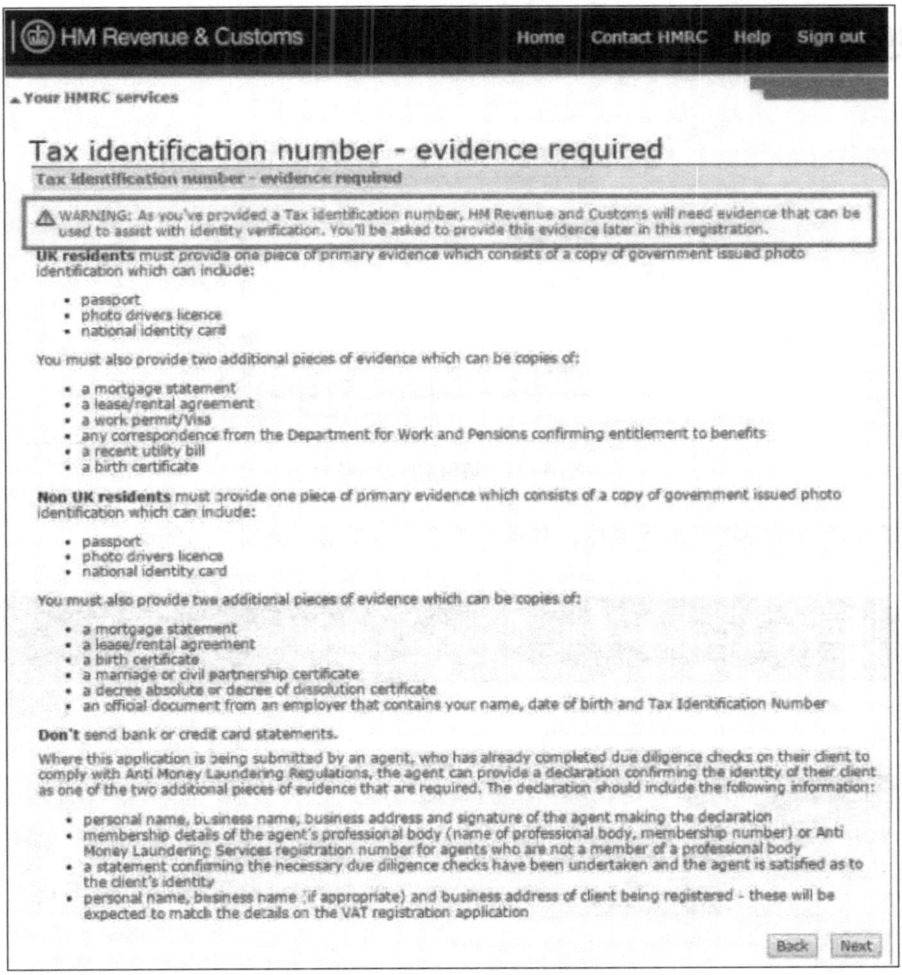

图6-15　提供纳税编号相关证明资料

⑭ 单击"Non-UK address"按钮，继续填写家庭地址信息，如图6-16、图6-17所示。

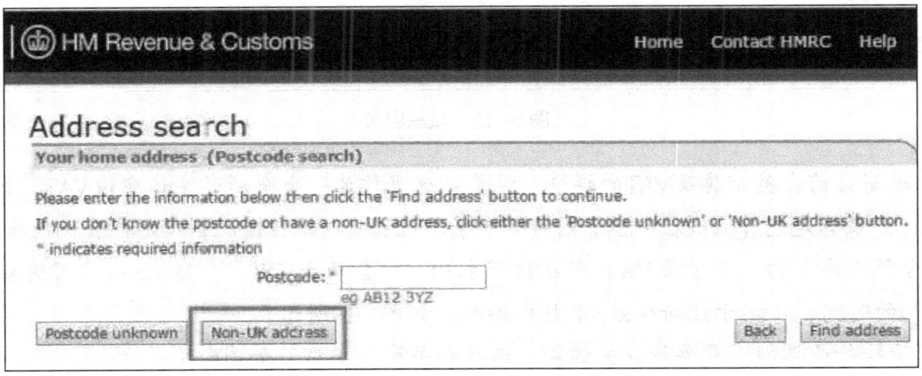

图6-16　填写家庭地址信息

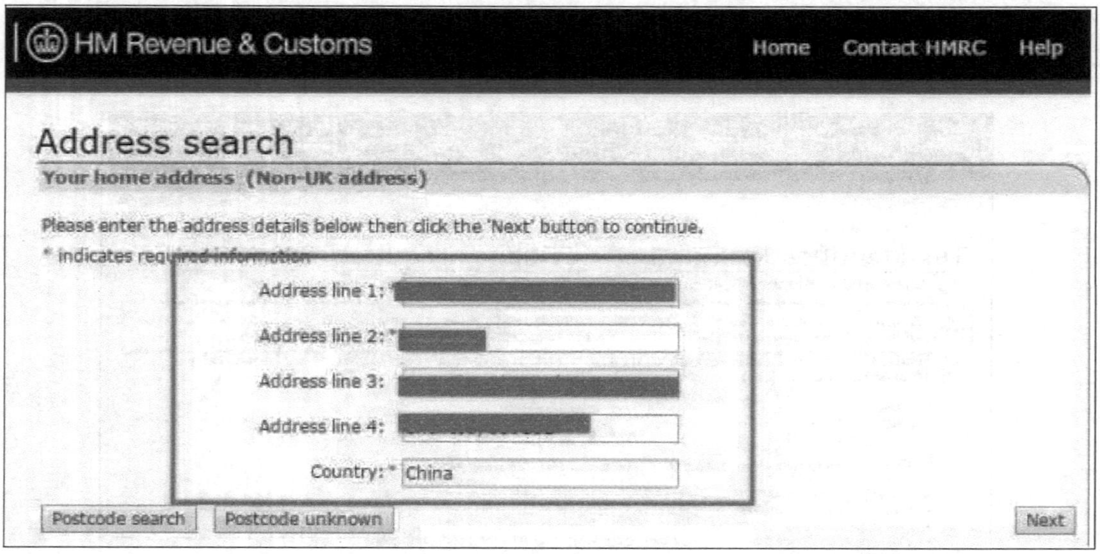

图 6-17　填写家庭地址信息

⑮ 经营活动详情填写主体名称，相当于店名，可不填，如图6-18所示。

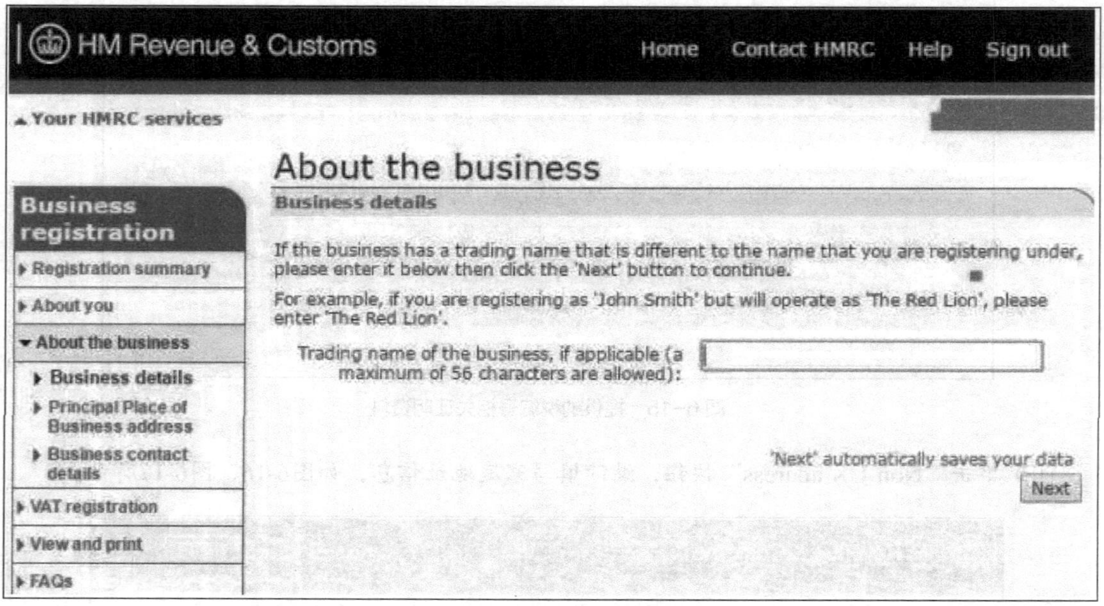

图 6-18　填写店名

⑯ 填写目前在英销售及VAT的详情。注意：这里作为一个全新的主体申请VAT，前两项都选择No。如果你是想补缴过往税款，则可如实填写过去VAT销售情况，只要补缴税款及滞纳金，也是符合税法要求的。至于第3项，若在接下来30天内会产生VAT，则选Yes；而若选No，则需再给确切的时间，不迟于注册生效3个月内纳税，如图6-19所示。

⑰ 选择行业类型，需要行业关键词，选择相关商业类型，如图6-20所示。

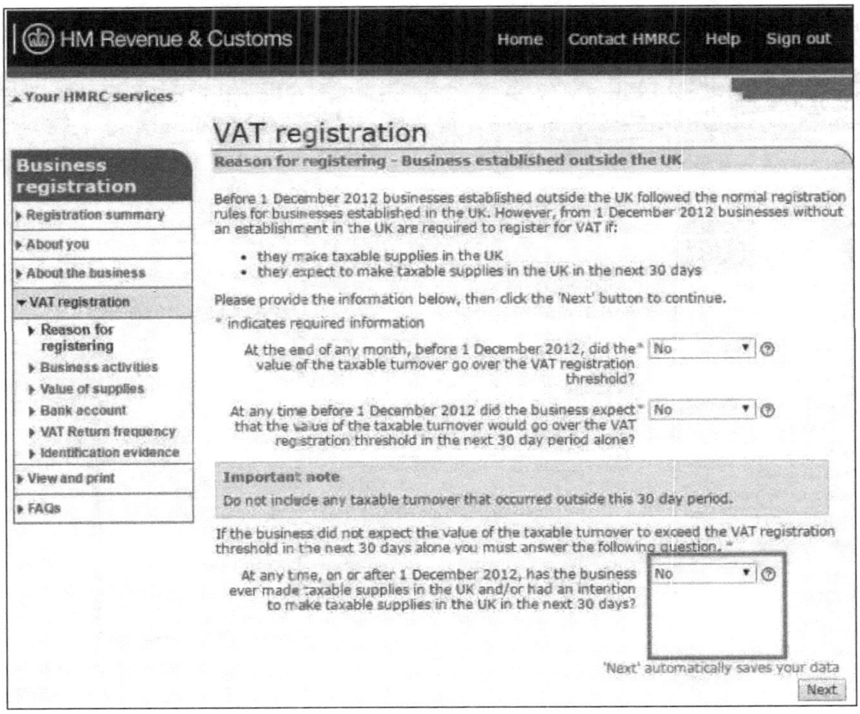

HM Revenue & Customs | Home | Contact HMRC | Help | Sign out

Your HMRC services

Business registration
- Registration summary
- About you
- About the business
- VAT registration
  - Reason for registering
  - Business activities
  - Value of supplies
  - Bank account
  - VAT Return frequency
  - Identification evidence
- View and print
- FAQs

VAT registration

Reason for registering - Business established outside the UK

Before 1 December 2012 businesses established outside the UK followed the normal registration rules for businesses established in the UK. However, from 1 December 2012 businesses without an establishment in the UK are required to register for VAT if:

- they make taxable supplies in the UK
- they expect to make taxable supplies in the UK in the next 30 days

Please provide the information below, then click the 'Next' button to continue.

* indicates required information

At the end of any month, before 1 December 2012, did the value of the taxable turnover go over the VAT registration threshold? * No

At any time before 1 December 2012 did the business expect that the value of the taxable turnover would go over the VAT registration threshold in the next 30 day period alone? * No

Important note

Do not include any taxable turnover that occurred outside this 30 day period.

If the business did not expect the value of the taxable turnover to exceed the VAT registration threshold in the next 30 days alone you must answer the following question. *

At any time, on or after 1 December 2012, has the business ever made taxable supplies in the UK and/or had an intention to make taxable supplies in the UK in the next 30 days? No

'Next' automatically saves your data

Next

图 6-19 填写目前在英销售及 VAT 的详情

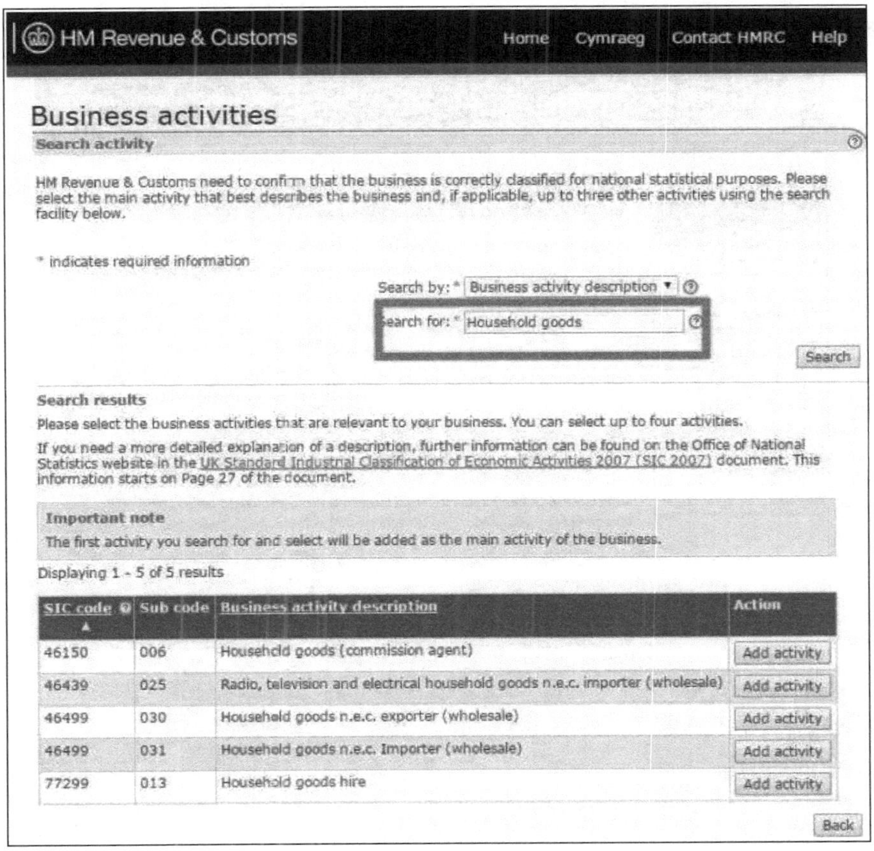

HM Revenue & Customs | Home | Cymraeg | Contact HMRC | Help

Business activities

Search activity

HM Revenue & Customs need to confirm that the business is correctly classified for national statistical purposes. Please select the main activity that best describes the business and, if applicable, up to three other activities using the search facility below.

* indicates required information

Search by: * Business activity description

Search for: * Household goods

Search

Search results

Please select the business activities that are relevant to your business. You can select up to four activities.

If you need a more detailed explanation of a description, further information can be found on the Office of National Statistics website in the UK Standard Industrial Classification of Economic Activities 2007 (SIC 2007) document. This information starts on Page 27 of the document.

Important note

The first activity you search for and select will be added as the main activity of the business.

Displaying 1 - 5 of 5 results

SIC code	Sub code	Business activity description	Action
46150	006	Household goods (commission agent)	Add activity
46439	025	Radio, television and electrical household goods n.e.c. importer (wholesale)	Add activity
46499	030	Household goods n.e.c. exporter (wholesale)	Add activity
46499	031	Household goods n.e.c. Importer (wholesale)	Add activity
77299	013	Household goods hire	Add activity

Back

图 6-20 选择行业类型

⑱ 如实填写预计销售数据，如图6-21所示。

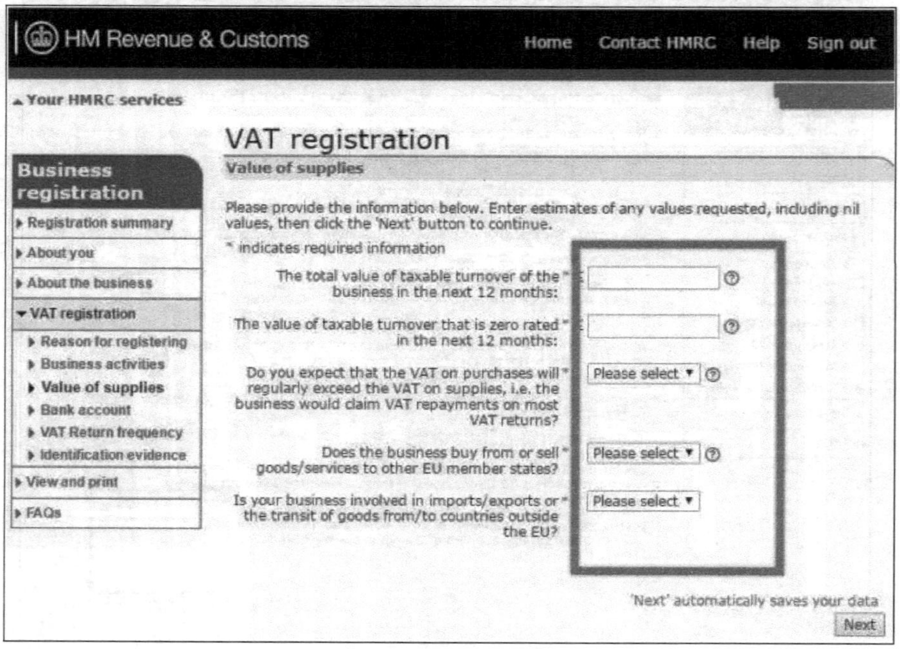

图 6-21　填写预计销售金额

⑲ 确认固定税率申报信息，如图6-22所示。

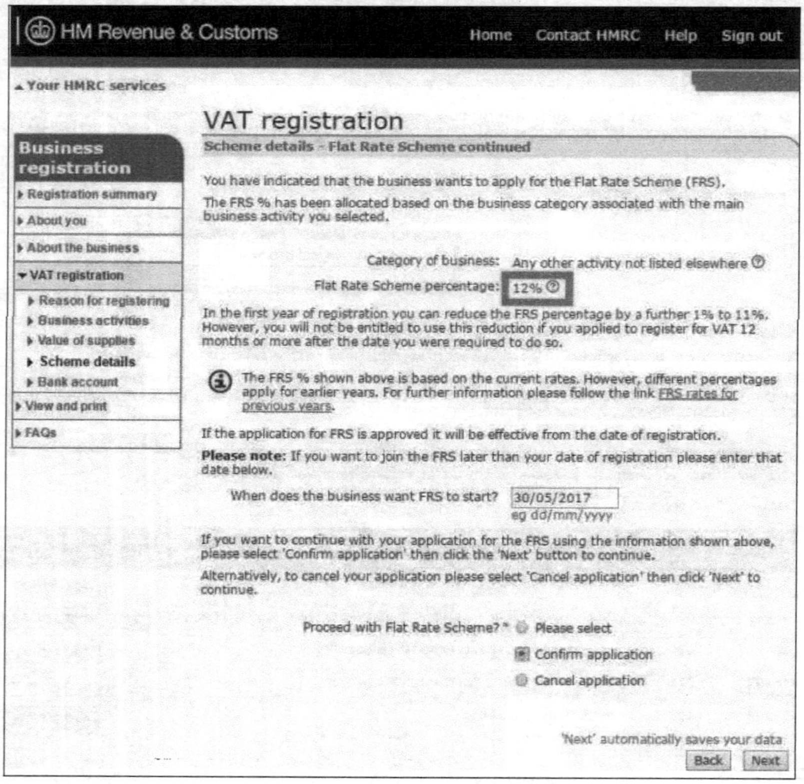

图 6-22　确认固定税率申报信息

⑳ 确认时间周期及缴款方式，如图6-23所示。

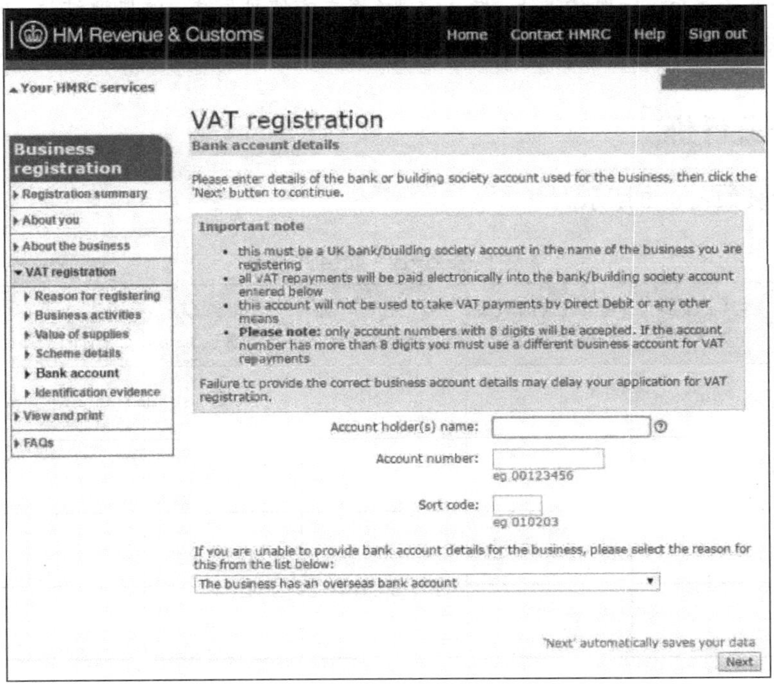

图 6-23　确认时间周期及缴款方式

㉑ 最后一步，上传相关证件照，包括护照、驾照、身份证扫描件（三选一）；贷款证明（房贷）、租赁合同、出生证明、结婚证、法院相关证书（判决、传票等）、劳动合同（需包括出生日期及纳税编号）扫描件（五选二），如图6-24所示。

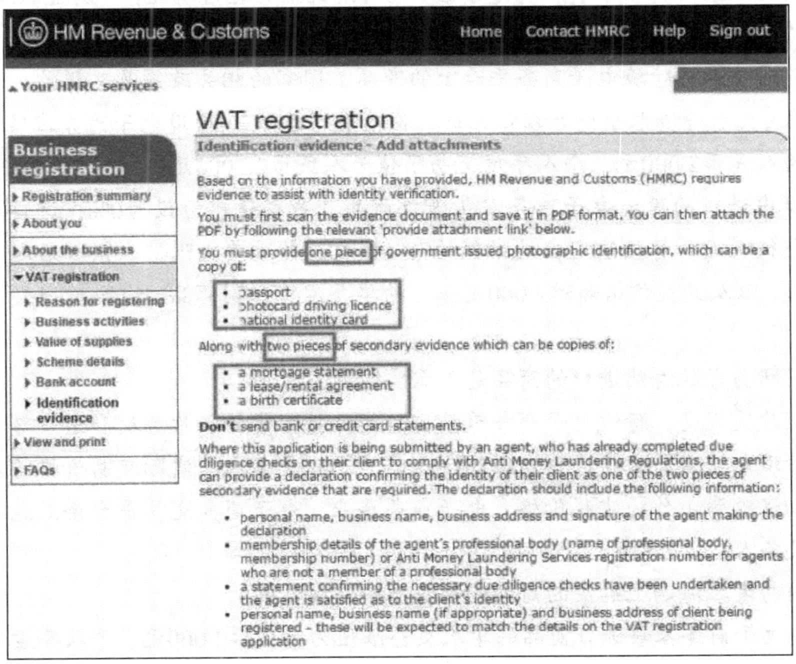

图 6-24　上传相关资料

完成注册后，用户要留意HMRC的邮件，及时查收挂号信。税务局会以邮件或邮寄形式通知相关资料补充等事宜。一般情况下，线上注册6周左右便可完成。注册通过后，税务局会把VAT号码信息发送到你的电子邮箱及Gateway账户。

四、任务评价

项目评价表如表6-8所示。

表6-8　项目评价表

项目	学习态度（20%）	团队合作情况（20%）	步骤完成情况（50%）	其他表现（10%）	小计（100%）	综合评价
小组评分（30%）						
个人评分（30%）						
老师评分（40%）						
综合得分（100%）						

五、知识拓展

网易考拉海购通关税费介绍

网易考拉网站显示，网易考拉海购通过正规的清关渠道进行清关，一切遵照海关相关法律、法规进行操作，并且尽量保障清关时效。

问：目前对于购买跨境电子商务平台上的商品，国家的相关政策是怎样的？

答：依据《关于跨境电子商务零售进口税收政策的通知》，跨境电子商务零售进口商品的单次交易限值为人民币2 000元，个人年度交易限值为人民币20 000元。

在限值以内进口的跨境电子商务零售进口商品，关税税率暂设为0%；进口环节增值税、消费税取消免征税额，暂按法定应纳税额的70%征收。超过单次限值、累加后超过个人年度限值的单次交易，以及完税价格超过2 000元限值的单个不可分割商品，均按照一般贸易方式全额征税。

问：购买网易考拉海购进口的商品是否需要缴税？

答：根据政策规定，跨境电子商务零售进口商品按照货物征收关税和进口环节增值税、消费税，购买跨境电子商务零售进口商品的个人作为纳税义务人，实际交易价格（包括货物零售价格、运费和保险费）作为完税价格，电子商务企业、电子商务交易平台企业或物流企业可作为代收代缴义务人。

问：在网易考拉海购上购买的商品的税费是如何核算的？

答：跨境电子商务零售进口商品的单次交易限值为人民币2 000元，个人年度交易限值为人民币20 000元。

在限值以内购买的跨境电子商务零售进口商品，关税税率暂设为0%；进口环节增值税、消费税取消免征税额，暂按法定应纳税额的70%征收。举例如表6-9所示。

表6-9 举例说明

商品	单价（元）	购买数量（件）	促销活动优惠（元）	优惠券扣减额（元）	运费（元）	适用税负率
A	100	2	30	10	4	10%
B	300	2	10	—	6	5%

A商品的税费（含运费税）=完税价格×税负率=（100×2+4-30）×10%=17.4（元）
B商品的税费（含运费税）=完税价格×税负率=（300×2+6-10）×5%=29.8（元）
则订单需要缴纳的税费=A商品的税费+B商品的税费=17.4 + 29.8=47.2（元）

资料来源：网易考拉网站

六、同步拓展

① 结合本案例，你觉得在国家政策出台前，一般贸易方式进口商对比跨境电子商务零售进口商吃亏在哪里？

② 同一种进口商品，淘宝代购和网易考拉海购的价格有何不同？

任务三 跨境电子商务支付与结算的税务风险及应对

一、任务引入

小高有几款迪士尼卡通风格的卫衣，深受欧美各国的喜爱，主要客户来自美国、欧洲等。最近有一个来自巴西的订单，客户买了 20 件衣服，L、XL、2X、3XL 各 5 件，总重量超过 6 千克。在查阅了相关物流公司的报价后，他最终用 UPS 给客户发了货。一周后，UPS 物流跟踪信息反馈，包裹被巴西海关查验发现无 VAT，要求提供 VAT 号，才能完成清关。小高随后立即联系客户，在客户提供了 VAT 号后，才完成了清关。这次交易可算是有惊无险，但是也让小高意识到了做跨境电子商务生意的税务风险。

请问：巴西的关税政策是怎样的？除了 VAT，还需要注意哪些方面？

二、相关知识

（一）跨境电子商务税务风险

1. 跨境电子商务税务风险的定义

跨境电子商务税务风险是指由于关税等政策的变化，使跨境电子商务进出口商产生的税务成本上升的风险。跨境电子商务税务风险由进出口税务政策变化而产生，对跨境电子商务进出口商影响巨大，主要包括跨境进口电子商务税务风险和跨境出口电子商务税务风险。

2. 跨境进口电子商务税务风险

跨境进口电子商务税务风险主要是指由于税务政策的调整，对跨境电子商务进口商产生的税务成本上升的风险。

（1）跨境电子商务进口税收政策调整的原因

近年来，因小额跨境电子商务运营成本低、利润空间大及税率优惠等有利政策的引导，跨境电子商务获得迅猛发展。

与传统贸易相比，跨境电子商务零售业的商品价格低于传统贸易实体进口价格。这对传统货物进口的市场在一定程度上造成了冲击，使许多传统外贸企业纷纷想抓住政策利好时机进行转型。但是不少电子商务企业为获得短期的效益大打价格战，以次充好甚至售假，损害消费者的合法权益。又因行业整体体系尚未健全，加上缺乏合理的制度引导，偷税、漏税现象频发，又损害了国家的利益。为维护消费者的合法权益，规整市场，完善税收制度，创造公平竞争的市场环境，我国发布了跨境税收新政策。

（2）新税收政策的推进

我国跨境电子商务 B2C 进口方式主要有保税模式和直购模式两种形式。税制改革变化可分为两个部分。第一部分是限值，单笔交易限值从 1 000 元提升至 2 000 元，个人年度交易值提高到 20 000 元。第二部分是税率的调整。原税制下，不论商品是直接进口，还是通过保税区再进口，商品单件价值 1 000 元以下的，海关均按照行邮税进行征收。而调整后，行邮税改为进口跨境电子商务综合税，即征收关税、增值税和消费税。

2016 年 4 月正式出台的跨境电子商务税制新政，表明我国小额跨境电子商务正式纳入税收体系，确立了跨境电子商务的合法地位，也代表着在新政策的引导下，跨境电子商务将得到更加规范化的发展。但新政策的推行使得跨境电子商务遭遇了不小的冲击，通关单前置等与之前所实行的试点政策相违背，多个试点城市的保税区与相关企业业务无法顺利运转。2016 年 5 月11 日，国务院经过考察，决定批准对跨境电子商务零售进口的监管再给予一年的过渡期，保留税率调整，其他均按照试点原有政策执行，过渡期延长至 2017 年年底。过渡期延期过半之际，在 2017 年 9 月 20 日所召开的国务院常务会议中，国务院认为批准设立跨境电子商务综合试验区成果显著，要将好的经验成果在全国推广，使其发挥更大的作用。会议决定，将跨境电子商务零售进口监管过渡期政策再延长一年至 2018 年年底，并加快完善相关制度。

（3）跨境电子商务进口商因税改新政可能面临的风险

新的税收政策将跨境电子商务进口商品交易缴税归为一般贸易模式征税制度之下，跨境电子商务企业所面临的最大问题是正面清单与通关单。"正面清单"的实行，大幅限制了跨境商品进口品类（生鲜、液态奶、成人奶粉出局，保健品和化妆品受到严格限制）。新税收政策则要求进口商品税号需要满足前置审批条件获取"进口通关单"，但因境内外产品特性或者工艺标准不同，导致跨境电子商务企业无法及时提供通关单要求的各项材料，延长了许可证的办理时间，使得进口商品通关进程放缓，影响跨境电子商务企业商品进口业务。

此外，保税商品监管模式的改变，使很多保税区出现了保税仓库空置，部分跨境电子商务平台也因此出现了补货难的局面。随着跨境电子商务企业业务范围的缩小，也会使仓储行业陷入困境，前期的资金投入无法得到有效的利用，造成资源的浪费，相关开展保税业务的企业或将面临损失。

税改新政措施的实行，海关等相关部门的监管力度不断加强，经营成本上升等对中小型跨境电子商务企业有明显影响。经营模式单一、抗风险能力较差的企业将面临资金实力、倒闭或者转型等诸多问题。之前依靠低利率赚取中间差额利润的中小型跨境电子商务企业，将伴随税改后消失的价格优势，被迫退出跨境电子商务市场。这会造成一定程度上的市场空缺。

3. 跨境出口电子商务税务风险

跨境出口电子商务税务风险主要是指由于税务政策的调整，对跨境电子商务出口商产生的税务成本上升的风险。

（1）进口国跨境电子商务税收政策调整的原因

由于全世界网购人数的持续增长，以及移动电子商务的快速发展、社交网站的兴起、物流体系的改善、相对低廉的网上购物价格等原因，使欧美各国居民在跨境电子商务网站如亚马逊、eBay、速卖通、Wish 等网购的人数逐年增加。欧美各国政府为降低居民境外网购的积极性，以减缓外汇储备的进一步流失，帮助培育国产品牌产品，支持国内相关产业的发展，采取了形式多样的税收政策：有些限制，有些就直接禁止本国居民在境外网站上购物。

（2）进口国跨境电子商务税收政策调整的方式

中国是当今世界电子商务发展的领头羊，面对源源不断的中国商品"入侵"，不少国家确实感到了隐忧。各国不甘被境外电子商务"入侵"，采取多种方式限制或者基本禁止本国居民海淘。

就像前一个任务所述，欧洲和英国气势汹汹的 VAT 政策就是最大的例子。从全球来看，阿根廷、巴西等南美洲国家，成了对跨境网购征税最为严苛的地区。

阿根廷：阿根廷政府规定居民个人每年可以从国外购买 5 件产品，每件产品限额 999 美元，总重量低于 50 千克，相同产品不得超过 3 件，进口目的不是转卖。按照政策要求，阿根廷网购者必须先在税务局网站进行纳税申报并交税后，才能凭借纳税收据去海关或邮局取货。

巴西：在巴西，很多情况下对跨境网购商品征收的税率是 100%，导致我国卖家的巴西订单量急剧下降，商品纠纷也不断增加。

波兰：中国出口波兰的网购商品，曾被要求印制波兰的商标，没有波兰商标的商品将被退回。

美国：虽然美国在跨境电子商务税收上的政策比较宽松，但运输门槛也在不断提高。原来在海关检查时，空运商品全部采取抽查模式，但现在针对服装类的商品每件都必须打开检查。这很大程度上影响了报关的速度，甚至偶尔会遇到商品被强行退回的情况。

澳大利亚：澳大利亚宣布，自 2018 年 7 月 1 日起对向澳大利亚境内销售商品价值不高于 1 000 澳元的海外商务交易征缴商品及服务税（GST 增值税）。澳大利亚此举在于统一进口商品和本土商品的税收待遇。同时，此次税收征管也将给我国"走出去"的电子商务企业提出更高的要求。

德国：德国贸易联合会明确警告，中国商家少交了 19% 的增值税，在价格上更具有竞争力，这样的不平等竞争对于德国本土卖家而言是非常具有威胁性的。德国已经打算立法强制执行跨境电子商务企业缴纳增值税。

越南：由于中国目前尚未与欧盟做出相关自贸安排，而通过越欧自贸协定，企业对欧服装纺织品享受关税优惠，所以中国企业视越南为服装和纺织业的巨大市场，紧抓越欧自贸协定机遇，利用越南作为出口门户进军欧盟市场。根据越欧自贸协定安排，协定双方将取消超过 99%

的税目关税。欧盟将最终取消自越南进口的产品数千个税目的关税。同时，越南将取消65%的欧洲出口产品关税，降税过渡期为10年。

（二）跨境电子商务税务风险的应对措施

针对跨境电子商务进出口的税务风险，跨境电子商务进出口商可采取以下措施来应对风险。

1. 跨境进口电子商务税务风险

对于跨境进口税务风险，跨境电子商务进口商建议采取以下措施应对。

（1）消费品进口建构海外仓

随着我国跨境电子商务进口贸易中的用户规模不断增长，随着消费需求和消费观念的升级，进口企业建设海外仓，在海外市场的销售、配送，可方便消费品跨境电子商务业务的开展，有两个好处。

① 能够满足消费者对于采购便利性的偏好。与传统的跨境电子商务物流配送相比，通过设立海外仓，商家可在交易之前就将商品存储到海外仓，可以避免跨境物流报关、报检、运输等环节的意外风险，有效保证网络商家按时供货，减少在物流环节预留时间。以此在跨境电子商务平台上进行商品销售时，货物配送时间的缩短能够提升消费者购物感，增强购买意愿，提高商家成交率。

② 降低国际物流仓储成本。如果在进口国（或地区）境内建立海外仓，就可以利用海运方式批量运送货物完成运输。一般情况下，海外仓能够使国际物流成本下降，提高20%～40%的通关效率，大幅节约单件商品运费成本。

（2）开拓进口模式多渠道，吸引潜在用户

不同的商品在不同的进口模式下适用不同的税收标准，企业可以依据各方标准进行计算，灵活选择，优化平台服务。

（3）重视产品供应链管理

要使自身获得更好的发展前景，企业就要想办法占有供应链的优势，并建立起电子商务企业主体的责任意识，自觉完善企业监管措施，对于清单中和日常经营中的进口商品，主动采取严格的监管措施。随着行业市场逐渐走向规范化，跨境电子商务企业需认清趋势，将行业发展与国内消费升级的趋势相融合，制订与其相适应的目标规划，提高企业管理水平，实现我国跨境电子商务行业稳固发展。

2. 跨境出口电子商务税务风险

对于跨境出口电子商务税务风险，跨境电子商务出口商建议采取以下措施应对。

① 跨境电子商务产品大多是以行邮的方式入境的，在一定程度上就省去了很多分销商成本，如果再加上不用缴纳增值税，优势会明显领先于本国（或地区）零售企业。为此，各国（或地区）为了保护本国（或地区）零售商和财政收入，都会变着法儿的提高入境产品的关税。所以，建议商家关注各国（或地区）税收的最新动态，及时调整运营策略，以不变应万变。

② 大型跨境电子商务出口企业，应积极参与国际政策制定，积极参与国际会议和活动，与各国政府、企业形成良性的互动关系，在客户集中的国家（或地区），要积极参与当地各项事业，在当地逐步建立良好的企业形象。

③ 产品质量是王道，产品性价比始终也是消费者最为关注的方面，同时逐渐形成自己的品牌形象，相信当地百姓的民意始终是所在国（或地区）不可忽视的方面。

三、任务实施

阅读以下材料，回答文后问题。

被加了税的跨境电子商务，为什么一致决定：要给消费者包税？

先是税改新政废了行邮税优惠，接着正面清单又剔掉了不少特有商品，短短两个多星期，跨境电子商务零售进口画风突变：早前被视为规范代表的保税进口，政策优势遭到全面稀释；而直邮进口则凭借更强的个人自用属性，保留了行邮税等多项优势。

对广大跨境电子商务企业来说，现在把保税仓里的库存去掉才是王道。税改前进来的货，能不能走行邮税，先要打个问号。不在正面清单里的货，没错，就是"跨境电子商务零售进口商品清单"，以后想甩卖都甩不出去。

于是乎，大大小小的电子商务平台都开始甩卖。这些平台的口号是出奇的一致："包税"。台词大意都是：**因为税改，新增加的税费，商家给你包了。**"包税"的品类，则集中在税改后增加的税费还不算多的奶粉及纸尿裤等热门母婴产品上。蜜芽官网包税推广页如图6-25所示。

图6-25 蜜芽官网包税推广页

为什么是这几款商品？原因很简单，它们本身新增加的税还不算多，商家还包得起。

举个例子，100块钱的尿不湿。原来走行邮税，可以免征，而新政之后，多出来11.9元的税费，商家就咬咬牙，给你包了。

对大的电子商务来说，这点税费他们可以靠货源优势、供应链优势，甚至联合品牌商一起，化解掉。

所以，蜜芽CEO刘楠才说："实施跨境电子商务综合税之后，不觉得税率会成为痛点。"

再说，现在大家都在"包"，"不包"怕是要丢份的——"**市场竞争激烈，商家宁愿在成本上下功夫，也不愿让出市场份额。**"不少跨境电子商务人士这么认为。

但谁都知道，这样的"包"很难持续。

通过比价网站就能发现，多家跨境电子商务的多款产品已经进行了不同程度的提价。

"税改新政出来后，总体价格肯定是上扬的。"业内人士这么说。

下一步怎么办？大型电子商务现在都在观望。

苏宁海外购工作人员称，接下来苏宁会寻找差异化（商品），并会加强一般贸易。

保税进口？再看看吧。

这位工作人员称，目前还有一些细节，需要官方解释。例如，首次进口化妆品的明确界定，"苏宁目前大部分化妆品都不是首次进口，但如果是按照一般贸易方式进口的，有一部分属于首次。"

刘楠也举了婴儿手帕的例子，目前材质多有不同，希望有明确解释。

观望还是很有必要的。

头脑清醒或者消息灵通的电子商务，前一段时间已经开始清理部分品类了。

"液态奶基本挂了，2016年4月8日新政第一天基本都下架了。"某国际奶粉品牌电子商务负责人称。因正面清单影响，网易考拉海购部分产品下架，如图6-26所示。

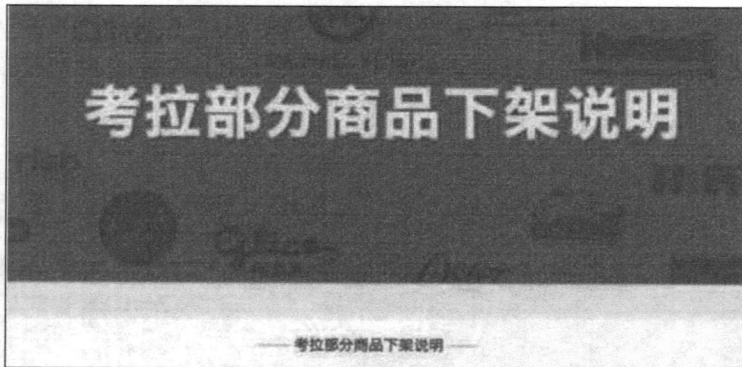

图6-26　网易考拉海购部分产品下架

而那些海外仓资源丰富的电子商务，已经开始打算减少国内保税仓的规模，转战直邮了。

丰趣海淘CEO任晓煜介绍称，直邮将成为丰趣海淘的主要方向，"保税是看商检的细则，目前是不可预测，所以先清库存，出来后肯定能找到适合保税的类目，但会缩水。"

跟保税模式比，眼下，直邮在政策面上还是"小甜甜"，税收可以走行邮税，监管也不受保税备货模式一线验核通关单的影响。

资料来源：雨果网

【思考】

① 结合本案例，你觉得跨境电子商务进口税务调整对跨境电子商务进口商有哪些影响？

② 随着跨境电子商务形势的发展变化，税务政策的调整在所难免，你觉得跨境电子商务进口商应该如何应对此后可能出现的税务政策改变？

四、任务评价

项目评价表如表6-10所示。

表 6-10　项目评价表

项目	学习态度（20%）	团队合作情况（20%）	步骤完成情况（50%）	其他表现（10%）	小计（100%）	综合评价
小组评分（30%）						
个人评分（30%）						
老师评分（40%）						
综合得分（100%）						

五、知识拓展

巴西——跨境电子商务的爱恨之地

2012年，在跨境电子商务刚开始崛起的时候，巴西就像市场上的黑马，令人侧目。巴西约有2.1亿人口，其中超过6成使用互联网，超5成使用智能手机访问互联网，互联网的发展也同时促进了巴西电子商务的增长。

Mercado Libre平台作为拉美最大的电子商务平台，在巴西占有50%以上的市场。其他跨境购物平台如速卖通、eBay、Wish均在巴西占有一席之地，Amazon巴西站也已经开放电子产品的市场。

随着本地电子商务平台和跨境电子商务平台的发展，巴西的购物方式也在悄然改变。过去，巴西的各大商场中总会挤满熙熙攘攘的人群。如今，店铺成交量却出现了明显下滑。22%的互联网用户有通过外国网站买东西的习惯。他们选择海淘的主要原因就是价格，以及能够买到不进入巴西市场的商品。

近5年来，巴西民众对中国商品的态度有了显著的改善，觉得在跨境平台上购买的商品的质量超乎意外，普遍认为价格上更有优势、设计等也更现代化。巴西市场对中国品牌更为熟悉，并将中国视为国际级的强国。

如今，各大跨境平台的市场也在悄然变化。例如，速卖通在2016年之前，巴西市场排在速卖通全球市场的前三，然而在2016年之后，巴西市场已退出前五，很多跨境卖家也关闭了巴西市场。这又是为什么呢？主要原因就体现在以下几个方面。

1. 巴西清关非常难，查验率高

发往巴西的大包、快递，有30%卡在清关上，连客户的面都没见到，就被退回中国。原因可能多种多样，资料不全，证书缺少，税号没有，或者超过个人的购买数量等。此外，巴西有很多的反倾销产品被限制入境。

巴西海关的相关规定如下。

（1）所有通过快递方式寄到巴西的包裹，收件人在巴西当地的VAT号码必须填写在运单（第九栏Special Delivery Instructions处）和商业发票上。

如果快件发出时没有按上述要求在发票和运单上注明VAT号码，所有寄给当地私人的物品，同样的货物数量不能超过3PCS，否则，海关将拒绝清关，而直接安排货件退回发货地（退件前不会有任何通知），所产生的一切运费均由发货人承担。

（2）巴西海关对进口包裹进行100%的查验。

2．巴西的关税高

寄往巴西的包裹不论价值和重量多少，当地海关都要征收关税。

每个巴西人每年的境外购物免税额只有50美元，因此几乎所有巴西消费者购买产品都需要交关税。有客户表示，他们通过UPS走，关税基本是（货值+快递费）的100%～200%。有的人表示买了60美元的产品，却支付了120美元的关税。

有些卖家认为只要调低申报价值就能平安无事，但巴西海关除了查看卖家的申报价值外，还会依照该产品在本国的平均售价考量卖家是否存在低报的嫌疑。如果他们觉得货值不符，则需要购买方提供境外消费的证据和网址等，他们核对正确无误，并按照网址上的价格缴税，才可以带走购买的商品。

3．巴西物流慢

从巴西国内发货的物流时间太长，通常都需要30～60天，有些地方甚至需要90天。客户夏天买的衣服，到那边已经冬天了，都过季了。物流时间长给购物带来了不好的体验。

4．退货率高

综合以上各种原因：海关被卡，直接退回的；关税太高，客户弃货的；时间太久，客户不想要了的，从而导致了极高的退货率。巴西市场的订单多，但超过20%的退货率，甚至更高，这无疑也给跨境电子商务商家增加了额外的成本，使得商家对巴西市场又爱又恨。

资料来源：雨果网

六、同步拓展

① 关注欧美各国最新的跨境电子商务税务政策。

② 思考这些最新政策对我国跨境电子商务出口商可能带来的影响。

Item 7

项目七
跨境电子商务支付与结算
技术分析

项目情境引入

"双11"支付宝国际交易笔数同比增加六成，支付宝技术更趋完善

2017年11月12日消息，蚂蚁金服公布数据显示，"双11"当天，支付宝国际交易笔数同比增长了60%，全球共有224个国家和地区的消费者用支付宝进行网购。图7-1所示为境外消费者使用手机支付宝付款。

图7-1　境外消费者使用手机支付宝付款

2017年"双11"，支付宝的支付总量达到14亿笔，与往年相比，借助支付宝打造的全球支付系统，全球消费者有了更多参与"双11"的机会。

数据显示，全球共有224个国家和地区的消费者使用支付宝网购，其中，俄罗斯人交易笔数占到总量的48%；其次是西班牙，占比8%，乌克兰、以色列和法国则以5.5%、4.8%和3.9%的份额分列3~5位。

目前，支付宝支持18种货币结算，已基本实现"全球收全球付"能力。不仅境内消费者，境外消费者也能在阿里巴巴国际站、速卖通等平台交易，用支付宝付款。

2017年"双11"，支付宝所支持结算的18种货币包括人民币、美元、港币、英镑、欧元、日元、加拿大元、澳大利亚元、新加坡元、新西兰元、瑞士法郎、瑞典克朗、丹麦克朗、挪威克朗、泰铢、韩币、澳门元、马来西亚林吉特。

与此同时，本次速卖通平台"双11"全天交易共覆盖全球230余个国家和地区，无线订单成交占比超过62.3%。在全球经济增长持续放缓、复苏进程缓慢的大背景下，境外"剁手党"在"双11"平均单价较去年同期逆势增长30%。在"双11"启动前，全球就有1 700多万"剁手党"就将心仪的商品加入了速卖通的购物车。

本次速卖通在北京时间2017年11月11日16:00正式开启，为速卖通举办的第四次"双11"。在本次速卖通"双11"中，从16:00开始，68分钟内，俄罗斯买家下单后已经收到货物。而西班牙的第一单妥投用时仅为1小时40分钟，这位西班牙买家买了2016年速卖通十大品牌之一DEKO的焊接面具。在开场2小时，全球速卖通"双11"交易已覆盖世界184个国家和地区，在19:50，速卖通"双11"已经突破1 000万订单。

为了保证全球支付网络的稳定，支付宝专门成立"全球支付成功率"技术项目组，并提前与境外发卡行、金融机构等进行了密集压测。

资料来源：每日经济新闻

问题：你觉得跨境电子商务支付与结算的技术架构涉及哪些方面？

项目任务书

项目任务书如表7-1所示。

表7-1　项目任务书

任务编号	分项任务	职业能力目标	知识要求	参考课时
任务一	认知跨境电子商务支付与结算的技术架构	了解跨境电子商务支付与结算技术支撑	1. 跨境电子商务支付与结算的技术架构 2. 跨境电子商务支付与结算的业务架构	2
任务二	跨境电子商务支付与结算的最新技术分析	了解跨境电子商务支付区块链、移动技术	1. 区块链技术 2. 移动支付	2
任务三	跨境电子商务支付与结算的技术风险及应对	能积极应对跨境电子商务支付与结算的技术风险	1. 跨境电子商务支付与结算的技术风险 2. 应对措施	2

任务一　认知跨境电子商务支付与结算的技术架构

一、任务引入

小高平时喜欢在网上海淘，也已经开了速卖通、亚马逊和Wish等店铺。最近他在思考：跨境电子商务进出口的支付与结算系统每天要处理这么多订单和金额，遇到大规模促销时，就更要处理海量的订单，但是很少出现问题，这些跨境电子商务支付与结算系统到底是如何运作的？

虽然有计算机技术的成分在内，还是试着帮小高一起大致分析了解一下海量交易背后的跨境电子商务支付与结算系统技术模式。

二、相关知识

（一）跨境电子商务支付与结算的技术架构

跨境电子商务支付与结算的整体技术架构可以分为以下3层。

支撑层：用来支持跨境电子商务支付核心系统的基础软件包和基础设施，包括运维监控系统、日志分析系统等。

核心层：跨境电子商务支付系统的核心模块，包括跨境电子商务支付的支付核心模块及跨境支付的支付服务模块。

产品层：通过核心层提供的服务组合起来，对最终用户、商户、运营管理人员提供的系统。

1. 跨境电子商务支付支撑系统

支撑系统是一家公司给跨境电子商务支付系统运行提供的基础设施，其主要包括如下子系统。

（1）运维监控

跨境电子商务支付系统在运行过程中，不可避免地会受到各种内部和外部的干扰，如光纤被挖断、黑客攻击、数据库被误删、上线系统中有 bug 等，运维人员必须在第一时间对这些意外事件做出响应。这就需要一个运维监控系统来协助完成。

（2）日志分析

日志是跨境电子商务支付系统统计分析、运维监控的重要依据。公司需要提供基础设施来支持日志的统一收集和分析。

（3）短信平台

短信在跨境电子商务支付系统中有重要作用，如身份验证、安全登录、找回密码及报警监控等都需要短信的支持。

（4）安全机制

安全是跨境电子商务支付的生命线。SSL 证书[①]、防刷接口等都是跨境电子商务支付的必要设施。

（5）统计报表

跨境电子商务支付数据的可视化展示是公司进行决策的基础。

远程连接管理、分布式计算、消息机制、全文检索、文件传输、数据存储、机器学习等都是构建大型系统的基础软件。这里不再一一详细介绍。

2. 跨境电子商务支付核心系统

跨境电子商务支付核心系统指用户执行跨境电子商务支付的核心模块，包括以下具体流程：用户从跨境电子商务支付应用启动跨境电子商务支付流程；跨境电子商务支付应用根据应用和

---

① SSL 证书是数字证书的一种，类似于驾驶证、护照和营业执照的电子副本，配置在服务器上。

用户选择的支付工具来调用对应的支付产品来执行支付；跨境电子商务支付路由根据支付工具、渠道费率、接口稳定性等因素选择合适的支付渠道来落地支付；跨境电子商务支付支付渠道调用银行、跨境电子商务支付第三方支付等渠道提供的接口来执行支付操作，最终落地资金转移。

3. 跨境电子商务支付服务系统

跨境电子商务支付服务系统又分为基础服务系统、资金系统、风控和信用系统。

（1）基础服务系统

基础服务系统提供支撑线上支付系统运行的基础业务功能，具体如下。

① 客户信息管理：包括对用户、商户的实名身份、基本信息、协议的管理。

② 支付通道管理：包括通道接口、配置参数、费用、限额等的管理。

③ 账户和账务系统：主要用来管理账户信息及交易流水、记账凭证等。这里的账务一般指对接线上系统的账务，采用单边账的记账方式。内部账记录在会计核算系统中。

④ 订单系统：一般可以独立于业务系统。这里的订单主要指支付订单。

（2）资金系统

资金系统指围绕财务会计而产生的后台资金核实、调度和管理的系统，具体包括如下。

① 会计核算：提供会计科目、内部账务、试算平衡、流水登记、核算和归档的功能。

② 资金管理：管理公司在各个支付渠道的头寸，在余额不足时进行打款。对第三方支付公司，还需要对备付金进行管理。

③ 清算分润：对于有分润需求的业务，还需要提供清分清算、对账处理和计费分润功能。

（3）风控和信用系统

风控系统是跨境电子商务支付系统必备的基础功能，所有的跨境电子商务支付行为必须做风险评估并采取对应的措施；信用系统是在风控基础上发展的高级功能，如速卖通订单贷款就是成功的案例。

（二）跨境电子商务支付与结算的业务架构

结合跨境电子商务支付与结算的技术架构，其业务架构主要包括以下五大模块。

1. 商户模块

商户模块包括虚拟账户、管理平台、多币种收银台、争议管理。

2. 资金通道模块

资金通道模块接入了境内发卡行、境外发卡行、国际卡组织、境内汇率行、国际汇率行和境内收单行、境外收单行及汇率服务机构。

3. 业务模块

业务模块实际上就是业务解决方案，包括多币种账户托管、预付卡、资金收付、国际汇款等。

4. 金融模块

金融模块是基于基础支付基础服务搭建的跨境金融，外汇余额理财、境外消费信贷等增值服务。

5. 跨境核心清结算系统

跨境核心清结算系统是最核心的模块，是支持多币种、多发卡行、多卡种清结算的基础。它是跨境支付服务输出的大脑。跨境核心清结算系统如图7-2所示。

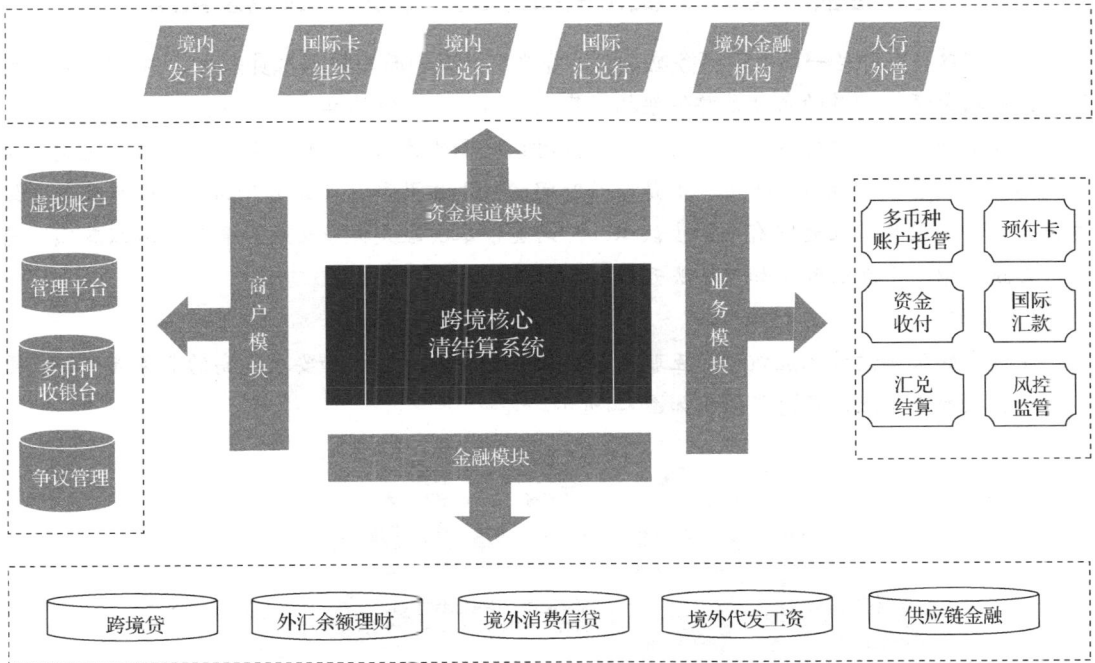

图7-2　跨境核心清结算系统

（三）跨境电子商务支付与结算的技术+业务总图

跨境电子商务支付与结算的技术+业务总图如图7-3所示。

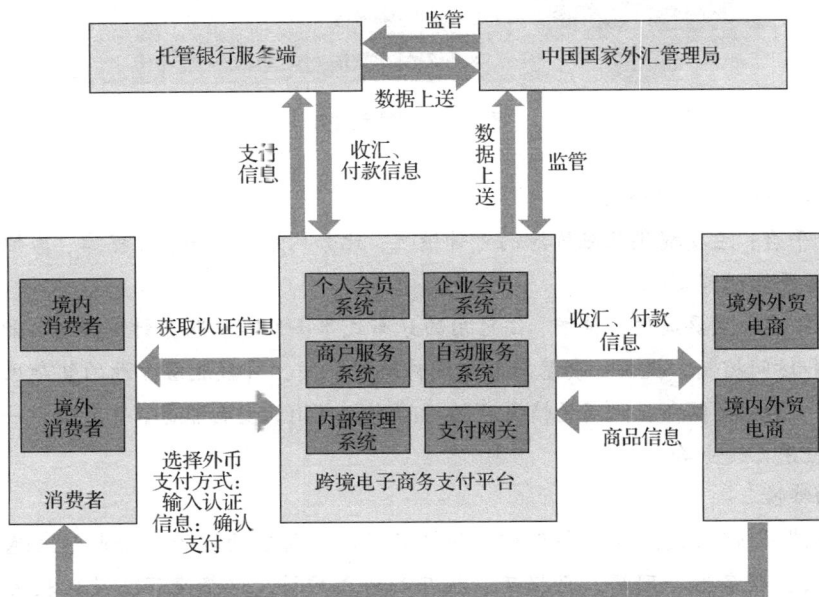

图7-3　跨境电子商务支付与结算的技术+业务总图

阅读以下材料，回答文后问题。

蚂蚁金服"双11"：支付宝和蚂蚁花呗的技术架构及实践

每年"双11"都是一场电子商务盛会，消费者狂欢日。而对技术人员来说，"双11"无疑已经成为一场大考，考量的角度是整体架构、基础中间件、运维工具、人员等。

一次成功的大促准备不光是针对活动本身对系统和架构做的优化措施，比如流量控制、缓存策略、依赖管控、性能优化等，更是与长时间的技术积累和打磨分不开的。下面将简单介绍支付宝的整体架构，让大家有个初步认识，然后会以本次在大促中大放异彩的"蚂蚁花呗"为例，大致介绍一个新业务是如何从头开始准备大促的。

1. 架构

支付宝的架构设计上应该考虑互联网金融业务的特殊性，比如要求更高的业务连续性、更好的高扩展性等特点，目前其架构如图7-4所示。

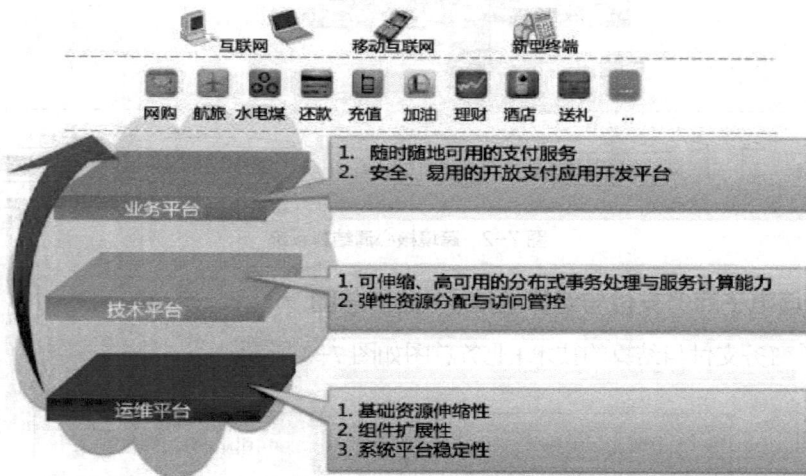

图7-4 支付宝架构

整个平台被分成以下3个层。

① 运维平台：主要提供基础资源的可伸缩性，比如网络、存储、数据库、虚拟化、IDC等，保证底层系统平台的稳定性。

② 技术平台：主要提供可伸缩、高可用的分布式事务处理和服务计算能力，能够做到弹性资源的分配和访问控制，提供一套基础的中间件运行环境，屏蔽底层资源的复杂性。

③ 业务平台：提供在互联网的情况下随时随地都可用的支付服务，并且提供一个安全易用的开放支付应用开发平台。

2. 架构特性

在"双11"大促当天业务量年年翻番的情况下，支付宝面临的考验也越来越大：系统的容量越来越大，服务器、网络、数据库、机房都随之扩展。这带来了一些比较大的问题，比如系统规模越来越大，系统的复杂度越来越高，以前按照点的伸缩性架构无法满足要求，需要我们有一套整体性的可伸缩方案。基于以上几个需求，我们提出了逻辑数据中心架构，核心思想是把数据水平拆分的思路向上层提到接入层、终端，从接入层开始把系统分成多个单元。这里单元的特性为：每个单元对外是封闭的，包括系统间交换各类存储的访问。每个单元的实时数据是独立的，不共享，而会员或配置类对延时性要求不高的数据可共享；单元之间的通信统一管控，尽量走异步化消息，同步消息走单元代理方案。支付宝逻辑机房架构的概念图如图7-5所示。

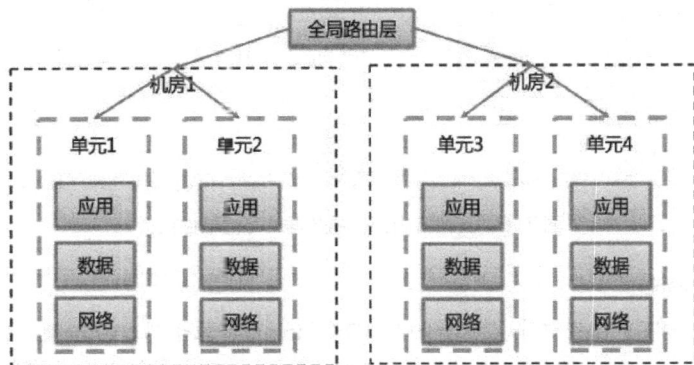

图7-5　支付宝逻辑机房架构概念图

这套架构解决了以下关键问题。

① 由于尽量减少了跨单元交互和使用异步化，使得异地部署成为可能。整个系统的水平可伸缩性大大提高，不再依赖同城IDC（Internet Data Center，互联网数据中心）。

② 可以实现n+1的异地灾备策略，大大缩减灾备成本，同时确保灾备设施真实可用。

目前新架构的同城主体框架在2013年已经完成，并且顺利通过了"双11"的考验，让整套架构的落地工作得到了很好的证明。

在2015年完成了基于逻辑机房、异地部署的"异地多活"架构落地。"异地多活"架构是指基于逻辑机房扩展能力，在不同的地域IDC部署逻辑机房，并且每个逻辑机房都是"活"的，真正承接线上业务，在发生故障的时候可以快速进行逻辑机房之间的快速切换。这能提供比传统的"两地三中心"架构有更好的业务连续性保障。

3. 分布式数据架构

支付宝在2017年"双11"当天的高峰期间处理支付峰值33万笔/秒，早已经是国际第一大系统支付。

现在支付宝的数据架构已经从集中式的小型机和高端存储升级到了分布式PC服务解决方案，整体数据架构的解决方案尽量做到无厂商依赖，并且标准化。

支付宝内部交易数据的可伸缩性设计如图7-6所示。

支付宝交易系统的数据主要分为以下三个大数据库集群。

① 主交易数据库集群：每一笔交易创建和状态的修改首先在该数据库集群完成，产生的变更再通过可靠数据复制中心复制到其他两个数据库集群——消费记录数据库集群、商户查询数据库集群。

② 消费记录数据库集群：为消费者提供更好的用户体验和需求。

③ 商户查询数据库集群：为商户提供更好的用户体验和需求。

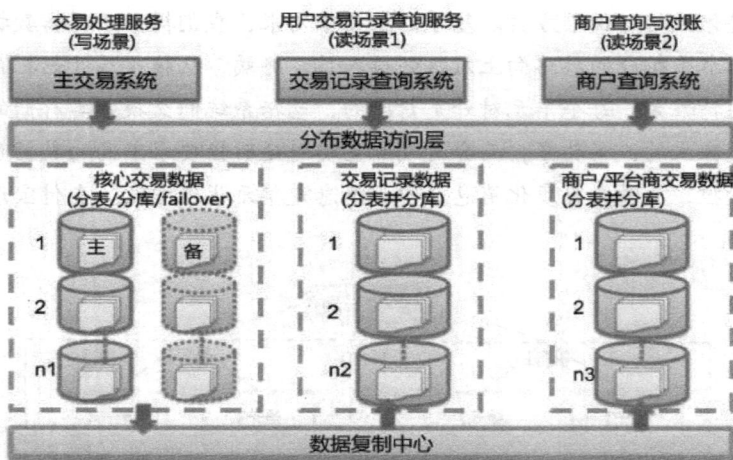

图7-6 支付宝内部交易数据的可伸缩性设计

4. 数据的可靠性

分布式数据架构下，在保证事务原有的ACID（Atomicity原子性、Consistency一致性、Isolation隔离性、Durabiltiy持久性）特性的基础上，还要保证高可用性和可伸缩性，挑战性非常大。试想你同时支付了两笔资金，这两笔资金的事务如果在分布式环境下相互影响，在其中一笔交易资金回滚的情况下，还会影响另外一笔，则会是多么不能接受的情况。

根据支付宝系统的特点，我们设计了一套基于服务层面的分布式事务框架，支持两阶段提交协议，但是做了很多优化，在保证事务ACID原则的前提下，确保事务的最终一致性，称之为"柔性事物"策略，相关原理如图7-7所示。

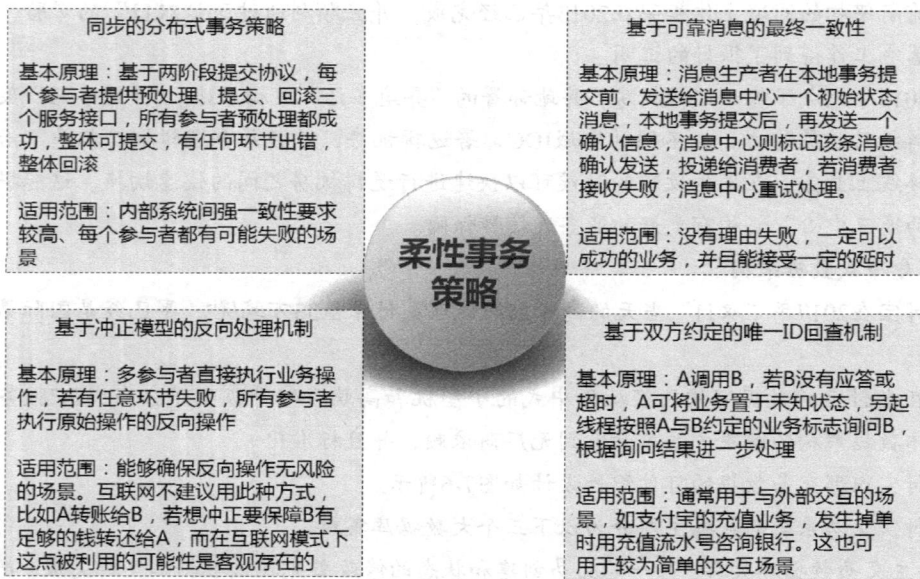

同步的分布式事务策略

基本原理：基于两阶段提交协议，每个参与者提供预处理、提交、回滚三个服务接口，所有参与者预处理都成功，整体可提交，有任何环节出错，整体回滚

适用范围：内部系统间强一致性要求较高、每个参与者都有可能失败的场景

基于可靠消息的最终一致性

基本原理：消息生产者在本地事务提交前，发送给消息中心一个初始状态消息，本地事务提交后，再发送一个确认信息，消息中心则标记该条消息确认发送，投递给消费者，若消费者接收失败，消息中心重试处理。

适用范围：没有理由失败，一定可以成功的业务，并且能接受一定的延时

柔性事务策略

基于冲正模型的反向处理机制

基本原理：多参与者直接执行业务操作，若有任意环节失败，所有参与者执行原始操作的反向操作

适用范围：能够确保反向操作无风险的场景。互联网不建议用此种方式，比如A转账给B，若想冲正要保障B有足够的钱转还给A，而在互联网模式下这点被利用的可能性是客观存在的

基于双方约定的唯一ID回查机制

基本原理：A调用B，若B没有应答或超时，A可将业务置于未知状态，另起线程按照A与B约定的业务标志询问B，根据询问结果进一步处理

适用范围：通常用于与外部交互的场景，如支付宝的充值业务，发生掉单时用充值流水号咨询银行。这也可用于较为简单的交互场景

图7-7 "柔性事物"策略

5. 蚂蚁花呗

蚂蚁花呗是最近几年新增加的一个支付工具，"确认收货后、下月还"的支付体验受到了越

跨境电子商务支付与结算

来越多消费者的信赖。跟余额和余额宝一样，蚂蚁花呗避开了银行间的交易链路，最大限度地避免支付时的拥堵。据官方数据披露，在2017年的"双11"大促中，蚂蚁花呗支付成功率达到99.99%，平均每笔支付耗时0.035秒，和各大银行渠道一起确保了支付的顺畅。

蚂蚁花呗成立只有短短几年时间，但发展速度非常快。从上线初期的10笔/秒的支付量发展到"双11"当天峰值10万笔/秒。支撑蚂蚁花呗业务发展的技术体系经过不断演进，已经完全依托于蚂蚁金服的金融云架构。

在2016年12月，蚂蚁花呗团队完成业务系统优化，按照标准将系统架设到了金融云上，依次对接了渠道层、业务层、核心平台层、数据层，使得用户对蚂蚁花呗在营销、下单和支付整个过程中体验统一。

蚂蚁花呗业务中最为关键的一环在于买家授信和支付风险的控制。从买家下单的那一刻开始，后台便开始对虚假交易、限额限次、套现、支用风险等风险模型进行并行计算。这些模型最终将在20ms以内完成对仅百亿数据的计算和判定，能够在用户到达收银台前确定这笔交易是否存在潜在风险。

这些都是建立在原来蚂蚁金服用了10年打磨的基础组件和技术人员经验的云服务上的。基于这种能力，支付宝目前可以快速给内部和外部的客户组建高可用、安全、高效、合规的金融云服务架构下的支付与结算系统。

资料来源：InfoQ网站

【思考】

结合本案例，你觉得国外跨境电子商务支付与结算系统如 PayPal 等和国内电子商务支付系统在技术架构上有哪些不同？

四、任务评价

项目评价表如表 7-2 所示。

表 7-2 项目评价表

项目	学习态度 （20%）	团队合作情况 （20%）	步骤完成情况 （50%）	其他表现 （10%）	小计 （100%）	综合评价
小组评分 （30%）						
个人评分 （30%）						
老师评分 （40%）						
综合得分 （100%）						

五、知识拓展

PayPal 如何使用区区 8 个虚拟机，支持每天处理数十亿个事务

每天处理10亿次运算的一套系统，如果按传统方法原本需要在上百个虚拟机上运行，而如

今PayPal将其简化为在区区8个虚拟机上运行，即便在处理器利用率高达90%的情况下，也能保持出色的响应能力，事务密度更是PayPal之前从未见过的，任务处理的时间只有平时的1/10，同时降低了成本，便于企业今后迅猛发展，又不需要相应地扩大计算基础设施的规模。这一切，PayPal到底是如何做到的呢？PayPal的Logo如图7-8所示。

图 7-8　PayPal 的 Logo

服务在许多虚拟机上运行这种方法有什么不足？

服务使用非常小的虚拟机，为每个虚拟机生成非常低的吞吐量。PayPal采用的基于Actor的响应式系统擅长高效地使用计算资源。那样，你就可以大大缩减系统，而不是依赖通常的自动扩展这种传统方法。

PayPal想要一套具有下列特点的系统。

① 可扩展，既可以横向扩展到数百个节点，又可以纵向扩展到众多处理器，以便处理每天数十亿个请求。

② 低延迟，可以实现非常精细化的控制。

③ 具有弹性，遇到故障后可迅速复原。

④ 可灵活地调整服务边界。

⑤ 鼓励可扩展性和简洁性的可编程模型以及文化，包括干净的故障和错误处理机制。

很显然，PayPal想要一种更薄的技术堆栈。它不想要有许多层和活动部分的堆栈。Akka（用Scala编写的库）和基于状态的系统适合这种情况，因为它们可以把堆栈的相当一部分缩减为一种技术。PayPal之所以选择Akka而不是Erlang（一种通用的并行程序设计语言），是因为它在Java方面有丰富的经验，而Akka在Java上运行。对许多人来说，学习Erlang不切实际。

借助Akka，PayPal可以做到以下几点。

① 编写易于推理的代码。

② 编写易于测试的代码。

③ 与在JVM（Java Virtual Machine，Java虚拟机）上使用的传统模型相比，处理错误和故障场景更为自然。

④ 可以编写更快速、更有弹性、更简单的代码，拥有简化的错误处理机制，并减少了代码错误。

所以，PayPal在Akka的基础上编写了自己的框架squbs，从而创建了名为"cubes"的模块层，用于构建纳米服务。cubes与其他cubes是对称的，cubes之间的依赖关系是松散、对称的，完全用来暴露已经在Akka中提供的消息传递接口。

在PayPal，squbs已成为用来构建基于Akka的响应式应用程序的标准。

资料来源：极客网

六、同步拓展

① 登录 PayPal 网站，阅读其技术架构简介。

② 你觉得目前哪些跨境电子商务支付与结算系统在技术上处于领先地位？

一、任务引入

陈老师是小高的跨境电子商务老师，他做国际贸易和跨境电子商务很多年了。他跟小高说，以前做国际贸易，汇款方和发货方心理上都存在疑虑，汇款方担心汇款后对方不发货，发货方则担心若先发货的话，款项不一定能收到，而且即使对方汇款，一般也需要 2～5 天才能收到。但是最近几年，基于区块链技术的跨境电子商务支付与结算方式在保障货物和货款安全的同时，大大节省了汇款结算时间，给各方都带来了便利。现在做跨境电子商务比以前要安全、方便很多。

请问：区块链技术是什么？它对跨境电子商务支付与结算方式有何影响？

二、相关知识

（一）区块链技术

1. 区块链技术的概况

区块链技术（也称为分布式账本技术）近年来在科技和金融领域受到广泛关注。根据工信部发布的《中国区块链技术和应用发展白皮书（2016）》的定义，区块链技术是利用块链式数据结构来验证与存储数据、利用分布式节点共识算法来生成和更新数据、利用密码学的方式保证数据传输和访问的安全、利用由自动化脚本代码组成的智能合约来编程和操作数据的一种全新的分布式基础架构与计算范式。区块链本质上是一种互联网数据库技术。通俗来讲，如果将数据库比作一个大账本，读写数据库相当于记账行为，每个人都可以在账本上记账，并通过竞争记账机制，选出记账记得最好的人，授予此人一次记账权力，并向其他人同步新增账本信息。去中心化、公开透明、不可篡改、不可伪造是区块链技术的主要特征。

区块链的基本原理理解起来并不难。基本概念包括以下几点。

① 交易（Transaction）：一次操作，导致账本状态的一次改变，如添加一条记录。

② 区块（Block）：记录一段时间内发生的交易和状态结果，是对当前账本状态的一次共识。

③ 链（Chain）：由一个个区块按照发生顺序串联而成，是整个状态变化的日志记录。

如果把区块链作为一个状态机，则每次交易就是试图改变一次状态，而每次共识生成的区块，就是参与者对于区块中所有交易内容导致状态改变的结果进行确认。

用通俗的话阐述：如果我们把数据库假设成一本账本，读写数据库就可以看作记账行为，区块链技术的原理就是在一段时间内找出记账最快、最好的人，由这个人来记账，然后将账本的这一页信息发给整个系统里的其他所有人。这也就相当于改变数据库所有的记录，发给全网的其他每个节点，所以区块链技术也称为分布式账本（Distributed Ledger）。

2. 现有的主导模式

目前，跨境电子商务支付与结算普遍采用的技术都基于 SWIFT（Society for Worldwide Interbank Financial Telecommunication，环球银行金融电信协会）网络，原因是该网络建立了统一的账户表达方式。加入 SWIFT 的机构都会有自己的身份代码（即 SWIFTCODE，相当于银行的"身份证号"）。这一代码是一个 8～11 位的字符串，又被称为银行识别码（Bank Icentifier

Code，BIC）。BIC 的前 4 位为银行代码，紧接着的两位是国别代码，之后的两位是地区代码，后面可能还会有 3 位是分支行代码。每个 SWIFT 成员机构也会有统一的客户账户的表达标准，这个叫国际银行账户号码（International Bank Account Number，IBAN）。

SWIFT 成立于 1973 年，是一家金融报文传送服务机构，总部位于比利时，目前其报文传送平台、产品和服务对接了全球超过 11 000 家银行、证券机构和企业用户，覆盖 200 多个国家和地区，其致力于帮助用户安全地通信，以可靠的方式交换标准化的金融报文。

长久以来，SWIFT 跨境电子商务支付网络采用了代理银行模式。它由 SWIFT 自 20 世纪 70 年代开始推动。如果汇款银行和收款银行有业务往来，则此二者可以直接通过 SWIFT 进行资讯传递；如果没有，则此二者要找一家既跟自己有业务往来，又是 SWIFT 成员的银行来完成跨境电子商务支付，这样的一家银行即被称为汇款银行和收款银行的代理银行。

3. 传统跨境支付模式与应用区块链技术后的不同

传统跨境支付的流程、存在问题，以及应用区块链技术后的不同，如表 7-3 所示。

表 7-3　传统跨境支付的流程、存在问题，以及应用区块链技术后的不同

	支付发起阶段	资金转移阶段	资金交付阶段	交易后阶段
涉及主体	付款人、银行/转账服务商	SWIFT/代理行	收款行/转账服务商、收款人	银行/转账服务商、监管机构
传统流程	1. 付款人通过银行或转账服务商向另一国家/地区的收款人发起转账汇款 2. 由收款行/转账服务商履行 KYC/AML 相关流程 3. 收集资金并收取服务费用，确认并支持后续交易查询和争议处理	收款行/转账服务商通过 SWIFT 网络或代理行模式（银行不是 SWIFT 会员的情况下）向收款行/转账服务商发起跨境转账	1. 收款人通过收款行/转账服务商接收通知 2. 由收款行或转账服务商履行相应 KYC/AML 流程 3. 再以当地货币形式支付给收款人相应款项	根据监管法规的要求，银行和转账服务商需定期向监管机构报送跨境支付业务信息，包括收付款人身份信息、币种信息、汇款金额和时间戳等
存在问题	1. 收付款人信息通过人工和重复性的业务流程收集，效率较低 2. 在 KYC 流程中，机构对客户信息和支持文件真实性方面的控制力有限，机构之间 KYC 成熟水平差异较大	1. 通过 SWIFT 业务模式成本高、耗时长 2. 通过代理行模式需逐行、逐笔进行信息验证，容易产生差错，导致拒绝率较高 3. 银行需在往来账户中留存资金，提高机会成本和对冲成本	面临着与发起阶段类似的 KYC 执行问题	监管合规要求较高，由于存在多种数据来源和渠道，在向监管机构报送信息时，需要较高技术功能和复杂业务流程的支持，往往需要多个内部团队互相配合
应用区块链后的流程	1. 通过传统 KYC 流程或电子身份档案方式，建立付款人与银行/转账服务商之间的信任 2. 通过智能合约记录收付款人之间转账行为的权利义务关系 3. 通过区块链上的流动性提供者实现货币兑换	1. 监管机构实时进行交易监控，通过智能合约接收 AML 预警和提示 2. 通过智能合约传输收付款人身份、汇率、转账金额、日期和时间、付款条件等信息，实现实时转账，无须代理行参与，降低中间成本	通过智能合约资金自动存入收款人账户，或由收款行/转账服务商执行 KYC 流程后允许收款人提取	相关交易记录可在区块链中查询，根据需要供监管机构持续审查

注：（1）KYC 是指充分了解客户（Know-Your-Customer）。金融机构如不能清晰识别客户身份，就不愿贷款给客户，阻碍金融普惠。充分了解客户是国际社会努力实现金融诚信和金融普惠不可或缺的。

（2）AML 是指反洗钱（Anti-Money Laundering），即预防和打击使用各种方式将非法所得合法化的行为。

4. 区块链技术在跨境电子商务支付领域的应用前景展望

（1）更快

传统跨境支付模式中，银行会在日终对支付交易进行批量处理，通常一笔跨境支付需要至少 24 小时才能完成。另外，传统支付模式中，银行间需要进行人工对账，这也会耗费一些时间。

而基于区块链的跨境电子商务支付接近于"实时"，并且是自动的，它可以 7×24 小时不间断服务。汇款方可以很快知道收款方是否已经收到款，从而了解这笔支付是否出现了延迟或者其他问题。

全球第一笔基于区块链的银行间跨境汇款在传统支付模式中需要 2～6 个工作日，但使用了Ripple（瑞波支付协议）的技术，8 秒之内即完成了交易。

（2）更便宜

传统跨境支付模式有 4 块成本：支付处理成本、接收费用、财务运营成本和对账成本。根据世界经济论坛的报告《全球金融基础设施的未来》，一般而言，汇款人的汇款费用是汇款金额的 7.68%。麦肯锡的报告《2016 全球支付：尽管时局动荡，基石强劲不变》（Global Payments 2016: Strong Fundamentals Despite Uncertain Times）称银行使用代理银行完成一笔跨境支付的平均成本在 25～35 美元，该成本是使用自动交换中心（Automatic Clearing House，ACH）完成一笔境内结算支付成本的 10 倍以上。

而基于区块链的跨境电子商务支付能降低成本。麦肯锡的报告《区块链：银行业游戏规则的颠覆者》称区块链技术在 B2B 跨境电子商务支付与结算业务中的应用将使每笔交易成本从约 26 美元下降到 15 美元，其中，约 75%为中转银行的支付网络维护费用，25%为合规、差错调查，以及外汇汇兑成本。

Ripple 称使用区块链技术后，在平均企业支付 500 美元的情况下，银行可以节省 60%的总处理成本。Ripple 称其能将支付处理成本降低 81%，原因是有更高的直通流通率，并且消除了 SWIFT 成本；还能将财务运营成本降低 23%，原因是其有更少的游动资本、更少的流动性成本和更低的交易风险；还能将对账成本降低 60%，原因是其能即时确认和实时进行流动性监控。

（3）更多流动性

传统跨境支付模式中，银行为了保持流动性，需要在银行账户中持有多个国家（或地区）的货币。这种账户被称为"往来账户"。由于汇款行难以预知代理行具体何时会确认自己的转账信息，不得不在往来账户中持有一定量的外币。

而基于区块链的跨境电子商务支付模式中，银行只需要使用数字货币。不过，正如世界没有唯一通用的货币一样，数字货币的世界或许仍会像现在这样流通着各种币，那么，银行是否需要考虑使用不同的数字货币？

（4）更平等

区块链技术的应用是一场信任革命，你不需要去相信哪个节点或者机构，你只需要相信区块链技术就可以了。

传统跨境支付模式中，并不是所有银行都能加入 SWIFT，或者说加入 SWIFT 并不经济。而基于区块链的跨境电子商务支付模式则更为平等。区块链能让所有银行，不管大小，成为能平等交易的主体。而这种支付模式所仰仗的是所有使用区块链技术的机构对区块链技术的信任。

（二）移动支付

1. 移动支付的概况

移动支付也称为手机支付，就是允许用户使用其移动终端对所消费的商品或服务进行账务支付的一种服务方式。单位或个人通过移动设备、互联网或者近距离传感直接或间接向银行金融机构发送支付指令产生货币支付与资金转移行为，从而实现移动支付功能。移动支付将终端设备、互联网、应用提供商以及金融机构相融合，为用户提供购物、转账等业务。

移动支付主要分为近场支付和远程支付两种。所谓近场支付，就是用手机刷卡的方式坐车、买东西等，很便利。远程支付是指通过发送支付指令进行的支付方式。

数据研究公司（International Data Corporation，IDC）的报告显示，2017年全球移动支付的金额突破1.5万亿美元。强大的数据意味着，今后几年全球移动支付业务将呈现持续走强趋势。

2. 移动支付的特点

移动支付属于电子支付方式的一种，因而具有电子支付的特征，但因其与移动通信技术、无线射频技术、互联网技术相互融合，又具有自己的特征。

（1）移动性

随身携带的移动性，消除了距离和地域的限制。移动支付结合了先进的移动通信技术的移动性，能够随时随地获取所需要的服务、应用、信息及购物支付。

（2）及时性

移动支付几乎不受时间地点的限制，信息获取更为及时，用户可随时对账户进行查询、转账或进行购物消费。

（3）定制化

基于先进的移动通信技术和简易的手机操作界面，用户可定制自己的消费方式和个性化服务，账户交易更加简单方便。

3. 跨境移动支付的主要模式

（1）境内消费者使用支付宝、微信等的手机App在境外购物消费

出门不需要带钱，只需要一部手机，走遍全球都不怕。近几年，支付宝和微信等第三方支付工具正在大范围开辟境外市场。通过跨境移动支付，在境外买买买已经变成国人的日常话题。下面简单介绍支付宝、微信等的境外购物消费跨境电子商务支付与结算进展。

微信支付最新披露的数据显示，中国游客在泰国的交易次数呈现大幅增长态势。根据泰国旅游局统计，2017年12月到2018年春节期间赴泰旅游的中国游客比往年增长2倍以上。

得益于出境旅游的热潮，微信跨境移动支付也出现了增长。2017年5月4日，微信移动支付宣布正式进军美国，通过微信支付，在美国的衣食住行均可直接用人民币结算。在相关的乐园、游船、餐厅、小吃店都可以使用微信支付。美国部分商店已接受微信、支付宝付款，如图7-9所示。

虽然在其他国家，微信支付屡屡得胜，但在攻占俄罗斯市场时，微信支付却遭到了打击。2017年5月4日，俄罗斯联邦电信局宣布封禁中国社交应用微信，原因是他们违反了俄罗斯的网络监管条例，没有上传用户数据。虽然此后马上恢复，但是境外政策的变动始终是不确定性因素。

图7-9 美国部分商店里的付款方式

但微信的竞争对手支付宝却有不一样的待遇。根据最新消息，马云已经正式与俄罗斯Modulbank 银行联手，支付宝正式进军俄罗斯。

与微信支付主要是直接单枪匹马打入境外市场相比，马云采用的是入股或并购当地龙头移动支付企业。为此，我们可以参考表7-4所示的根据公开资料整理得到的数据。

表7-4 支付宝入股或并购的当地移动支付企业

时间	国家（人口）	合作对象	对方背景	持股比例	合作方式
2015 年 1 月起	印度（13 亿）	Paytm	移动资讯公司One97 旗下公司	与阿里巴巴共持股62%	投资+输出技术和经验
2015 年	韩国（0.5 亿）	K-Bank	韩国首家互联网银行	不详	发起股东+输出技术
2015 年 11 月	新加坡（0.05 亿）	M-Daq	跨境证券交易公司	不详	纯投资
2016 年 11 月	泰国（0.7 亿）	Ascend Money	正大集团旗下企业	20%	投资+输出技术和经验
2017 年 2 月	韩国（0.5 亿）	Kakao Pay	即时通信 Kakao 旗下部门	不详	投资 2 亿美元
2017 年 2 月	菲律宾（1 亿）	Mynt	隶属运营商 Globe Telecom	大股东，非控股	投资+输出技术和经验
2017 年 3 月	印度尼西亚（2.5 亿）	Emtek	印度尼西亚第二大媒体巨头	不详	与 Emtek 成立合资公司
2017 年 3 月	马来西亚（0.3 亿）	两家银行	马来亚银行和联昌国际银行	无股权合作	两家银行引入支付宝
2017 年 4 月	新加坡（0.05 亿）	Hellopay	电子商务平台Lazada 旗下品牌	不详	合并，Hellopay更名为 Alipay
2017 年	美国（3.2 亿）	速汇金	汇款服务公司	收购（尚未完成）	收购在谈，面临竞购方

（2）一国（或地区）消费者使用如 PayPal 等的手机 App 购买别国（或地区）跨境电子商务平台如 eBay 上的产品

到目前为止，PayPal 的用户数有两亿多，而且每年都在增长。很多国家（或地区）的基础设施、计算机网络的普及相对较差，但是最新的通信技术、智能手机、移动支付的普及非常快。例如，一直以来，印度的基础金融服务非常稀缺，2017 年印度有近 13 亿人口，却只有 3 亿多张银行借记卡、2 300 万张信用卡，许多生活在农村的印度人甚至从来都没进过银行。然而现在的情况却大不相同，如今许多印度人都已经习惯用手机上的 paytm 等第三方支付工具在餐馆买单、在加油站加油，用手机上的 PayPal 手机 App 在 eBay 上跨境支付。苹果商店里的 PayPal 手机 App，如图 7-10、图 7-11 所示。

图 7-10　PayPal 手机客户端

图 7-11　PayPal 手机客户端图文简介

三、任务实施

阅读以下材料，回答文后问题。

区块链在跨境电子商务支付与结算领域的应用

区块链因其安全、透明及不可篡改的特性，金融体系间的信任模式将不再依赖中介者。在跨境电子商务支付和结算中，区块链可以摒弃中转银行的角色，实现点到点快速且低成本的跨境电子商务支付。

麦肯锡测算，从全球范围看，区块链在B2B跨境电子商务支付和结算业务中的应用可以使每笔交易成本从26美元下降到15美元。未来银行与银行之间可以不再通过第三方，而是通过区块链技术实现点对点的支付，不但省去了第三方金融机构环节，还可以实现全天候支付、实时到账、提现简便及没有隐形成本。区块链B2B跨境支付解决方案如图7-12所示。

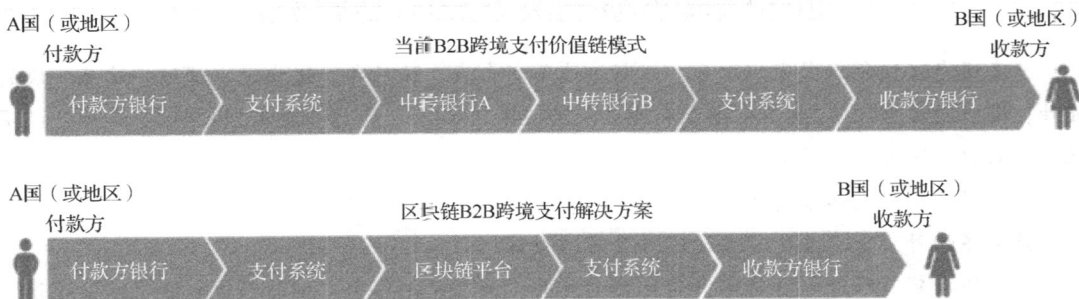

图7-12 区块链B2B跨境支付解决方案

Ripple等金融科技不断加强探索区块链技术在跨境支付中的应用。Ripple的跨账本协议吸引了全球众多国家或地区银行的加入。

Ripple公司的主要业务是帮助银行让跨境电子商务支付更便捷，其核心产品是Inter Ledger Protocol协议。Ripple协议本质上是一个实时结算系统和货币兑换与汇款网络，它基于一个分布式开源互联网协议、共识总账（Consensus Ledger）和原生的货币XRP（瑞波币）。Ripple的分布式金融科技将使银行能够在不同网络之间发送实时国际付款。Ripple向跨境电子商务支付参与各方提供了一个功能更完善的跨境电子商务支付方式。使用Ripple网络及本机加密代币XRP（瑞波币）进行跨境电子商务支付的银行与使用当今的银行相比可节约多达42%的费用。

资料来源：麦青锡《区块链——银行业游戏规则的颠覆者》

【思考】

① 结合本材料，你觉得 Ripple 等区块链技术公司是否会对跨境电子商务支付行业带来冲击？

② 据你所知，除了跨境电子商务支付行业，区块链技术还会对哪些行业产生影响？

四、任务评价

项目评价表如表7-5所示。

表7-5 项目评价表

项目	学习态度（20%）	团队合作情况（20%）	步骤完成情况（50%）	其他表现（10%）	小计（100%）	综合评价
小组评分（30%）						
个人评分（30%）						
老师评分（40%）						
综合得分（100%）						

2018 年速卖通继续发力无线移动端市场

速卖通自2010年正式上线以来，不断快速革新自我。这几年，速卖通也通过一次又一次的提升，将中国货卖往了220多个国家和地区。2017年"双11"，全球一共有211个国家和地区的买家在"双11"这天成功下单。

速卖通有哪些战略方向呢？

让更多的外贸货、品牌货通过海外仓货通全球

中国的内贸货跟外贸货其实有着巨大的差异。淘宝是把整个中国的内贸货搬上网，让消费者能够方便地买到。可能已经有一些先行者把中国的外贸货放到了网上，但是并没有像淘宝这样大规模地把中国线下的商品搬到网上来。那中国有多少在进行外贸的企业呢？

2017年的海关数据显示，中国有进出口资质的企业大概有65万家。目前，中国的外贸从业者并没有将其产品（货物）放到一个能够让消费者直接购买的平台上售卖。速卖通要让更多原来的线下外贸商品放到速卖通上来卖。

一直有人说中国制造的全球中心地位，会由于人口红利的消失及人民币汇率的提升，被其他国家取代。但最近出现了越来越多有代表性的我国制造企业，比如手机制造商，比如无人机制造商。相信未来十年之内中国的制造业会再次席卷全球，这是中国制造的2.0。速卖通要跟中国制造2.0一起出发。在未来几年，速卖通将会跟中国的制造业一起去境外市场拓展。

国家策略，发力其他国家

俄罗斯、巴西是速卖通重点关注的国家，但是大家也知道最近汇率的问题也给这两个市场带来了冲击。但是我们总结了前面几年俄罗斯消费的数据发现，只要卢布稳定下来，中国依然是俄罗斯最大的消费品进口来源地。

除此之外，我们过往集中在一些发展中国家的策略也会有调整。未来，欧洲和美国的订单量会变得越来越大，所以也希望速卖通上各位卖家能够注意到这些市场的增长。

无线战略，未来一定是移动市场

无线支付有三个特性：第一是社区化；第二是位置；第三是减少了人们的出门负担，以后我们出门甚至不用带钱包，只要带手机就行了。

另外，速卖通方面将采取合作引流的模式推广无线支付，比如与厂商合作预装、大力推码等。针对发达国家，比如中欧、西欧、北美等，速卖通将用更高质量的商品和服务打开市场。未来，你们在"双11"时应该会看到在全世界的邮政车上都贴满了我们的Logo，所以我们会全力以赴地推进无线策略。

资料来源：沈涤凡演讲实录

六、同步拓展

① 登录 PayPal 网站，阅读其手机 App 功能介绍。

② 尝试通过苹果应用商店下载试用 PayPal 手机 App。

任务三　跨境电子商务支付与结算的技术风险及应对

一、任务引入

2018 年春节，小高到海南三亚旅游，在一个当地酒店住了 4 天。这段时间，在酒店房间，他用房间台式计算机登录过自己的 PayPal 账户进行提现操作。春节假期结束，他回到学校继续学习。回来后不久，他发现自己的 PayPal 账户被别人登录操作过，当时很紧张，还好最后查实资金没有损失。

问：跨境电子商务支付与结算的技术风险有哪些？如何应对？

二、相关知识

（一）跨境电子商务支付与结算的技术风险

1. 跨境电子商务支付与结算的技术风险的定义

跨境电子商务支付与结算的技术风险是指跨境电子商务支付与结算通过互联网收付钱款，且跨境电子商务支付与结算涉及多个国家（或地区），因此在交易转账的过程中会存在一系列的技术风险，比如平台遭受黑客攻击、网络安全漏洞、内部数据被泄露、盗号篡改和刷单等，由此给跨境电子商务企业造成损失。

2. 跨境电子商务支付与结算的技术风险

跨境电子商务支付与结算的技术风险主要包括以下几个方面。

（1）盗号

盗号属于账户技术风险，是第三方支付行业面临的最常见的风险。盗号的主要表现形式为撞库、洗库和拖库，如图 7-13 所示。

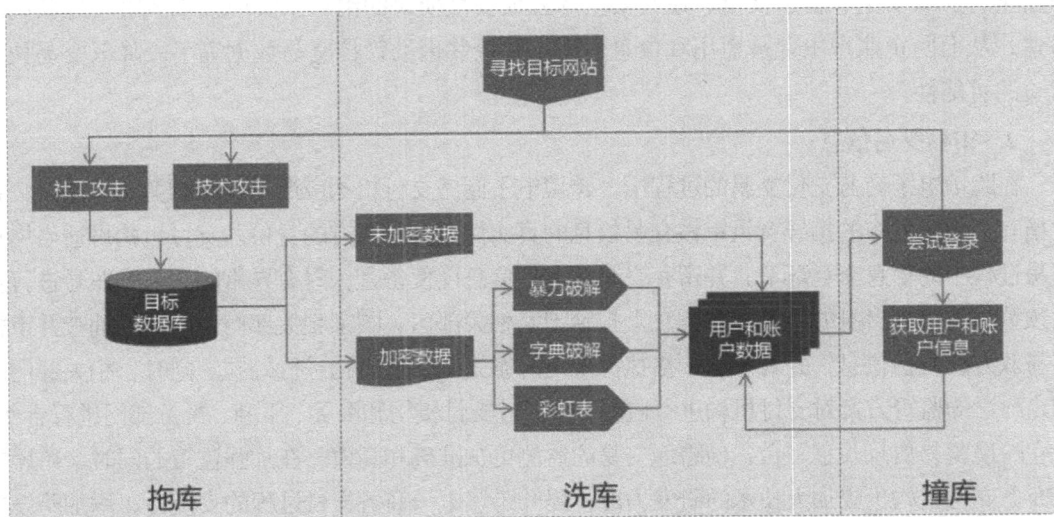

图 7-13　盗号

撞库指通过大量用户数据分析，掌握用户相同的注册习惯。他们利用用户的这些注册习惯，尝试登录目标网站，窃取用户资料。

洗库是利用字典表等暴力破解手段，利用彩虹表破解哈希算法等技术手段，对非法获取的数据进行解密分析。

拖库是利用系统漏洞、第三方组件漏洞、SQL 注入攻击等手段，把注册用户的资料窃取出来。

（2）信息泄露

跨境电子商务支付与结算涉及身份证、银行卡、密码等敏感信息，若 PayPal 等平台因为系统漏洞被黑客攻击，泄露的信息被不法分子利用，将给用户带来损失。此外，用户和商户的支付金额、具体业务种类等信息是各类机构判定用户信用状况的数据，一旦被不法分子掌握，造成的危害也是不容小觑的。

（3）刷单

刷单行为也是跨境电子商务支付与结算的技术风险之一。刷单包括小号刷单、虚拟机刷单等主要方式。此外，还有互相刷单、低价刷单、刷虚拟物品等常见的刷单行为。

小号刷单中的小号大部分是从专业刷单机构手中获取，小部分是商家自己组织注册。商家一般不会用自己的注册账号刷单，因为这样被封的代价太大。

虚拟机刷单是指商户通过使用虚拟机设备，在一个物理机上模拟多台机器访问的方式制造大量交易数据的行为。

（二）跨境电子商务支付与结算技术风险的应对措施

针对跨境电子商务支付与结算的技术风险，跨境电子商务进出口商可以采取以下措施来应对风险。

1. 搭建技术风险架构

面对时有发生的跨境电子商务支付与结算的技术风险损失，企业可以通过账户安全、交易安全、卖家安全、信息安全、系统安全等五大安全模块的组合来实现技术风险管理架构的搭建，从而防止账户出现被盗用和信息泄露，并最终借助管控交易数据等手段降低交易技术风险的可能性。

2. 审核交易信息

在跨境电子商务支付交易的过程中，跨境电子商务支付机构应严格按照相关法律法规，并遵循有关部门发布的指导意见审核交易信息的真实性及交易双方的身份。支付机构可适当增加交易过程中的信息交互环节，并留存交易双方的信息以便备查，对有异常的交易及账号进行及时预警，按时将自身的相关业务信息上报给国家相关部门。国家相关部门也应定期抽查并审核交易双方的身份信息，并对没有严格执行规定的第三方支付机构进行处罚。同时，相关部门应制定科学的监管方案对支付机构进行监管，并促进支付机构和海关、工商、税务部门进行合作，建立跨境贸易信息共享平台，使跨境交易的监测更加准确和高效。在加强监管的同时，跨境电子商务支付机构也应加大技术的研发力度，提升跨境电子商务支付过程的安全性，增加跨境电子商务支付的交易数据的保密程度，利用大数据以及国内云技术的优势对跨境交易的双方进行身份审核并分级，为境内外客户提供更加安全、有保障的购物环境。

3. 建立反欺诈系统

除了搭建技术风险管理架构外，企业还可以通过建立以数据驱动为核心的反欺诈系统来进行技术风险管控。不同于传统的反欺诈系统通过签名识别、证照校验、设备指纹校验、IP 地址确认的审核方式，跨境电子商务支付反欺诈系统应拥有强大的实施模型、灵活的风险规则和专业的反欺诈判断标准。第三方支付机构还应该加强行业内部的风险共享和合作机制，因为一般犯罪分子在盗取一批信用卡信息之后会在多个交易平台上反复使用，实现价值的最大化，且往往把风控能力最弱的一方作为突破口。所以建立风险共享及合作机制就非常必要且非常紧急。只有各方齐心协力，才能从根本上有效提升跨境电子商务支付交易的整体技术风险防控能力。

三、任务实施

阅读以下材料，回答文后问题。

亚马逊又有部分卖家账户被黑！如何保护你的账号？

亚马逊英国站的一小部分卖家账户受到了黑客的袭击。黑客企图搞垮部分卖家的正常销售，虽然受影响的卖家数量不多，但是对于受到牵连的卖家来说，他们都经受了不同程度的干扰。

情况似乎是这样的，一旦卖家的账户被盗用，黑客就会跟卖一些高价值的产品，如电视、智能手机、洗衣机、厨具和计算机等。然后，黑客会把卖家的店铺名称改成一句类似"We can't ship to all addresses, contact us…（我们无法运送到所有的地址，请联系我们……)"，并附上一个邮件地址。之后，这条信息会突出显示在列表的顶部，也就是"Dispatched from and sold by"的那栏信息中。

英国站、美国站连续发生多起卖家账户被黑事件，休眠账号也难逃毒手。

除了这次被黑事件外，早前，亚马逊英国站也出现了卖家账号被黑的情况，不法分子借机在被黑卖家账号刊登低价产品，吸引消费者购买。

通过这种诈骗方式，不法分子会让消费者把金额转到银行账号，而非通过亚马逊平台支付。

无独有偶，有中国卖家在亚马逊圈子里表示其美国站账号出现被盗，邮箱和账号都无法正常登录，自己后台登录界面也默认成一个陌生的邮箱。据该卖家透露，亚马逊客服告知其后台新添加了4张收款银行卡，所有接受信息邮箱也被更改成那个默认的陌生邮箱。

还有报道称，黑客通过劫持长期未登录的卖家账号实施诈骗。如图7-14所示，这个卖家账号已经停滞近10年之久，但在2017年2月又出现大量负面评价，明显可以看出这个账号被黑了。

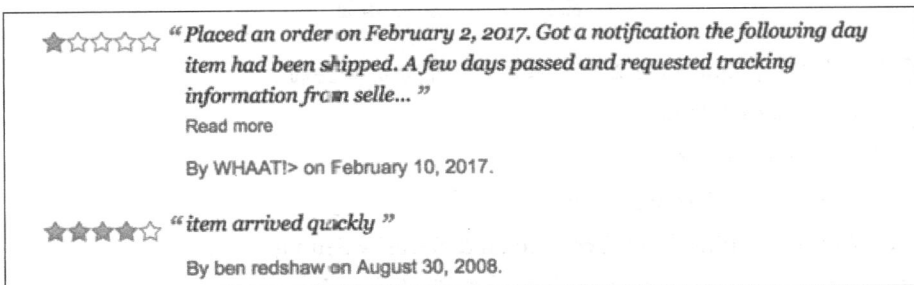

★☆☆☆☆ *"Placed an order on February 2, 2017. Got a notification the following day item had been shipped. A few days passed and requested tracking information from selle… "*

Read more

By WHAAT!> on February 10, 2017.

★★★★☆ *"item arrived quackly "*

By ben redshaw on August 30, 2008.

图 7-14　亚马逊卖家账号被黑

诈骗犯通过修改休眠卖家账号的银行卡信息，诈骗消费者，而原始卖家则需要为诈骗犯"买单"。

账户被黑会给卖家和买家带来什么严重后果？

危害不言而喻，如果你是一个买家，你绝不应该在亚马逊的平台之外完成付款。如果你是通过亚马逊平台付款的，亚马逊自然会充分保护你的利益。对于平台之外的付款，消费者幸运的话或许可以通过银行或信用卡公司追回，但通过现金或者转账服务，消费者就只能自己承担损失。

而作为一个卖家，账号被黑可能会快速损害你的销售，因为你的账户会很快由于过多的负面反馈（因不发货或取消订单）而变成一个垃圾账户；除了被暂时封号之外，有可能你会因为该账户的运营情况实在过于糟糕，最终只能放弃，再重新开始一个没有反馈或交易记录的账户，一切从头开始。

对于休眠账号被黑，建议卖家停止销售并关闭账号，同时也不建议在亚马逊上使用相同的登录密码进行销售和购买。谨慎起见，卖家的电子邮件不应该用于其他任何用途，甚至不应该用于邮件通信，以此来避免各种网络的钓鱼攻击。

如今，亚马逊上的这种黑客诈骗现象有扩张之势，情况正在变得越来越复杂。

因此，如果你是卖家，请认真考虑通过双因素认证来保护你的亚马逊账户。这意味着如果你的密码被黑客入侵、被破解或被盗，你的账户也可以保持安全。

那么，应该如何使用双因素认证来保护你的亚马逊账户呢？目前，亚马逊常用手机验证码来认证账户，如图7-15所示。

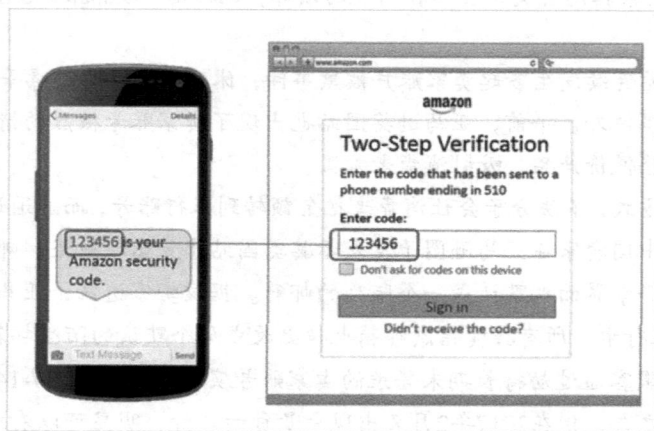

图7-15　手机验证码认证

就算你只是买家，保护你的亚马逊账户也是十分有必要的。

双因素身份认证的步骤如下。

① 登录你的亚马逊账户。

② 单击工具栏中的"Your Account"。

③ 在"Account Settings"中选择"Login & Security Settings"。

④ 在"Advanced Security Settings"中单击"Edit"按钮。

你需要一部能够接收语音或者短信的手机。即使你没有开通移动服务，也可以通过下载一个身份验证App（authenticator app）来生成代码，身份验证App适合移动信号较弱或处于移动信号没有覆盖的区域中。

资料来源：雨果网

【思考】

① 结合本案例,你觉得跨境电子商务支付与结算的技术风险对买卖双方各自会带来哪些损失?

② 据你所知,亚马逊针对跨境电子商务支付与结算的技术风险做了哪些改进举措?

四、任务评价

项目评价表如表7-6所示。

表7-6　项目评价表

项目	学习态度（20%）	团队合作情况（20%）	步骤完成情况（50%）	其他表现（10%）	小计（100%）	综合评价
小组评分（30%）						
个人评分（30%）						
老师评分（40%）						
综合得分（100%）						

五、知识拓展

亚马逊发生大面积账号密码泄露事件，卖家最好立刻修改密码

亚马逊有卖家核对自己的收款信息不细致而导致账号几万美元被转走，还有卖家的欧洲站收款账号被修改，导致钱款被转走的同时，触发亚马逊系统的审核机制，账号被注销，暂时登录不了账号，处于一种非常尴尬的窘境。

首先关于本次亚马逊收款账号被改事件，如果偶尔发生在某个卖家身上，那可以说是卖家自己不小心被"钓鱼"而导致密码泄露，但当前的状况是，遭遇此事件的卖家人数众多，不仅涉及亚马逊北美站的卖家，同时也有不少欧洲站的卖家。当一个事件大面积发生时，有理由相信这是非偶发性事件，而不同的卖家登录风控设置各不相同却同时遭遇此种情况，说明一种情况：亚马逊系统发生了大面积的用户账号和密码泄露。

因为是大面积爆发的事件，那么有理由相信黑客是在之前的某个时间已经侵入亚马逊系统，盗取了众多账号和密码，用原密码登录账号进行操作之后，并没有更改原密码。这也是为什么众多卖家在登录正常的状况下遭遇收款账号被篡改的原因，因为黑客压根就没有修改你的密码。

另外，卖家在查看后台收款信息的时候，需要注意的是，不仅要看收款人姓名，还要核实收款账号。因为亚马逊系统放款时是以账号号码和路径号码为准的，收款人姓名并不会作为匹

配的一项，所以，黑客在篡改账号时，往往不会修改你的收款人姓名，以致于有卖家看到收款人姓名没变化就没太在意，导致账号中的钱被转走，损失巨大。

总结：黑客通过盗取亚马逊账号和密码，然后用原账号和密码登录账号，在后台删除原收款账号，添加黑客自己的收款账号，然后，要么在下一个放款日在系统放款后顺利盗走账号货款，要么通过手工提现的方式转走卖家账号余额。另一方面，因为黑客会在多个账号添加同样的收款账号，此种行为也会为卖家账号之间的关联埋下隐患。

所以，针对此次事件，亚马逊卖家应该采取以下措施。

① 立刻查看账号收款信息，如果已被篡改，立即改回来；如果没有遭到篡改，那么立刻修改登录密码，以防密码泄露。

② 每次放款日前一天，一定要查看收款账号信息，并把此项工作作为运营人员流程内的工作，每个放款日前都必须进行。

③ 如果账号因为此事件已经导致被注销，要积极申诉。申诉时，在讲述事情发生的来龙去脉的同时，用户一定要强调本次事件的普遍性，让亚马逊意识到此次事件为非偶发性事件，以减少此次事件对你账号的危害。

资料来源：亿邦动力

六、同步拓展

① 登录亚马逊美国站，注册买家账号。

② 通过注册过程，思考买家购物支付过程可能隐藏的技术风险。